山西高平府底玉皇庙建筑考古研究

北京大学考古文博学院
山西省古建筑与彩塑壁画保护研究院　编

彭明浩　张剑葳　刘云聪　侯柯宇　编著

北京大学考古学丛书

上海古籍出版社

目　录

绪　　言 / 1

壹　现状及历史沿革 / 1

1　概况 / 3

2　历史沿革 / 6

贰　单体建筑 / 9

1　主体建筑 / 11

2　配属建筑 / 30

叁　年代研究 / 37

1　形制分析 / 39

2　材料分析 / 47

肆　复原研究 / 53

1　工作方法 / 55

2　营造尺复原 / 57

3　大殿原状复原 / 68

4　山门原状复原 / 80

伍　格局研究 / 87

1　原始格局复原 / 89

2　清末的格局演变 / 95

陆　府底村内其他寺庙建筑 / 99

1　玉皇下庙 / 101

2　佛音寺 / 102

3　三官庙 / 104

4　三教堂 / 105

5　三教堂前戏台 / 107

6　奶奶庙 / 108

7　北庙 / 109

8　土地庙遗址 / 110

柒　结　　语 / 111

附　　录 / 115

附录 1　图版 / 117

附录 2　测绘图 / 158

附录 3　研究复原图 / 225

附录 4　三维扫描切片 / 233

附录 5　摄影建模正射影像 / 245

附录 6　树种鉴定结果 / 256

绪　　言

古建筑修缮不仅是文物保护工程，实际上也与考古发掘的过程相一致。修缮时，从上至下逐层落架，会揭露出建筑中各类遗迹遗物现象，这一过程需要研究人员介入，把握修缮程序和步骤，才能更为全面、完整地保留建筑相关信息，进一步揭示建筑的文物价值。

近年来，随着一系列重要古建筑修缮项目的开展，业内开始形成上述基本认识。故宫博物院所开展的养心殿、大高玄殿以及灵沼轩等项目，已经明确提出研究性修缮理念并进行了初步尝试。这同时也牵涉工程项目制度、资金、工期等方面的调整，在具体践行的过程中，可能不同省份、不同类型、不同保护级别的建筑，都会有很大的差别。

山西省作为我国早期古建筑保存最密集的省份，古建修缮工程历来备受关注，从早期古代建筑修整所主持的南禅寺、永乐宫等修缮工程，到后来以山西省古建筑保护研究所柴泽俊先生为代表，所主持的晋祠、崇福寺等修缮工程，都有详细记录修缮过程的传统，也极大地提升了相关建筑的基础认知，取得了重要成果，并陆续出版了修缮报告。但 21 世纪以来，修缮工程逐渐增多，任务愈发繁重，工程管理制度和体制机制都在发展变化，早期修缮传统已无法适应现阶段要求，出现了一系列具体问题。2018 年，山西古建所时任所长任毅敏先生来北京大学考古文博学院开会，与我院文物建筑专业教员徐怡涛、张剑葳、彭明浩商讨，希望联合高校力量，进行研究性修缮项目的试点工作。而当初国家文物局在北京大学考古文博学院下设文物建筑专业，其核心目的之一也是要结合考古发掘思路与方法，应用于古建筑修缮工程，提升修缮的研究水平。因此，任所长的提议也得到了学院支持，我们认为“研究性修缮”意图虽明确，但提法可能还是略偏重修缮，因此，结合学院特点，称这项工作为“古建筑修缮考古”,以此组织相关工作。

既然是试点工作,就不宜在全国重点文物保护单位开展,但考虑到后期研究的着力点,也需要选择有相当价值的早期建筑,且该建筑现存状况有修缮的必要。鉴于此,我们在晋东南高平市选择了府底玉皇庙作为试点对象,其格局完整,现存建筑山门、大殿具有早期建筑特征,山门原存有木构,近年烧毁,大殿屋面、墙体及周围廊房也有一定程度的破损,亟须保护修缮。

该项目与山西省古建筑与彩塑壁画保护研究院合作,需在山西省文物局逐年申报,稳步推进。首先需要做现状调查与测绘,明确其基本情况,提炼其相关价值,并针对其核心价值的保存现状,制定下一步的修缮方案,才能展开修缮工程。2019年,结合北京大学考古文博学院文物建筑专业的测绘实习,我们对府底玉皇庙进行了前期调查。基于前述修缮考古理念,我们认为,即便是前期工作,与修缮工程也直接关联,它不仅是下一步修缮工程的前提,也是后期检验修缮成果的参照。因此,一方面需做全面、客观的现状记录,另一方面需就现状提出核心研究问题,以供修缮方案参考,并针对性地在修缮过程中解决相关问题,进一步提升相关认识。

与此对应,本书内容包括现状和研究两方面,研究牵涉建筑本体和院落格局两个层面。在调查过程中,我们尽可能贯彻考古理念与方法:在空间范围上,不仅限于祠庙的院落空间,也尝试运用聚落考古理念,考察建筑所在的村落以及与周边村落的关系;在院落布局上,试图通过地面遗迹现象,结合一定程度的考古试掘,探讨早期格局;在建筑做法上,结合考古类型学、层位学的分析,从形制、构造、材料等方面考察建筑的历时演变;同时,也进行了重点构件的碳十四测年分析。

希望上述工作,能够为后续工作提供较好的基础,也希望它只是府底玉皇庙相关研究报告的第一册,后续的修缮报告能够早日面世。

彭明浩　张剑葳

现状及历史沿革

概况

历史沿革

1

概　况

府底玉皇庙位于山西省晋城市高平市建宁乡府底村，在村东北约 200 m 处的山冈上。

府底村在高平市区东北 17 km 处，西距建宁乡 2 km，村内道路以一十字街为主干道，村中有东、中、西三条南北向村道与 S331 省道连通。古民居、寺庙建筑主要分布在村东部、西北部，村之西南、正北则是新农村建设中扩展的村落格局。除东北冈的玉皇庙外，村内或靠近村落范围处另有 9 处保存程度不同的寺庙，包括保存较为完整的三教堂、三教堂戏台、佛音寺、三官庙、奶奶庙、玉皇庙下庙、北庙，仅剩遗址的土地庙，以及现代建筑关帝庙（图 1－1）。

府底玉皇庙坐北朝南，现分东、西两院，总占地面积 1383 m^2。西院落为祠庙主体，中轴线上自南至北依次为山门、大殿等主体建筑。山门东西设朵楼，山门与大殿之间的院落空间两侧自南至北为东配房、东西楼、东西厢房、大殿东西耳房；东院落则为清末加建（图 1－2、测图 02）。玉皇庙现存山门、大殿两座早期建筑，两殿大木构架皆符合晋东南地区金元时期寺庙建筑的形制特点，且后代扰动较少，是一处保存较为完整的金元祠庙建筑群，具有深厚的文物价值。2020 年，该庙入选山西省第六批省级文物保护单位。

2019 年 6 月，北京大学考古文博学院文物建筑专业师生与山西省古建筑与彩塑壁画保护研究院相关同志对府底玉皇庙进行了现状测绘与建筑考古调查，并围绕包括府底玉皇庙在内的乡村庙宇，对府底村及其周边村落展开古建筑和社会史调查，本书即是对此项研究工作的成果呈现。

图 1－1　府底村古建筑分布图

图1－2 玉皇庙平面正射影像

2

历史沿革

在《泽州志》《泽州府志》《高平县志》等相关方志中，不见关于府底玉皇庙的记载。府底玉皇庙相关的文献史料均为庙内金石题刻，年代集中于明末至清代，包括：山门门板后明代题记、西楼二层脊槫下顺脊串下皮清代墨书题记、西厢房北墙内嵌清代《昊天上帝庙碑记》、大殿前廊东次间下清代《重修玉皇庙关帝庙创建戏房骡屋碑记》（现已断作两块）、大殿明间脊槫下顺脊串下皮清代墨书题记、东院落南门房顺脊串下皮清代墨书题记（详见表1－2）。

明清金石题刻所见历代沿革情况如下：

1. 府底玉皇庙具体创建年代不详，按《昊天上帝庙碑记》中清人的估计，府底玉皇庙约略创建于元代；

2. 据《昊天上帝庙碑记》记载，明万历、崇祯年间皆有重修，两次重修涉及的建置不详，但明崇祯重修的记载可与山门门板后题记相呼应；

3. 清乾隆九年（1744）庙内各殿大规模重修，主要工程包括补葺残朽处、修补神像，重绘彩画；

4. 清乾隆五十四年（1789）重修正殿及东西朵殿；

5. 清同治、光绪年间相继重修庙内各殿，并创建东院落，其中光绪十九年（1893）补葺西楼，光绪二十五年（1899）创建南门房七间。

另据访谈，自20世纪30年代后玉皇庙未经修缮；民国时期该庙有数位和尚居住在东院，说明其功能仍在延续；新中国成立后和尚改名换姓搬入村内，庙宇也在20世纪50年代末至60年代初改作小学；10余年后，庙内小学迁入村内关帝庙中；此后玉皇庙即处于废置状态，延续至今。

玉皇庙院内无像设，仅大殿东山墙南端有太上老君小型挂像一幅。

表1-2 金石题刻

主 题	年 代	位 置	主 要 内 容*
山门门板重修题记	明崇祯元年(1628)	山门西门板后	崇禎元季秋季月重修門,僧人郭滿修,木匠蘇明寅,鉄匠申公太。
昊天上帝庙碑记	清乾隆九年(1744)	西厢房北墙	長平之東北有府下里焉,距城四十余里,居建寧鎮之東隅,昔□邑□□□顯慶間□□□□□□□開元而即廢,以故府下之名至今猶相□云村之東北艮方地形高爽,有上帝北廟,大約創於元,至明神宗而一新,怀宗又一新,今我國朝丙辰□□□迄今□十余載,凬雨剥落,日即侵頹,住持僧目擊心愴,志欲修葺而心甚难之,乃謀于村衆善人信士,各□心願,隨其力量捐資助理,不拘多寡,雖曰:所施此微而積少成聚,所謂太山不让土壤,河海不擇細流,故能成其高大者也。所以残□者補之,朽壞者易之,雖不能恢弘古製,美其伦□□煥新,猷以成大觀,因而乃彩画金装,黝堊□□亦是以□凬雨而□□□□昔□一□□□樓成,帝命下召李長間□□乃□文人天上亦罕,予何人,斯廼敢應此任耶?况七十老叟素不能文,乃因僧衆之請不得□□序其巔末而已□既□□□□□□古凬□□使歌以祀神,其詞曰:倚歟至尊居□蒼,□□四海共八荒。帝命監察綸綍煌,神功普照析毫芒。善之所積有吉祥,不善所積有餘殃。生成禹彙□汪洋,何分此界與彼疆。欲□之德中心義,歲時伏臘集中唐。於築洒掃薦牛羊,式陳桂酒奠椒槳。考鍾伐鼓聲鏘鏘,以享以祀發輝光,愿神阴騭时雨暘。
正殿及东西朵殿重修题记	清乾隆五十四年(1789)	大殿明间脊槫下顺脊串下皮	峕大清乾隆五十四年歲次己酉重修玉皇正殿参間東西□殿□間□□□□□吉□□□□□□□□□□□□維首……住持修法,木□□□□□□□,石匠□□□,泥水匠成□仝建补福保安永垂□□為計耳。
西楼补修题记	清光绪十九年(1893)	西楼二层脊槫下顺脊串下皮	大清光绪拾九年歲在癸巳補修西樓弍間,擇於八月初拾日吉時上樑,大吉大利,祈保合村人等平安。仝維首□□信、□□□、□旺、□□根,社首常四狗、□六姐、李□、□二榮、劉薦立、董鳳則、□□□、□縫孩,住持僧新年,木石泥王朝半、李印、王朝文仝建,祈福保安永垂不朽降福祿禎祥,是為長久永遠之記耳,風調雨順。
创建厂棚七间(东院落南门房)题记	清光绪二十五年(1899)	东院落南门房东三间脊槫下顺脊串下皮	峕大清光緒貳拾伍年清和月旬三日,創修廠棚七間,天開黄道吉時上樑,主人東西村三社□□首□□□、□□□統領匠師,三社尚禄協力合作,自□之後保東西兩村人等平安永垂不朽,以是為計云耳。
重修玉皇庙关帝庙创建戏房骡屋碑记	清光绪三十年(1904)	大殿前廊下东次间	且事之不能獨為者,必備功於眾人,而功之不能驟成者,必遷延夫歲月,此理與勢有必然也。如府底村東有玉皇廟一區,中有關帝廟一院,由來已久,摧殘益甚。自同治年间陸緒興工重修諸神殿宇、彩畫舞樓,其兩處東西廂房數十餘間,無不闕者補之,廢者修之,又於玉皇廟之左創建戲房騾屋一院,鳩工庀材,兩村之精力既竭,樂善好施四方之仁人相助,数十年来始得工程告竣,煥然聿新。謹將善士姓名佈施勒碑刻石,永垂不朽雲爾。

* 金石题刻保留原繁/异体字。

访谈得知民国时期玉皇庙信仰活动十分兴盛，影响地域甚广，每年正月十五、七月初七村中男女在玉皇庙内烧香，此后前往村中奶奶庙、佛音寺、三教堂外敬香，完成一天的祭神活动；六月初六、七月十五举办庙会，在庙内唱戏，附近村落甚至河南的民众都会前来逛庙会。民国玉皇庙内祠神众多，大殿内供奉玉皇大帝、山东老爷并两侧站神；东西耳房均供奉菩萨，西侧名为奶奶庙，奉送子观音；东厢房为药王殿，内有八臂药王与六臂牛王马王；西厢房像设较早毁坏，情况不详，内原有二三米花墙雕刻，外有青石狮子列于台阶两侧；东西二楼为祈雨之用，西楼题记曰“风调雨顺”，可为一辅证。

单体建筑

主体建筑

配属建筑

1 主体建筑

（一）山门

（1）平面

山门原作单檐悬山顶（图 2 - 1），2012 年左右因火灾致上部屋面及内部梁架坍塌，面阔三间，进深四椽，原为一层，后世将构架整体抬高，改作两层（图 2 - 2、图 2 - 3、图 2 - 4、图 2 - 5）。山门东面北侧紧靠东朵楼处设砖石铺砌台阶，上达山门二层。南面前出石砌台基，高 0.86、宽 10.05、深 1.49 m。心间面阔 3.20、西次间面阔 3.01、东次间面阔 2.95 m。约前檐中平槫位置砌砖墙，厚 0.81 m，将山门划分为前廊和内部空间，封金柱于墙内。前廊柱中距砖墙中缝 1.22、砖墙中缝距后檐柱中 5.07、通进深 6.29 m。

1

2

图 2 - 1　山门 2008 年旧观[1]

1. 前檐　2. 后檐

[1] 图片来源：http：//www.abbs.com.cn/bbs/post/view？bid = 6&id = 5266713&ppg = 25。

图2-2　山门正立面

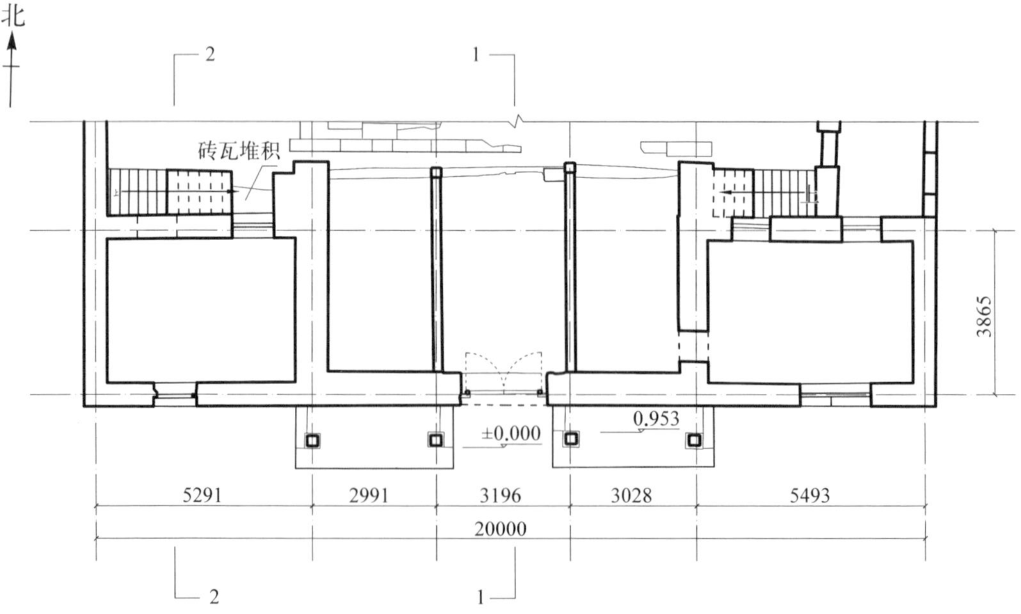

图2-3　山门及其东西朵楼一层平面测图

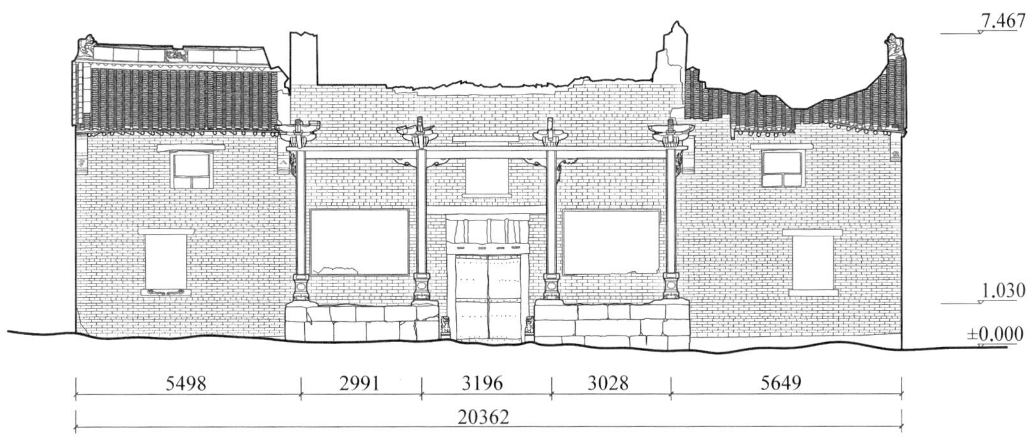

图 2－4　山门及其东西朵楼南立面测图

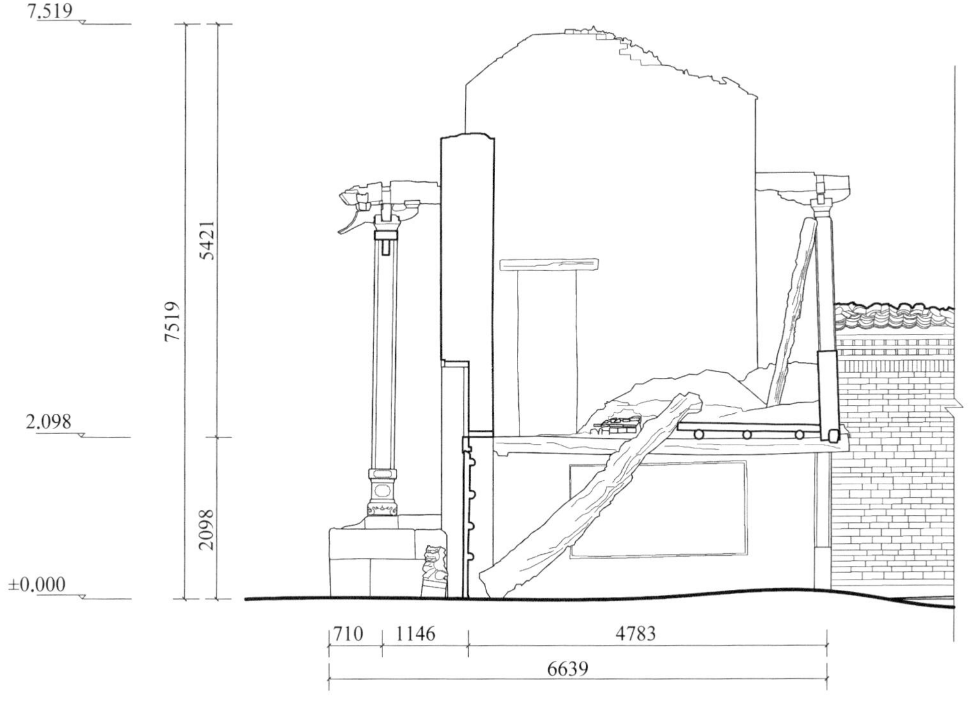

图 2－5　山门及其东西朵楼 1—1 剖面测图

台基上置柱础石、立石柱，各柱础石下皆垫以高约0.15 m的条石，条石、柱础石、柱身皆用砂石。柱础石高0.62 m，平面方形，分上、中、下三段。线脚石柱高2.95 m。柱间施阑额，上置普拍枋，至角柱出头，阑额不出头，出雀替承托普拍枋，无升起。柱础石柱作线脚，无明显收分及侧脚。石基后南立面、北立面及两山位置皆砌砖墙，现均部分倒塌。

图2-6　山门二层
（从北向南看）

一层心间辟门道，南立面砖墙对应位置设门，心间与两次间以砖墙分隔。以心间两侧的砖墙及后檐石柱承托木梁。木梁一端插入版门位置的砖墙，一端伸出后檐石柱柱头，梁断面作圆形，两侧面略有加工。木梁之上横向铺设若干圆椽，承托二层屋板。二层屋板上立石柱再承上部梁架（图2-6）。

（2）斗栱

斗栱布局疏朗，无补间铺作。以前檐西侧柱头铺作为1号，逆时针对前后檐铺作按次编号[1]。由于火灾及屋面坍塌，前檐各铺作令栱、素枋以上构件均无存，前檐柱头铺作中1号、2号、4号保存较好，尚有较为完整的斗栱构件，3号斗栱假昂、齐心斗等构件已无存（图2-7）。

前檐柱头铺作为四铺作单昂，昂为足材假昂，下皮刻双瓣华头子，昂身做琴面，不起棱，昂嘴较扁平。昂头施交互斗，耍头与令栱十字相交于交互斗内，根据本地区金元寺庙建筑形制特点推测，令栱上部应托替木以承橑檐榑。耍头前端形如北宋官修建筑专书《营造法式》中记载的爵头，但其足材部分延伸至鹊台后做卷瓣状

---

[1] 下文中大殿斗栱的编号法则与此相同。

凸起，不用齐心斗。扶壁形制为泥道单栱上承素枋，素枋至端头做类似栱头的卷杀。令栱、泥道栱等横栱端头皆做弧线状卷杀，不分瓣。栌斗为瓜棱斗，分作十六瓣。齐心斗、散斗斗欹曲线斜杀内凹，不出锋。

图 2-7　山门前檐 2 号、3 号斗栱

后檐柱头铺作仅 5 号、8 号有尚在原位的烧焦变形的栌斗、泥道栱、耍头等斗栱构件（图 2-8、图 2-9、图 2-10），其余斗栱皆无存，仅余散落在山门附近地面的构件残件（图 2-11）。从残件看，后檐柱头铺作做法为实拍栱自栌斗口出，直承三椽栿伸作的耍头，实拍栱里转衬于三椽栿下。结合尚在原位及掉落的栌斗残件分析，后檐栌斗为平面近长方形、分作八瓣的瓜棱斗，耍头形制不明，推测可能为与前檐耍头形制基本相同的足材耍头。

图 2-8　山门后檐 5 号斗栱

图 2-9　山门后檐 8 号斗栱正视图

以前檐斗栱足材假昂材高求平均值（表 2-1），可得山门斗栱平均足材高 238 mm，

图 2－10　山门后檐 8 号斗栱侧视图

图 2－11　山门后檐 6 号或 7 号斗栱上栌斗

图 2－12　梁架前部劄牵

对应单材高 170 mm，以后文所推府底玉皇庙营造尺 306 mm 推算，份值为 0.37 寸，介于《营造法式》六等材和七等材之间。平均材厚 120 mm，单材高厚比约为 1.42 : 1，接近《营造法式》规定的 3 : 2 的高厚比。

(3) 上部梁架

明间东缝、西缝室内梁架均倒塌，仅余前檐斗栱耍头后尾的劄牵尚在原位（图 2－12），在明间东西缝梁架对应位置有两根倾倒的大梁（图 2－13），东缝大梁残长 4.3 m，西缝大梁残长 3.8 m。从保存相对完好的东缝大梁看，其原应作三椽栿，一端压于劄牵上，一端搭于后檐斗栱伸出作耍头，山门原始梁架结构为四架椽屋劄牵衬三椽栿用三柱。西次间西缝、东次间东缝梁架大部封砌于山面砖墙内，仅前檐劄牵及后檐耍头后尾处露明。

(4) 屋面

山门屋面现已坍塌，从倒

表2-1　府底玉皇庙山门前檐斗栱材高、材厚

铺作编号*	足材假昂		足材耍头	
	高	厚	高	厚
1	241	121	272	120
2	251	121	257	119
3	239	117	268	117
4	220	122	232	120

单位：mm

* 以西南角铺作为1号，自西向东编。

塌前旧照及现状看，原为板瓦屋面，用陶质灰板瓦，正脊垂脊使用陶质脊筒子，正脊两端设鸱吻。

图2-13　山门二层
（从东向西看）

（5）小木作

一层心间位置设版门，版门正立面分布有七排、每排5—6根铁钉，自上而下第一、四、七排铁钉对应位置皆用铁箍加固（图2-14）。西门扇内侧刻有明崇祯元年（1628）修门题记（图2-15）。版门两侧为立颊，上承门额，门额立面均匀刻四道条形刻槽。门额上部立小柱承额，施障日版。

图2-14　山门版门正立面

图2－15　山门版门背立面

（二）大殿

（1）平面

大殿台基长9.75、宽10.3—10.5、高0.84 m，前出五级石阶，宽3.6 m，西南侧台基坍塌，长约2、宽约1 m，前有高1 m的灌木。平面近方形，单檐悬山顶，面阔三间，进深三间六椽，南面出廊（图2－16、图2－17、图2－18、图2－19）。

大殿当心间面阔3.36 m，东西次间面阔分别为2.41、2.44 m，通面阔8.21 m。进深从南至北分别为2.49、3.09、2.58 m，通进深8.16 m。

台基为三层条石砌筑，上下两部分为砂石打造、顺砌的压阑条石，中间束腰间隔出丁砌条石，台阶两侧中部条石端头作兽头（图2－20）。台基上立石柱，殿身内部使用减柱做法，不立柱，前廊檐柱与明间内柱露明，做法相同，其余内柱推测包砌于墙内。

大殿前廊各柱柱础形状相同，平面方形，向上内收，三面雕刻花纹，其中正面雕麒麟，两侧雕花卉，背面作素面，饰以简单线条（图2－21）。明间和次间雕刻略有不同，明间雕刻麒麟背向，回头张望；次间则面对彼此，作奔跑状；各柱础两侧写生花卉也有所区别。柱础保存完好，略有风化迹象。底面长宽均为0.55 m，高约0.4 m。殿身明间内柱直接落地，柱础素平不露出地面。

大殿露明柱均用线脚方石柱（图2－22），各处做法相同。前廊柱方0.3、高3.12 m；明间内柱方0.26、高4.29 m。前廊石柱上有高0.55、宽0.1 m的阑额榫口，阑额现已不存；上施出头普拍枋，断面大体呈长方形，短边为弧线，宽、高分别为21.2、15.5 cm。墙内砌柱，其截面形状与材质不明。

(2) 斗栱

大殿前廊斗栱保存完好，布局疏朗，无补间铺作。后檐以榑承托檐椽，无铺作。

柱头铺作为四铺作单昂(图2－23、图2－24)，第一跳为足材假昂，下皮刻双瓣华头子，昂身做琴面，不起棱，昂嘴扁平；昂上置交互斗，耍头与抹斜令栱十字相交于交互斗内，耍头做法形如《营造法式》记载爵头，但下部无斜杀。令栱两端散斗承托通替木，上承橑檐榑，不实际施齐心斗，但在耍头与替木相交外立面处，贴附齐心斗状装饰(图2－25)。根据泥道方向残枋与耍头后尾榫口推断，扶壁形制为泥道单栱承素枋，素枋至端头做类似栱头的卷杀(图2－26)。令栱、泥道栱等横栱不分瓣，下做弧线形卷杀。横栱中，泥道栱两面皆刻栱眼，令栱仅向外的南面开栱眼，里侧不刻栱眼。栌斗为瓜棱斗，分作八瓣，散斗斗欹作直线，不出锋。

各铺作构件用材并不统一，由于存在歪闪等病害，数据测量也有一定误差，主体纵向构件材广、厚大致如下表(表2－2)。

表2－2　府底玉皇庙大殿柱头铺作材广、厚

铺作编号	第一跳足材		耍头单材	
	广	厚	广	厚
1	305	102	164	116
2	288	110	160	108
3	255	106	160	95
4	300	110	169	108

单位：mm

(3) 上部梁架

大殿梁架形式为六架椽屋乳栿衬四椽栿用三柱。大殿内柱高于檐柱，前檐柱耍头后尾为乳栿，插入内柱。乳栿各面顺势进行加工，在端头有收分做法。其上承蜀柱，单材襻间，襻间上替木承下平榑。劄牵与襻间栱相交，起进深方向的拉接作用。此外，蜀柱上还有顺栿串，在水平方向连接各榀梁架(图2－27)。

图 2－16　大殿正立面

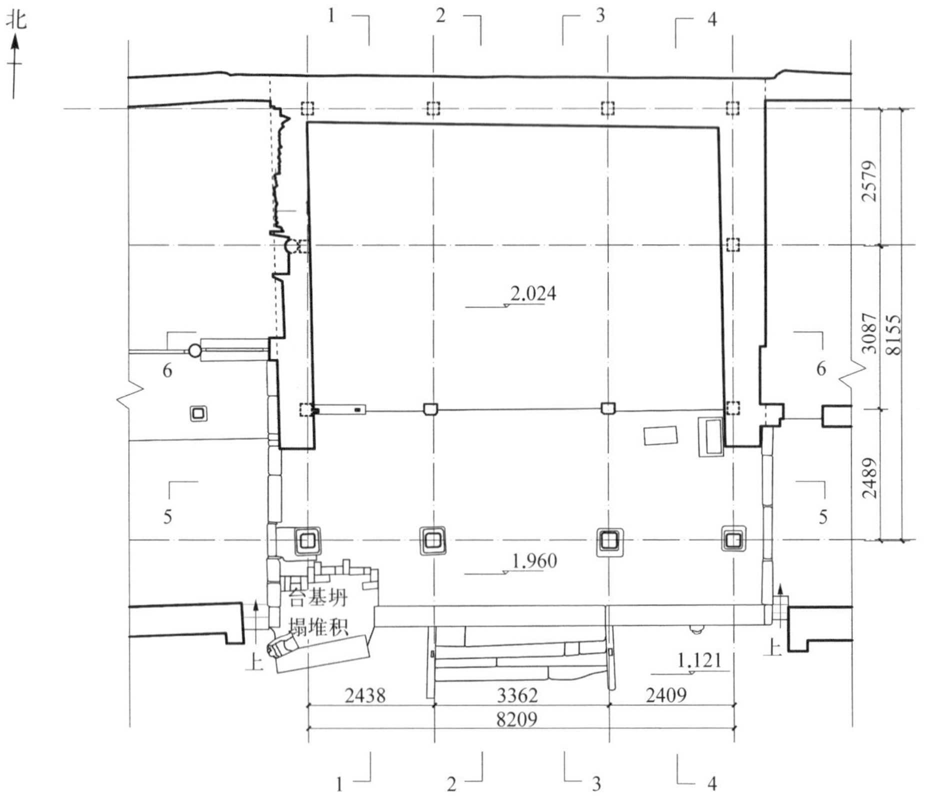

图 2－17　大殿平面测图

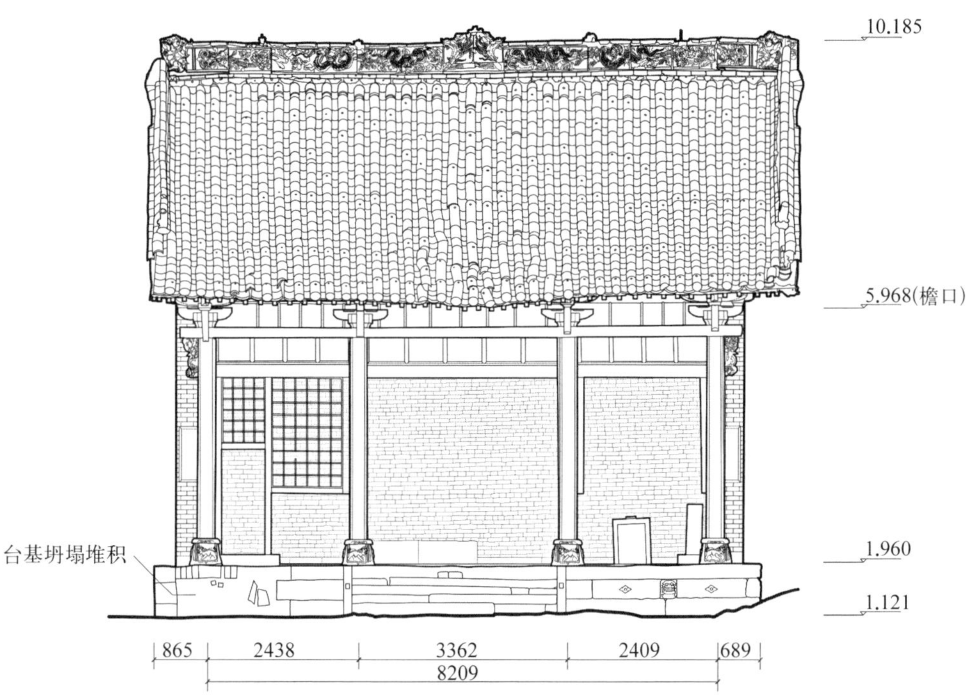

图2-18 大殿正立面测图

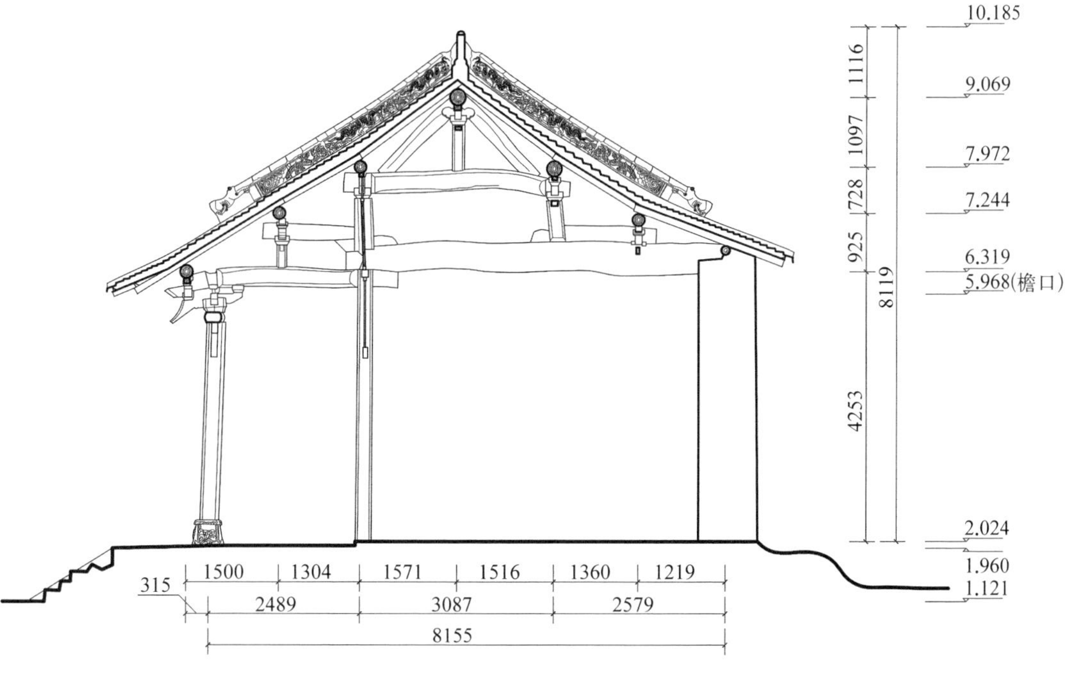

图2-19 大殿2—2剖面测图

图 2－20　台基中央兽头

图 2－21　大殿前檐东侧角柱柱础

图 2－22　大殿普拍枋

图 2－23　大殿前檐 1 号斗栱

图 2－24　大殿前檐 4 号斗栱

图 2－25　替木外贴“齐心斗”

图 2－26　泥道栱上素枋残件

图 2-27　前檐梁架现状

图 2-28　大殿梁架

内柱柱头直接承托四椽栿，大梁选用自然弯材，在端头进行收分加工，其后尾压在前檐乳栿之上（图2-28）。栿上与内柱对位设蜀柱，柱底插入楷头，上承劄牵后尾。室内四椽栿上置合楷、蜀柱、单材襻间、替木承平梁。平梁做法与大梁大致相同，中立蜀柱，上置斗，托襻间栱与枋承托脊槫。叉手捧于脊槫两侧，与丁华抹颏栱深咬合。明间脊槫顺脊串下皮有清乾隆五十四年（1789）重修题记。现存大殿举高2.87、前后橑檐槫间距8.7 m，举高与橑檐槫间距比为0.33。

（4）屋面

殿顶做筒板瓦屋面，前檐檐口有缠枝牡丹纹盆唇，龙纹、兽面瓦当（图2-29、图2-30）。两侧以龙纹瓦当为主，中间分布兽面瓦当。兽面有平面与凸起两种，平面兽面瓦当数量较少，仅余两枚，面径为12.3 cm与15.3 cm，兽面较大，双目狰狞，叶形双耳，阔口大张露獠牙；其余为凸起兽面瓦当，面径为15 cm，兽面较小，为高浮雕，眼、耳、口做法与平面多有不同。后檐檐口较为残破，现存檐头瓦为兽面瓦当，重唇板瓦（图2-31）。

正脊垂脊使用陶质脊筒子，正脊两端设鸱吻，残缺不全，中置龙首脊刹，两端为花卉纹，中间渐为云龙纹（图2-32）。垂脊陶质，为花卉云龙纹。

（5）小木作

大殿采用四直方格眼门窗，明间与东次间门窗小木作均已不存，唯余障日版，明间分五栏，次间分四栏。

（6）油漆彩画

大殿室内木构绘海墁式彩画，主体分布在四椽栿与平梁的底面和两侧面之上，以供来人瞻仰。四椽栿上置龙草纹彩画，主体为大面积卷草花卉纹饰，行龙游弋于其间，隐约可见蜿蜒身躯与遒劲利爪，平梁上置云龙彩画，运笔清晰，以白色勾勒轮廓，黑色填充，平增几分威严。从保存状况来看，西侧第二缝梁架上彩画较为完整（图2-33），第三缝靠近后檐部分彩画均已漫漶，为后檐椽腐朽使室内梁架遭风雨侵蚀所致。

大殿前廊彩画较为丰富，在柱头斗栱及其上檐槫、襻间栱及下平槫和劄牵都有较为明显的彩画痕迹（图2-34）。斗栱方面，泥道栱、昂、耍头及各斗图案漫漶，但

图 2-29　平面兽面瓦当

图 2-30　凸起兽面瓦当

图 2-31　后檐瓦当滴水组合

依稀可见以白色与墨色勾边，内有曲线饰纹；抹斜令栱以白色与墨色勾边，内绘龟背锦彩画。檐槫正面通绘旋子彩画，藻头相对，耍头上齐心斗承托处饰以石榴花卉图；下平槫彩画依托襻间而绘，箍头范围与襻间替木相同。劄牵以墨线与白线勾勒，内绘海墁式花卉，具体纹样因时代久远漫漶（图 2-35）。

由于庙宇等级较低，大殿彩画以黑白两色为主，多为简单的纹样形状与构件轮廓勾勒，其余颜色几乎不见使用，现存彩画集中在祭祀人可视范围之内，如构件正立面、梁栿侧面与底面等，栱、枋的背立面与大梁顶面等不常被关注的部位则无彩画做法。

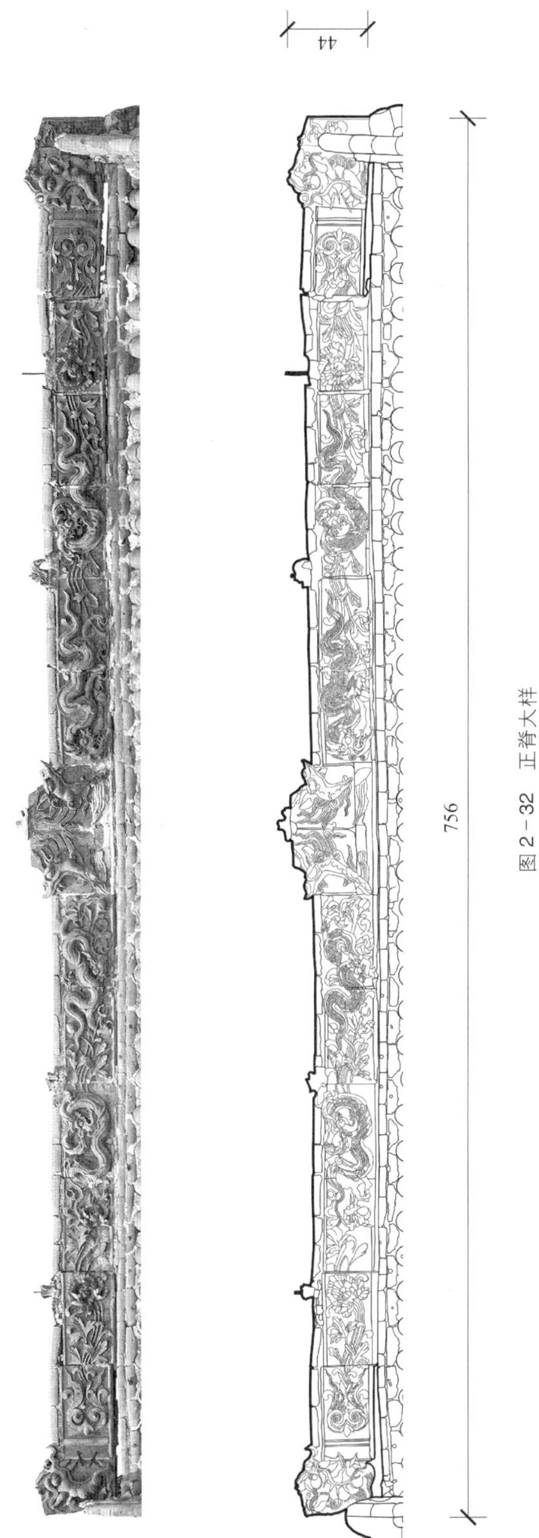

图2-32 正脊大样

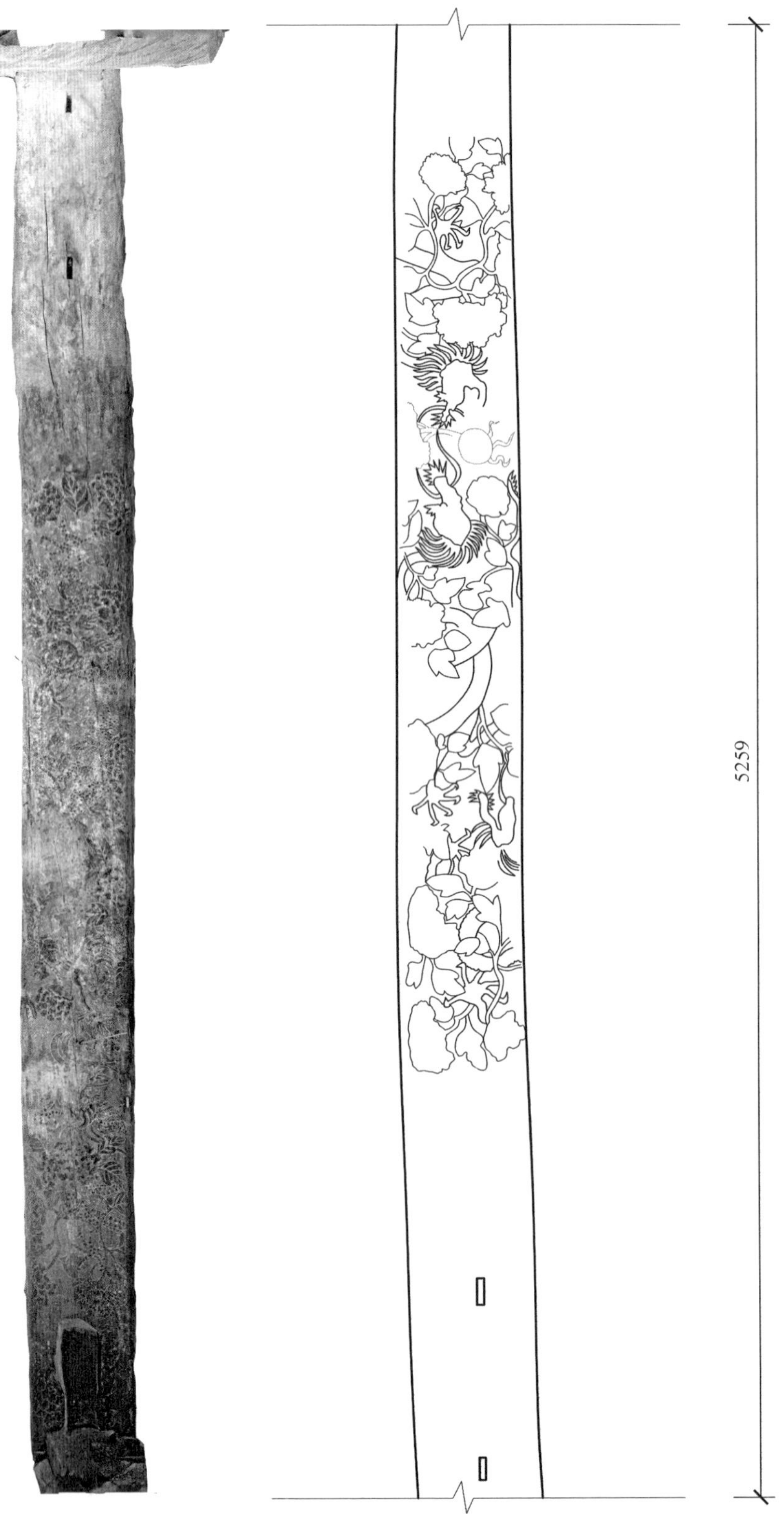

图 2－33　第二缝梁架四椽栿底部彩画

图 2-34　前廊彩画做法

图 2-35　劄牵彩画

2

配属建筑

（一）山门东西朵楼

山门东西朵楼皆五檩两间，硬山顶，分上下两层。东朵楼通面阔 5.53、通进深 3.96 m，西朵楼通面阔 5.30、通进深 3.96 m。

东朵楼一、二层，西朵楼二层皆辟门与山门连通。西朵楼在北面设砖石铺砌的阶梯上至二层，东朵楼无独立阶梯。两楼皆板瓦屋面，以砖墙封砌，南北立面每层辟窗。内部梁架结构皆为：五架梁两端立瓜柱承三架梁以托金檩，南侧瓜柱上穿顺脊串连接各榀梁架；三架梁上置脊瓜柱、叉手托脊檩，丁华抹颏栱与叉手深咬合。

（二）东配房

东配房紧贴山门东朵楼和东楼，硬山顶，面阔两间，砖砌，梁架及屋面已大部塌陷（图 2－36）。通面阔 4.39、通进深 3.04 m，总高 5.14 m。

图 2－36　东配房外观

(三) 东西楼

东、西楼皆五檩两间,硬山顶,分上下两层,皆坐落于高约1.06 m的石砌台基之上,南侧出五级石阶以供登临(图2-37、图2-38)。

图2-37　东楼外观

图2-38　西楼外观

两楼台基自南向北延伸至与东西厢房相接后东折,各向中轴线延伸4 m而北折,中间为宽1.7 m的土坡,连通院落内一、二级台地。台基为四层条石砌筑,砌法相对杂乱,中间两层丁砌、顺砌结合,上、下层所用条石尺度多不规则。两侧台基东西走向段的中部,在自下而上第三层丁砌条石,端头作兽头。

东楼通面阔4.75、通进深3.57 m,西楼通面阔5.19、通进深3.57 m,东楼总高7.02 m,西楼总高6.96 m。两楼板瓦屋面,砖墙封砌,正立面辟门、窗。内部梁架结构皆为:五架梁两端立瓜柱承三架梁以托金檩,南侧瓜柱上穿顺脊串连接各榀梁架;三架梁上置脊瓜柱、斗、替木、叉手托脊檩,脊瓜柱上穿顺脊串,丁华抹颏栱与叉手深咬合。西楼北间脊槫下有光绪十九年(1893)补修西楼墨书题记,室内有废弃灶台。

(四) 东西厢房

东、西厢房紧贴东西楼(图2-39、图2-40),皆六间六檩,硬山顶,南三间皆前

图 2－39　东厢房外观

图 2－40　东厢房室内梁架

图 2－41　西厢房外观

图 2－42　西厢房早期隔减墙

出廊,北四间原出廊,五六十年代因扩大面积作小学补砌外墙,西厢房南两间室内与北四间之间设隔墙,中辟门,东厢房南三间室内与北三间有隔墙。西厢房通面阔13.43、通进深4.74、总高5.94 m,东厢房通面阔12.96、通进深5.08、总高5.69 m。板瓦屋面,砖墙封砌,正立面辟门、窗。不施斗栱,前檐石柱以额枋相连。内部梁架结构为:前出抱头梁,一端梁头伸出承檐枋、檐檩,一端入柱;后为五架梁,其两端立瓜柱,承三架梁以托金檩,瓜柱上穿顺脊串连接各榀梁架,三架梁上置脊瓜柱、斗、替木、叉手托脊檩,脊瓜柱上穿顺脊串,丁华抹颏栱与叉手深咬合(图2-41)。

此外,西厢房西墙下部用隔减墙,共施砖约八九层,层层收分,磨砖对缝,上承土坯墙(图2-42),类似《营造法式》卷十五"垒阶基"条所记的"露龈砌",此做法在玉皇庙建筑群中仅存于西厢房西墙。

(五)大殿西耳房

大殿西耳房单檐硬山,三间六檩,前出廊(图2-43)。心间面阔2.12 m,东西次间面阔分别为2.06、1.80 m,通面阔5.97 m。进深从南至北分别为1.22、4.89 m,通进深6.11 m。总高5.61 m。屋面铺板瓦,砖墙包砌,正立面辟门、窗。不施斗栱,前檐石柱以额枋、平板枋相连。梁架结构为:前出抱头梁,一端梁头伸出承檐檩,一端入柱;后为五架梁,其两端立瓜柱,承三架梁以托金檩,瓜柱上穿顺脊串连接各榀梁架,三架梁上置脊瓜柱、斗、替木托脊檩,脊瓜柱上穿顺脊串,不施叉手及丁华抹颏栱。

(六)大殿东耳房

东耳房西靠大殿,东贴东院落北房,其屋顶、梁架已完全塌陷,南、北立面仅残存部分墙垣,其通面阔6.11、通进深6.08 m(图2-44)。

(七)东院落

东院落总面积494 m^2,与大殿所在的西院落二级台地之间有1 m高差,包括南

图 2－43 西耳房檐下

图 2－44 东耳房现状

门房、东房、北房 3 处建筑，皆硬山顶，板瓦屋面，砖墙包砌。中间院落空间现已改为菜地。

北房七间五檩，硬山顶，通面阔 18.54 m，每间基本等宽，通进深 5.13 m，西侧四间与东侧三间以砖墙分隔，墙北端辟门（图 2－45）。

图 2-45　东院北房外观

东房三间五檩，硬山顶，通面阔 7.71、通进深 4.62 m，室内有废弃灶台（图 2-46）。

图 2-46　东院东房外观

南门房七间五檩，硬山顶，通面阔 18.41 m，每间基本等宽，通进深 5.23 m，其中西二间与西三间、西三间与西四间之间有隔墙，将建筑分隔为 3 处空间：西部两间为不设门窗的开敞空间；中部一间为门道，南侧辟门通往庙外；东部四间为设门窗的室内空间,曾在20世纪用作小学教室(图2－47)。东三间脊槫下顺脊串下皮有清光绪二十五年(1899)南门房创建题记。

图2－47　东院南门房外观

三座建筑内部梁架相似,以南门房为例概述其结构:在五架梁两端立瓜柱,承三架梁以托金檩,瓜柱上穿顺脊串连接各榀梁架,三架梁上置脊瓜柱、替木、叉手以托脊檩,脊瓜柱上穿顺脊串,不施丁华抹颏栱。

年代研究

形制分析

材料分析

1

形制分析

府底玉皇庙建筑组群中，山门及大殿两座主体建筑尚存早期遗构，其余配属建筑皆系清代以迄民国重修时遗存。以下即结合本地区寺庙建筑形制断代研究成果，及相关早期建筑实例，对山门及大殿建筑的形制年代展开分析，辨析原构及后代扰动，判定原构年代。

（一）山门

(1) 柱

山门前后檐皆用砂石打造的石柱，柱身纤细，无明显收分、侧脚及升起，属明清做法；其柱础较高，且础身分作上、中、下三段的做法，亦常见于晚期建筑中（图3-1）。二者皆非原构。前檐四根、后檐上下层共八根石柱的更换，当与山门在明清时期改作二层有关。入柱的阑额、雀替，年代当与石柱相同。前后檐普拍枋厚度较薄，存在原构可能。

图3-1　山门前檐柱础石

(2) 斗栱

综合构件交接关系和构件形制分析，前檐、后檐斗栱的各类构件皆为原构。山门前檐斗栱为四铺作单昂，后檐为实拍栱承耍头，此类前后檐铺作不对称的做法在

图3-2　石掌村玉皇庙大殿明间补间铺作用八瓣瓜棱斗

晋东南地区不早于北宋中后期[1]。前后檐斗栱栌斗用瓜棱斗的做法，在本地区初见于金代晚期，以泰和八年(1208)纪年的石掌村玉皇庙大殿为代表(图3-2)，元代以后逐渐流行。前檐残存交互斗、散斗斗欹曲线斜杀内凹、不出锋，是本地区北宋宣和元年(1119)以后至明代的主流形制。昂作琴面假昂，不起棱，昂嘴较扁平，底皮刻双瓣尖状假华头子等组合形制，对应金代中后期至元代建筑形制特征。前檐耍头类似爵头，其下部、中部斜杀直线，足材部分延伸至鹊台后做卷瓣状起凸的做法，亦主要流行于本地区金中后期至元初实例中。从后檐东次间东侧耍头残状看，其中部、下部斜杀的形制和前檐一致，也应为同期构件。综上，从形制组合角度，山门斗栱形制年代在金末元初。

(3) 上部梁架

后檐劄牵及残存之三椽栿皆分别作前、后檐耍头里转，则二梁也应为原构。而此类梁栿底皮不同高的做法，亦常见于晋东南地区金元时期建筑遗存中[2]，与斗栱形制断代结论契合。

(4) 原构解析

结合形制年代结论，府底玉皇庙山门前后檐石柱、柱间阑额皆非原构，系晚期更换产物，石柱以上的现存大木作构架，包括前后檐斗栱构件及劄牵、三椽栿等梁架构件，则基本为原构，其形制年代区间在金末元初。明清时期对山门进行大修，更换石柱，重葺台基，抬升梁架，改易为上作戏台、下设门道的山门兼舞楼。

[1] 徐怡涛、苏林《山西长子慈林镇布村玉皇庙》，《文物》2009年第6期，页95。
[2] 徐怡涛《长治、晋城地区的五代宋金寺庙建筑》，北京大学博士学位论文，2003年，页64。

(二)大殿

(1) 台基

大殿台基分上中下三部分,上下两部分为砂石打造、顺砌的压阑条石,中间束腰部间隔出丁砌条石,台阶两侧中部丁砌条石端头出兽头。此类砌法常见于晋东南宋金建筑台基中,例如陵川崔府君庙山门台基(图3-3)、高平开化寺大殿台基(图3-4)、高平良户玉虚观后殿台基(图3-5)等,皆是顺砌、丁砌结合,丁砌条石出头的砌法,表明大殿台基基本保持早期面貌。

图3-3 陵川崔府君庙山门台基

图3-4 高平开化寺大殿台基

(2) 柱

大殿前檐皆用砂石石柱,柱身纤细,无明显收分、侧脚及升起,为明清做法;柱础础身较高,分上下两段,四面所刻麒麟、写生花卉等形象较为刻板,亦当为明清更换的结果。内柱柱身纤细,亦无明显收分,并非原构。后檐及山面柱封于砖墙内,不可见,无法判断年代。普拍枋较厚,截面

图3-5 良户玉虚观后殿台基

两侧为弧线,属于晚期形制,可能是明清修缮前檐时一同改换所致。

(3) 斗栱

大殿后檐斗栱已不存;前檐斗栱细部形制大部分与山门前檐斗栱相同,包括:栌斗用瓜棱斗,交互斗斗欹曲线斜杀内凹而不出锋,琴面昂、昂面不起棱,并刻双瓣假华头子,不施齐心斗等。以上形制共存,符合本地区金末至元初寺庙建筑主流形制特点。另外,泥道栱、令栱上散斗斗欹作直线,从晋东南现存明清建筑标尺案例看,清代中期以前本地区寺庙建筑的散斗、交互斗等小斗斗欹仍存有较明显的斜杀内凹,清中期之后始流行直线斗欹的做法,前檐斗栱上此类散斗应是清中期以后修缮更换的构件,从交接关系看,散斗与其上承托的通替木当为同期构件。

图3-6 第二缝梁架乳栿与四椽栿交接关系

图3-7 第三缝梁架乳栿与四椽栿交接关系

(4) 梁架

梁架部分,乳栿加工较平直,但仍保留部分自然材的形态,入柱处作收杀,四椽栿仅顺势略作加工,符合金元时期梁架构件形制特征。第二缝梁架四椽栿与乳栿上背所开槽并不贴合(图3-6),四椽栿南外皮距乳栿上所开槽约27 cm,同样露明的第三缝梁架四椽栿与乳栿间也出现了类似情况(图3-7),这或是木构件加工、组装时预留出一定的搭接空间所致。

乳栿上蜀柱与乳栿背所开榫口完整咬合,当为原构,前后檐下平榑下单材襻间斗栱中,栌斗、散斗皆斗欹斜杀内凹，捧节令栱栱眼宽而缓和，替木端头做卷杀，上述共存形制对应金元时期晋东南木构建筑特点。四椽栿南端所置蜀柱、合楷及加工为直梁的劄牵，从交接关系看，也应是原构构件。后檐上平槫下襻间斗栱形制和下平槫襻间一致，除端头直斫的替木外，其余构件当为原构。而前檐上平槫下则用实拍襻间，且替木端头直斫，脊槫下襻间做法与之相似，皆属于晚期做法，按原构秩序和晋东南宋金乡村寺庙建筑一般规制，前檐上平槫下原先当施单材襻间，脊槫下则施两材襻间。平梁上叉手用材宽厚，符合晋东南早期建筑特点，与叉手深咬合的丁华抹颏栱则是元代以后更换的构件。脊槫、前檐上平槫这两处襻间斗栱节点的改换，应是明清时期修缮梁架所致。

(5) 屋面

正脊及垂脊用脊筒子砌成，属于明清做法。从瓦当形制看，前檐两侧分布的龙纹瓦当当面龙的形象较为刻板、生硬，为后期更换瓦件。前檐、后檐兽面瓦当做法，与河北崇礼太子城金代行宫遗址出土的兽面瓦当相似(图 3－8)，具有金元时期特点。前檐所用与兽面瓦当组合的缠枝牡丹纹长条形滴水，在北方地区宋金时期官方建筑中已有出现，神宗永裕陵(图 3－9)、金皇陵东大殿(图 3－10)均有类似做法。但同时期仍以宽边重唇板瓦使用较多。至元代，该做法渐次用于非官方建筑，如大宁路城址中即出土"长条形"滴水(图 3－11)。根据高义夫[1]、贾洲杰[2]等学者对不同地域的滴水研究，可知其发展经历盆唇、盆唇加宽、长条形滴水至三角形滴水的发展趋势，玉皇庙檐头板瓦为长条形，符合本地区金元时期滴水的形制做法。后檐采用重唇板瓦，其做法亦多见于金元时期。综上，此类檐头筒板瓦应为早期构件，与其相接的普通筒板瓦件年代亦可能较早。

(6) 原构解析和形制年代结论

府底玉皇庙大殿台基大体为原构，柱主要为明清更换，前檐斗栱、梁架主体构件为原构，年代约在金末元初，与山门木构一致，而部分节点做法，如脊槫、前檐上

[1] 高义夫《南方地区唐宋时期瓦当与滴水研究》，吉林大学硕士学位论文，2015 年。
[2] 贾洲杰《内蒙古地区辽金元时期的瓦当和滴水》，《考古》1977 年第 6 期，页 422—425。

图3－8　太子城城址所用兽面瓦当[1]

图3－9　永裕陵出土滴水[2]

图3－10　金陵东大殿出土滴水[3]

图3－11　大宁路城址出土滴水[4]

平槫下襻间斗栱保留有晚期修缮特征。屋面瓦作虽经明清修缮，重砌屋脊，但仍存有一批早期瓦作构件。

值得注意的是，大殿与山门木构形制年代虽大约相同，但几类斗栱形制仍有相异之处：① 瓜棱斗做法：大殿前檐栌斗用瓜棱斗分八瓣，而山门前檐瓜棱斗分作十六瓣；② 假昂底皮刻双瓣华头子做法：大殿昂身假华头子底皮刻作直线，山门假华头子底皮则作尖状；③ 耍头做法：大殿前檐耍头为较标准的爵头，而无山门前檐耍头于鹊台后部作卷瓣状凸起的做法；④ 栱眼做法：大殿华栱、昂、令栱、泥道栱等构件所刻栱眼宽大且曲线走势缓和，山门同类构件栱眼略窄，曲线为略陡的弧线。结合本地区金元寺庙建筑实例，上述每类形制山门皆略晚于大殿（表3－1），说明二殿虽同在金末元初，山门建筑年代应略晚于大殿建筑年代。

---

[1] 河北省文物研究所、张家口市文物考古研究所、崇礼区文化广电和旅游局《河北张家口市太子城金代城址》，《考古》2019年第7期，页84。

[2] 河南省文物考古研究所编《北宋皇陵》，中州古籍出版社，1997年，页284。

[3] 北京市文物研究所编《北京金代皇陵》，文物出版社，2006年，页122。

[4] 贾洲杰《内蒙古地区辽金元时期的瓦当和滴水》。

表 3-1　大殿、山门相异斗栱形制分析

	山　门	大　殿
瓜棱斗做法	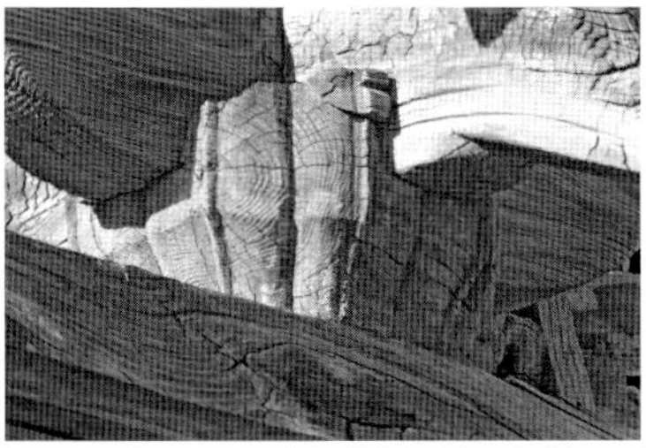	
形制分析	瓜棱斗做法在晋东南地区出现自金大定后期,此后逐渐流行。金元时期瓜棱斗主流形制为分作八瓣。而从元代中期开始,晋东南寺庙建筑中开始出现更加复杂的分瓣形式,实例如高平龙渠村广禅侯庙正殿(1286)明间两侧柱头铺作上瓜棱斗、长子大中汉三嵕庙正殿(1291)内柱上瓜棱斗。	
假昂底皮刻华头子做法		
形制分析	金代至元代前期,晋东南地区流行昂身假华头子底皮刻作直线的做法;从元中后期开始,开始流行底皮刻尖状做法。	
耍头做法		
形制分析	金代前期至金代大定前期,晋东南地区流行《营造法式》爵头型耍头;从金代大定后期开始,不用齐心斗、足材耍头、上皮起凸的耍头形制开始流行。	

（续表）

	山 门	大 殿
栱眼做法	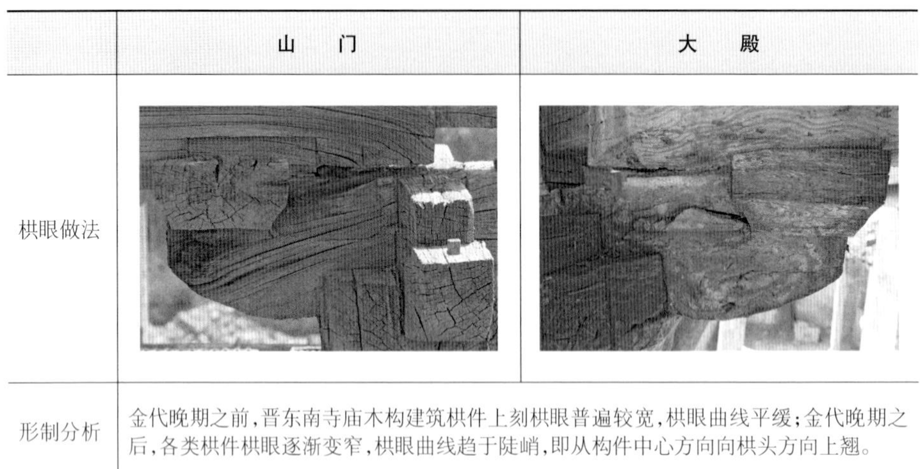	
形制分析	金代晚期之前，晋东南寺庙木构建筑栱件上刻栱眼普遍较宽，栱眼曲线平缓；金代晚期之后，各类栱件栱眼逐渐变窄，栱眼曲线趋于陡峭，即从构件中心方向向栱头方向上翘。	

2

材料分析

(一) 树种鉴定

(1) 大木作选材概况

为探究府底玉皇庙山门、大殿这两座保存较好的早期建筑大木作选材特点,课题组对两殿进行树种鉴定研究,现场共采木样 84 份,送检 62 份,其中大殿送检样品 48 份,主要为自西向东第二缝梁架上梁、槫、枋、栱、昂、斗、替木等不同尺度、不同类别的大木作构件,以及第三缝梁架的部分大尺度构件;山门送检样品 14 份,也覆盖到不同尺度、类型、位置的构件。经鉴定,大殿大木作选材主要为杨木(77.1%),其次为榆木(12.5%),此外极少数构件选用松木、柳木、枣木、桑木。山门大木作选材主要是松木(64.3%)和杨木(35.7%)两种。

(2) 大木作选材特征分析

山门因上部梁架倒塌,主要针对残存的各类构件取样鉴定。从形制角度看,取材的构件皆为原构,树种鉴定结果基本反映了山门原构用材的情况。相较大殿以杨木为主,山门大木作呈现出杨木、松木并重的选材特点,大梁选用杨木,而斗栱、普拍枋、劄牵等中小尺度构件则二者兼用。

结合木构形制断代研究结论可知,大殿各结构层选材无明显差异,经形制年代研究判断为金元原构的构件,绝大多数为杨木。以杨木为营造大殿主要用材的做法,符合山西南部地区金元时期木构建筑的一般用材特征[1]。大殿送检大料中,第二缝梁架四椽栿检测为松木(图 3－12),也符合山西南部地区早期建筑选材特

---

[1] 彭明浩《何谓良材——山西南部早期建筑大木作选材与加工》,上海古籍出版社,2023 年,第 117—123 页。

征，第三缝梁架四椽栿则使用杨木(图 3－13)，表明大殿的大料选材并不单纯。蜀柱、耍头等构件用榆木、枣木等硬杂木，从形制及交接关系看这些构件当为原构，推测也应是大殿营造过程中工匠的有意安排。而普拍枋、后檐檐槫、内柱等构件经鉴定系选用桑木、榆木等树种，证实了从形制角度分析非原构的结论。

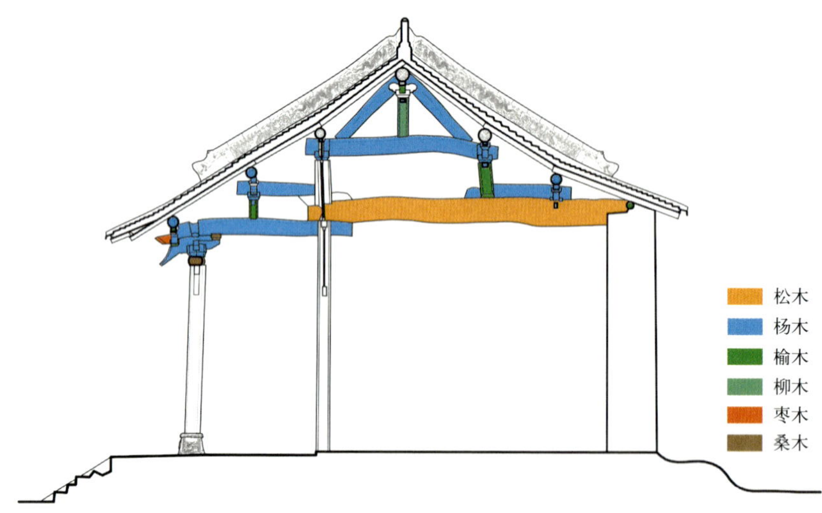

图 3－12　大殿第二缝梁架大木作取样选材情况

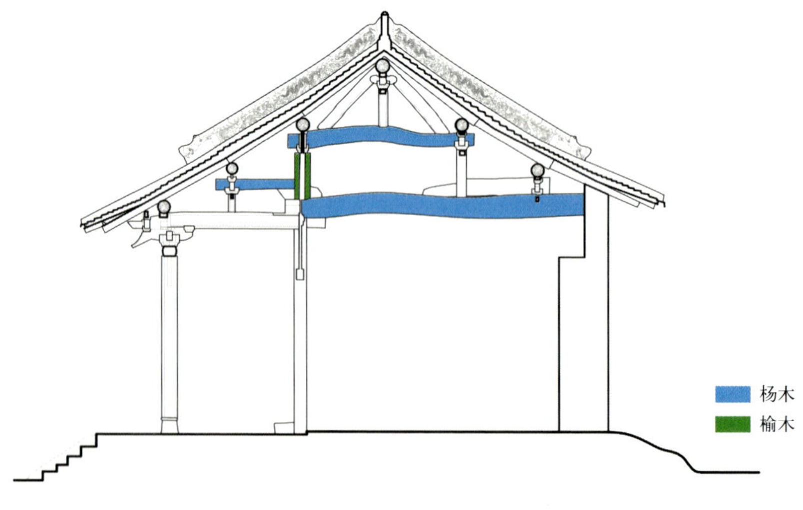

图 3－13　大殿第三缝梁架大木作取样选材情况

(二) 碳十四测年研究

通过对府底玉皇庙大殿及山门的建筑形制和树种研究,可以解析出两座建筑上的原构构件和后期更换构件,判断出对应的年代区间。在此基础上,课题组使用碳十四测年技术,以求形成府底玉皇庙大殿及山门建筑年代的多重证据。

根据中国古代木构建筑遗存的一般特点,结合北京大学考古文博学院文物建筑专业既往的研究经验,此次碳十四取样的标准制定如下:

1. 取样部位应尽量接近加工为构件的原木的外皮;

2. 取样范围应覆盖不同位置、不同尺度的木构件;

3. 取样应结合建筑形制年代研究结论,重点选取判断为原构的构件,并兼顾具有典型形制的后期更换构件。

根据上述取样标准,课题组在府底玉皇庙大殿、山门上共选取 11 个覆盖斗、栱、昂、槫、梁、枋等各类构件的样本。采样前先观察构件表面树轮纹理,使取样部位尽量接近原木外皮,采样后立即进行封装、签注,以避免样本混淆。所有样品由北京大学第四纪年代测定实验室和北京大学加速器质谱实验室进行测试,报告见下表(表 3-2)。

大殿所取 9 个样本可依据碳十四测年结论分作两组,第一组为样本 1、3、4、5、6、7、8、9,测年区间皆在 11 世纪中期至 14 世纪;第二组为样本 2,测年区间在 16 世纪初至 18 世纪末(图 3-14)。其中,第一组样本基本采自根据木构形制判断为原构的构件,与形制年代结论相印证。样本 2 取自推断为非原构的丁华抹颏栱,推测是清乾隆九年碑所记明代万历或崇祯年间重修时更换的构件。因为树木死亡后才可被加工为建筑构件,构件的建造年代应不早于其碳十四测年区间上限。由于中国古代建筑营造过程中存在旧料新用现象,应以建造年代最晚的原构构件确定建筑始建年代上限。第一组样本中,取样自平梁的样本 1 和取样自脊槫的样本 4 的碳十四测年区间总体相对较晚,在金中期至金后期,说明大殿始建年代上限在金中后期。

表 3-2 北京大学加速器质谱(AMS)碳十四测试报告

Lab 编号	序号	采样位置	碳十四年代(BP)	树轮校正后年代	
				1σ(68.3%)	2σ(95.4%)
BA192096	1	大殿第二缝梁架平梁上皮	865±20	1175AD(68.3%)1216AD	1156AD(95.4%)1225AD
BA192097	2	大殿第二缝梁架丁华抹颏栱北端西外皮中段裂缝处	270±25	1528AD(23.2%)1550AD 1634AD(45.1%)1660AD	1520AD(37.7%)1581AD 1622AD(52.7%)1666AD 1782AD(5.1%)1796AD
BA192098	3	大殿第二缝梁架南侧叉手	870±25	1170AD(68.3%)1216AD	1050AD(7.4%)1080AD 1152AD(87.1%)1229AD 1246AD(1.0%)1255AD
BA192099	4	大殿第二缝梁架脊槫北侧外皮	820±20	1219AD(28.6%)1233AD 1240AD(39.7%)1260A	1179AD(3.1%)1190AD 1207AD(92.3%)1270AD
BA192100	5	大殿第二缝梁架四椽栿东外皮	640±20	1300AD(28.3%)1318AD 1360AD(40.0%)1388AD	1290AD(40.8%)1326AD 1351AD(54.7%)1394AD
BA192102	6	大殿第二缝梁架前檐栌斗斗耳北外皮	940±20	1042AD(8.5%)1052AD 1076AD(25.6%)1108AD 1116AD(34.2%)1156AD	1036AD(95.4%)1159AD
BA192103	7	大殿第二缝梁架前檐昂后尾底皮	905±20	1050AD(33.6%)1080AD 1152AD(26.5%)1178AD 1192AD(8.1%)1203AD	1045AD(37.0%)1085AD 1092AD(3.0%)1104AD 1120AD(55.4%)1216AD
BA192104	8	大殿第二缝梁架前檐耍头东北外皮	900±25	1051AD(24.7%)1079AD 1154AD(26.2%)1181AD 1188AD(17.3%)1210AD	1044AD(30.1%)1086AD 1092AD(3.3%)1104AD 1120AD(62.1%)1218AD
BA192106	9	大殿第三缝梁架四椽栿上皮	900±30	1050AD(23.7%)1080AD 1152AD(44.6%)1212AD	1042AD(34.9%)1108AD 1116AD(60.5%)1218AD
BA192107	10	山门第二缝大梁上皮	800±25	1226AD(68.3%)1262AD	1216AD(95.4%)1276AD
BA192108	11	山门第三缝大梁上皮	850±30	1166AD(68.3%)1226AD	1054AD(0.9%)1060AD 1156AD(94.6%)1266AD

送样单位：北京大学考古文博学院　送样人：彭明浩　测定日期：2020 年 9 月

注：所用碳十四半衰期为 5568 年，BP 为距 1950 年的年代。

树轮校正所用曲线为 IntCal13 atmospheric curve（Reimer *et al.* 2013），所用程序为 OxCal v 4.2.4 Bronk Ramsey（2013）。

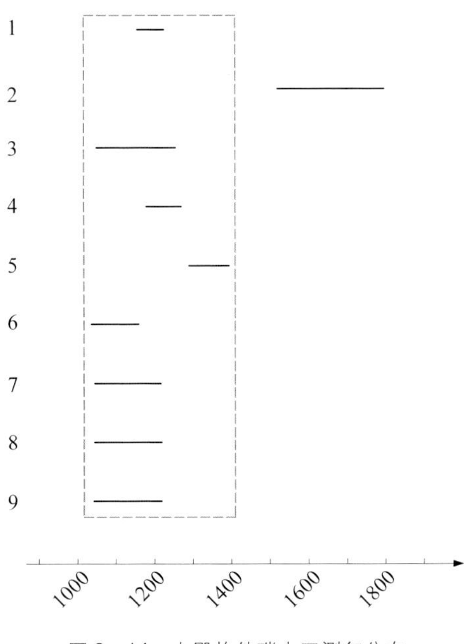

图 3-14 大殿构件碳十四测年分布

山门 2 个样本分别取自第二缝、第三缝梁架上的大梁，样本 10 测年区间在 13 世纪初至 13 世纪中后期，样本 11 测年区间在 11 世纪中期至 13 世纪中期，印证了山门原构年代在金末元初的结论。

经形制年代解析、树种、碳十四测年综合研究，明确府底玉皇庙大殿及山门现存原构年代皆在金末元初，两座建筑大木构架仍主要为金元时期原构（图 3-15）。对保存较完整的大殿，可解析出原构构件和后期更换构件，比照文献史料，可进一步厘清府底玉皇庙的建筑历史沿革：

（1）府底玉皇庙当创建自金末元初，与《昊天上帝庙碑记》所记的“大约创于元”基本对应。从木构形制看，山门的营建略晚于大殿的营建。

（2）明清时期大殿落架大修，抬升梁架，更换前檐石柱及内柱，对梁架局部节点进行调整，砌筑后檐砖墙，更换屋面瓦作；山门在大修中被改造成两层的山门兼舞楼。

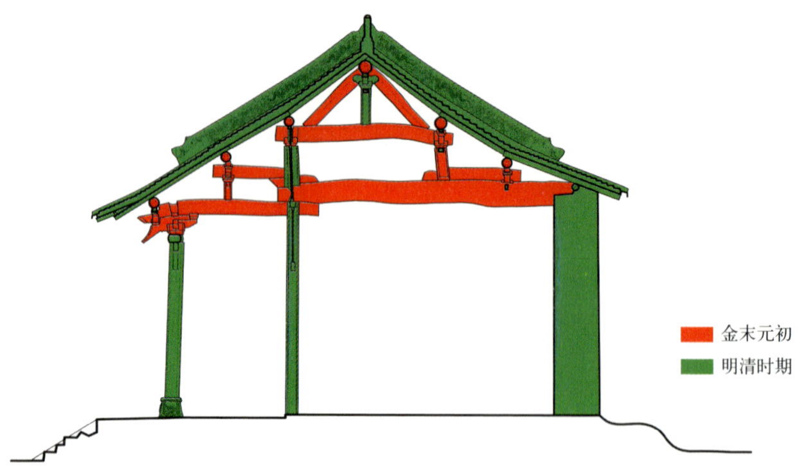

图 3 - 15 大殿主要构件年代分布图

复原研究

工作方法

营造尺复原

大殿原状复原

山门原状复原

1 工作方法

大殿、山门经历代修缮，已非金元时期原貌，需结合形制年代学研究成果，对两座早期建筑进行复原，以廓清建筑原貌，深入揭示玉皇庙早期建筑背后的历史信息。

开展复原研究前，需对府底玉皇庙建筑等级、空间秩序、时空背景树立整体认知：府底玉皇庙是金元时期晋东南乡村中创立的中小型祠庙，其建筑等级不高，用材尺度较小，大殿、山门为其主体建筑，两殿规制相近，现存原构用材尺度近似。宋末至金代中前期，晋东南乡村寺庙建筑在保留地方形制做法的同时，深受北宋末年官方颁布的《营造法式》影响，至金代中后期至元初，又在此基础上发展出若干新的形制特点，如府底玉皇庙现存原构中，用瓜棱斗、《营造法式》爵头变体的耍头、假华头子底皮刻作尖状等做法，便是此时期演化出的新形制。基于以上认知，复原研究应以大殿、山门原构遗存为基础依据，若部分构造节点复原无基础依据，则主要参考晋东南宋金元时期乡村寺庙建筑实例对应做法，若缺乏年代确切的本地实例依据，则应参考山西乃至华北地区同期建筑遗存或考古材料，关于部分建筑构件、构造做法的形制、尺度设定，可在明确建筑等级的基础上参考《营造法式》有关记载进行复原。

研究工作具体流程为：(1) 在通过测绘记录、形制年代研究、木材分析解析出大殿、山门原构构件和后期更换构件，厘清两座建筑修缮史的基础上，对两座建筑进行营造尺复原研究。具体做法是先对原构数据保存更完好的大殿进行尺度研究，明确其用材等第及营造尺尺寸，再以大殿营造尺作为与之营造年代接近、原构数据保存情况差的山门的营造尺，分析山门用材等第。(2) 分别对两座建筑单体进行复原，包括平面、砖作、石作、大木作、小木作、瓦作等方面的复原。视两殿现状差异，以及平面尺寸及诸作原始信息保存状况的差异，采用不同的复原方法：大殿现状平面较原始平面改动不大，其平面复原即在现状基础上略加规整，山门平面信息有部分缺失，其复原应综合参考大殿营造尺和现状平面信息；大木作、瓦作、石作尚存原构，应保留、归正保存完好的原构构件，并参考原构形制、尺度研究成果及地区建筑实例、《营造法式》记载，对两殿现存非原构部分、山门因火灾烧焦形变的原构部分进行复原设定；而砖作、小木作原构信息基本缺失，主要参考地区实例做法，辅以《营造法式》相关记载进行复原设定。

2

营造尺复原

(一) 复原范围

营造尺,为唐以来历朝工部用尺,是中国古代建筑尺度的设计基准,是建筑复原的数据与尺度基础。不同时期规定的尺长存在差异,不同时代、不同地域的建筑所用营造尺也会有所不同。宋金是否颁布过官方营造用尺,目前文献暂无记载,有学者通过对测绘数据的统计分析指出晋东南地区宋代使用尺长分为三类,即唐大尺(303—304 mm)、北宋布帛官尺(312—314 mm)及北宋营造尺(309 mm 左右)[1]。金代于制度方面与北宋多有继承关系,从官式建筑来看,金中都宫室制度写自北宋东京城[2],聚焦到晋东南地区,金构沿用宋代既有尺度的倾向也十分明显,因而,宋代营造尺尺值可作为府底玉皇庙组群营造尺复原的参考依据。

既往宋代尺度研究中,郭正忠在《三至十四世纪中国的权衡度量》中指出宋尺可分官尺、天文礼乐用尺以及部分地区行用或民间俗尺三大类,该书所举 19 例宋尺实物平均值为 309 mm,绝大部分尺值在 308—320 mm 之间[3]。根据已有研究,晋东南地区五代、宋、金建筑用尺在 300—314 mm 范围内[4]。二者结合,府底玉皇庙营造尺推算,可在更大范围内进行考虑,定为 300—325 mm 区间。

---

[1] 姜铮、宋怡《晋东南地区宋金时期建筑营造尺使用规律探析》,《建筑师》2022 年第 1 期,页 85。

[2] 〔宋〕徐梦莘《三朝北盟会编》卷二四四载:“亮欲都燕,先遣画工写京师宫室制度,至于阔狭修短,曲尽其数。授之左相张浩辈。按图以修之。”

[3] 郭正忠《三至十四世纪中国的权衡度量》,中国社会科学出版社,1993 年,页 208—236。

[4] 姜铮、宋怡《晋东南地区宋金时期建筑营造尺使用规律探析》,页 84—85。

（二）营造尺复原

（1）数据来源

府底玉皇庙山门经明清重建，平面格局有变化，且上部屋架因2012年失火，多数构件不存。而大殿晚期柱础与下部早期柱顶石大体对位，乳栿、四椽栿、槫等横向、纵向大尺度构件多为原构，证明大殿基本保留可作营造尺复原基础数据的原始平面尺寸信息。营造尺复原的大木作数据，来源于本次测绘大殿的手工测量与三维激光扫描成果。在选取原始数据时，本着尽量接近原构数据、获取可靠的手工测量数据以及获取尽量多同种构件数据的原则，在原构分析的基础上，将原始数据整理为斗栱类构件数据与平面及屋架数据两类。

（2）府底玉皇庙大殿木构用材用尺复原

① 数据选择

根据上文，大殿前檐斗栱、下平槫襻间节点与后檐上下平槫襻间节点为原构。对其进行数据统计，所测样本数值基本符合正态分布的规律，且无数值出于样本平均值的两倍标准差之外，因而所有测量数据均保留（表4－1、表4－2）。

表4－1 原构前檐斗栱构件数据表

	外檐泥道栱			昂			令栱			耍头	
	长	宽	高	出跳	宽	高	长	宽	高	宽	高
1	852	120	174	447	102	305	1 066	97	166	116	164
2	840	115	161	417	110	288	1 038	127	187	108	160
3	840	111	170	444	106	255	1 060	110	166	95	160
4	820	123	176	417	110	300	1 052	120	182	108	169
平均值	838	117.25	170.25	431.25	107	287	1 054	113.5	175.25	106.75	163.25
标准差	11.49	4.60	5.76	14.29	3.32	19.48	10.49	11.28	9.42	7.53	3.70
CV值	0.014	0.039	0.034	0.033	0.031	0.068	0.010	0.099	0.054	0.071	0.023

单位：mm

表 4-2 原构襻间斗栱构件数据表

	前檐下平槫襻间			后檐上平槫襻间			后檐下平槫襻间		
	长	宽	高	长	宽	高	长	宽	高
1	802	116	175	/	/	/	/	/	/
2	900	120	175	830	105	175	908	111	144
3	882	102	178	874	113	172	849	94	159
4	756	86	165	/	/	/	/	/	/
平均值	835	106	173.25	852	109	173.5	878.5	102.5	151.5
标准差	58.66	13.34	4.92	/	/	/	/	/	/
CV 值	0.07	0.13	0.03	/	/	/	/	/	/

单位：mm

② 材分制度

材分制度为古代建筑设计施工依据的模数，《营造法式》卷四“材”记载：“栔广六分，厚四分。材上加栔者谓之足材……各以其材之广，分为十五分，以十分为其厚。”晋东南地区寺庙建筑自金代以后即开始向《营造法式》靠拢，因而可以将其作为府底玉皇庙尺度复原的重要依据。

对大殿进行大木作尺度分析，可以从木构件细部数据入手，对大殿材等和营造尺同时复原。由于材厚是以材广确定的，在材等和营造尺复原过程中，宜用材广数值作为计算和分析的自变量。因而在府底玉皇庙测量数据中选择规定高度为一材的构件为复原样本，包含泥道栱、令栱、耍头、襻间等。数据处理后材高数值如下表（表 4-3），由于后檐下平槫襻间栱与其余值差异过大，计算中不予考虑。

③ 府底玉皇庙用材制度分析

以上六类构件，经数据处理后材广厚比在［1.45，1.63］区间，与《营造法式》规定 3∶2 比例接近(表 4-4),因此,在大殿材等分析时,可以结合《营造法式》规定,以材等=材广÷15÷营造尺长进行计算。

表 4-3　高为一材构件材高数值表

构 件 名 称	单材高	标准差	样本量
泥道栱	170.25	0.039	4
令栱	175.25	0.1	4
耍头	163.25	0.022	4
前檐下平槫襻间栱	173.25	0.028	2
后檐上平槫襻间栱	173.5	/	2
后檐下平槫襻间栱	151.5	/	2

单位:mm

表 4-4　高为一材构件尺寸表

	总　长	单　　材		材广厚比	样本量
		高	宽		
泥道栱	838	170.25	117.25	1.452 026	4
令栱	1054	175.25	113.5	1.544 053	4
耍头	/	163.25	106.75	1.529 274	4
前檐下平槫	835	173.25	106	1.634 434	4
后檐上平槫	852	174.5	109	1.600 917	2

单位:mm

表 4-4 中五类构件材广在[163, 176]区间内,表 4-5 以此区间为例,以 1 mm 间隔列出材广可能值,进行材等计算,并保留到小数点后两位。

根据表 4-5 计算得出的 364 个数据中,位于[0.36, 0.37]区间内的数值有 115 个,平均值为 0.362,接近《营造法式》规定的七等材,符合小殿的做法规定。

④ 府底玉皇庙木构营造用尺分析

由于大殿材广无法得出确定数值，因而无法直接依据材广复原营造用尺的长度。现根据若干处于整数的材广推定值，进行尺度复原推算。不同营造尺复原得到的斗栱构件数据份值数不一，推得构件份数越接近整数，其可能的准确性就越高。

以整数材广推定营造尺推算各高度为一材的原构构件长度份值，统计其小数绝对值，将其平均值、标准差及加和，数据越小，则其份值越接近整数，对应营造尺数据可能越准确。各假定营造尺下构件数据如表 4－6，其变化曲线如图 4－1。

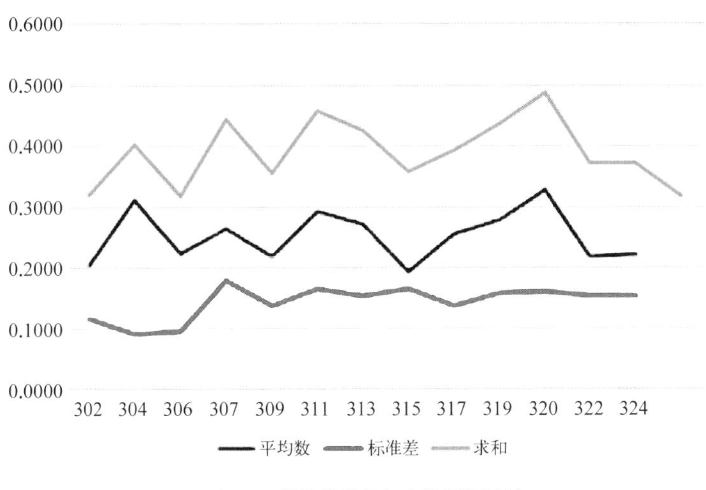

图 4－1　可能营造尺与木构互证统计

由表 4－6 可知，在 300—325 mm 范围内，平均值与标准差加和的曲线有三个波谷，其中最低点在材高为 165 mm，营造尺为 306 mm 处，符合宋金时代营造用尺范围。

(3) 大殿平面用尺复原

中国古代木构建筑规划设计中往往采用整尺或半尺为平面、屋架中控制性尺度的模数，府底玉皇庙大殿进行平面设计及屋架尺寸设计时，也可能采用类似思路。

表 4－5　材等可能计算表

	163	164	165	166	167	168	169
30	0.362	0.364	0.367	0.369	0.371	0.373	0.376
30.1	0.361	0.363	0.365	0.368	0.370	0.372	0.374
30.2	0.360	0.362	0.364	0.366	0.369	0.371	0.373
30.3	0.359	0.361	0.363	0.365	0.367	0.370	0.372
30.4	0.357	0.360	0.362	0.364	0.366	0.368	0.371
30.5	0.356	0.358	0.361	0.363	0.365	0.367	0.369
30.6	0.355	0.357	0.359	0.362	0.364	0.366	0.368
30.7	0.354	0.356	0.358	0.360	0.363	0.365	0.367
30.8	0.353	0.355	0.357	0.359	0.361	0.364	0.366
30.9	0.352	0.354	0.356	0.358	0.360	0.362	0.365
31	0.351	0.353	0.355	0.357	0.359	0.361	0.363
31.1	0.349	0.352	0.354	0.356	0.358	0.360	0.362
31.2	0.348	0.350	0.353	0.355	0.357	0.359	0.361
31.3	0.347	0.349	0.351	0.354	0.356	0.358	0.360
31.4	0.346	0.348	0.350	0.352	0.355	0.357	0.359
31.5	0.345	0.347	0.349	0.351	0.353	0.356	0.358
31.6	0.344	0.346	0.348	0.350	0.352	0.354	0.357
31.7	0.343	0.345	0.347	0.349	0.351	0.353	0.355
31.8	0.342	0.344	0.346	0.348	0.350	0.352	0.354
31.9	0.341	0.343	0.345	0.347	0.349	0.351	0.353
32	0.340	0.342	0.344	0.346	0.348	0.350	0.352
32.1	0.339	0.341	0.343	0.345	0.347	0.349	0.351
32.2	0.337	0.340	0.342	0.344	0.346	0.348	0.350
32.3	0.336	0.338	0.341	0.343	0.345	0.347	0.349
32.4	0.335	0.337	0.340	0.342	0.344	0.346	0.348
32.5	0.334	0.336	0.338	0.341	0.343	0.345	0.347

170	171	172	173	174	175	176
0.378	0.380	0.382	0.384	0.387	0.389	0.389
0.377	0.379	0.381	0.383	0.385	0.388	0.388
0.375	0.377	0.380	0.382	0.384	0.386	0.386
0.374	0.376	0.378	0.381	0.383	0.385	0.385
0.373	0.375	0.377	0.379	0.382	0.384	0.384
0.372	0.374	0.376	0.378	0.380	0.383	0.383
0.370	0.373	0.375	0.377	0.379	0.381	0.381
0.369	0.371	0.374	0.376	0.378	0.380	0.380
0.368	0.370	0.372	0.374	0.377	0.379	0.379
0.367	0.369	0.371	0.373	0.375	0.378	0.378
0.366	0.368	0.370	0.372	0.374	0.376	0.376
0.364	0.367	0.369	0.371	0.373	0.375	0.375
0.363	0.365	0.368	0.370	0.372	0.374	0.374
0.362	0.364	0.366	0.368	0.371	0.373	0.373
0.361	0.363	0.365	0.367	0.369	0.372	0.372
0.360	0.362	0.364	0.366	0.368	0.370	0.370
0.359	0.361	0.363	0.365	0.367	0.369	0.369
0.358	0.360	0.362	0.364	0.366	0.368	0.368
0.356	0.358	0.361	0.363	0.365	0.367	0.367
0.355	0.357	0.359	0.362	0.364	0.366	0.366
0.354	0.356	0.358	0.360	0.363	0.365	0.365
0.353	0.355	0.357	0.359	0.361	0.363	0.363
0.352	0.354	0.356	0.358	0.360	0.362	0.362
0.351	0.353	0.355	0.357	0.359	0.361	0.361
0.350	0.352	0.354	0.356	0.358	0.360	0.360
0.349	0.351	0.353	0.355	0.357	0.359	0.359

表 4 - 6　营造尺与木构互证统计

	可能材广	163	164	165	166	167	168
	可能营造尺	302	304	306	307	309	311
泥道栱长	838	0.078 7	0.428 4	0.071 2	0.176 6	0.332 6	0.151 8
昂出跳	431.25	0.333 9	0.405 2	0.147 6	0.020 1	0.232 5	0.481 8
令栱长	1 054	0.053 7	0.308 5	0.321 0	0.367 4	0.249 9	0.140 8
前檐下平榑襻间	835	0.197 2	0.297 5	0.201 2	0.448 1	0.062 9	0.419 8
后檐下平榑襻间	878.5	0.196 1	0.272 3	0.252 4	0.487 9	0.026 6	0.465 5
后檐上平榑襻间	852	0.366 4	0.149 1	0.342 0	0.090 1	0.408 8	0.098 6
平均数		0.204 3	0.310 2	0.222 6	0.265 0	0.218 9	0.293 1
标准差		0.116 7	0.091 8	0.094 7	0.178 9	0.136 3	0.164 5
求和		0.321 0	0.401 9	0.317 3	0.443 9	0.355 2	0.457 6

因此,以平面及屋架数据推算尺值,尽可能接近整尺的营造尺数据与大殿的原始情况更接近。依据该规律,可以进行营造尺复原推算:假设采集到 k 个柱间距或榑间距数值,即 L1、L2、L3……Lk,营造尺长度 x mm,由于柱距、榑距多取整尺或半尺,则理想状态下 2×Li/x 应为整数,实际情况下,2×Li/x 与 2×Li/x 的四舍五入取整值 Round(2×Li/x,0)存在差值,该差值即反映了此假定营造尺下的误差,将该差值求取平均值和标准差。平均值越小,该值对应的营造尺越接近整尺;标准差越小,代表该营造尺下数据波动越小。假定营造尺的平均值和标准差之和越小,该假定营造尺越接近真实营造尺[1]。

按照上述计算方法,提取府底玉皇庙柱中心线的数据,以及各榑间距数据,列入 Excel 表格中。将上文所述 300—325 mm 的营造尺可能范围代入表中,计算结果如表 4 - 7,不同假定营造尺下平均值、标准差以及其加和变化曲线如图 4 - 2。

[1] 营造尺复原方法参考王一臻《绍兴兰若寺宋代墓园建筑复原研究》,北京大学硕士学位论文,2018 年,页 61—80。

169	170	171	172	173	174	175
313	315	317	319	320	322	324
0.369 9	0.102 3	0.431 5	0.028 9	0.256 9	0.291 2	0.155 0
0.272 1	0.029 1	0.210 8	0.447 8	0.434 9	0.202 4	0.027 3
0.460 8	0.054 7	0.358 9	0.220 1	0.493 1	0.075 2	0.363 5
0.103 7	0.366 8	0.168 6	0.290 1	0.482 6	0.032 4	0.412 2
0.035 9	0.469 1	0.019 6	0.497 7	0.258 7	0.215 0	0.317 2
0.387 6	0.132 3	0.341 7	0.190 2	0.041 7	0.499 0	0.045 3
0.271 7	0.192 4	0.255 2	0.279 1	0.328 0	0.219 2	0.220 1
0.154 2	0.165 5	0.138 0	0.158 3	0.160 4	0.152 4	0.152 1
0.425 9	0.357 9	0.393 2	0.437 4	0.488 4	0.371 6	0.372 2

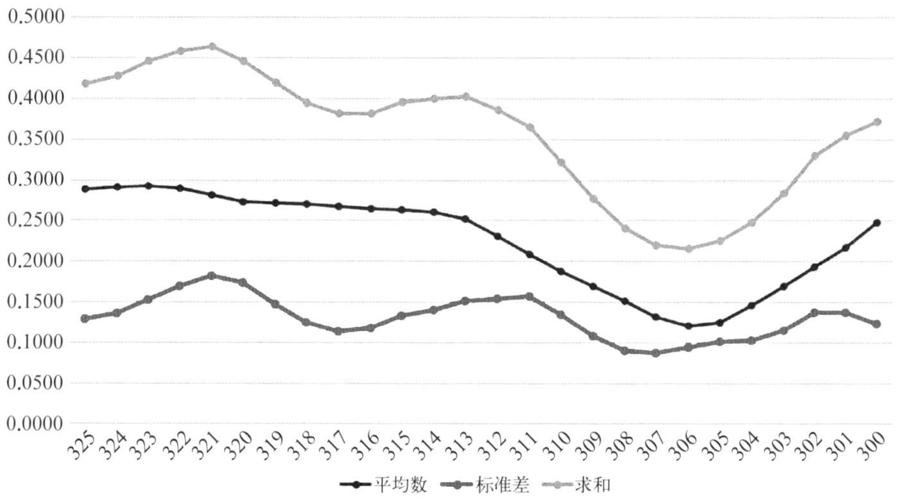

图 4-2　各营造尺可能数值—计算结果统计

由表 4-7 可知，在 300—325 mm 范围内，平均值与标准差加和有两个波峰、一个波谷，波谷在 305—307 mm 附近，符合宋金时代用尺的范围。分别以 305、306、307 mm 三个营造尺值反推该营造尺下大殿各主要平面尺度，可得结果如表 4-8。

表 4－7 府底玉皇庙大殿平面尺度营造尺复原推算表

	营造尺(可能尺寸,单位: cm)											
平面尺度	325	324	323	322	321	320	319	318	317	316	315	314
3362	0.310 8	0.246 9	0.182 7	0.118 0	0.053 0	0.012 5	0.078 4	0.144 7	0.211 4	0.278 5	0.346 0	0.414 0
2438	0.003 1	0.049 4	0.096 0	0.142 9	0.190 0	0.237 5	0.285 3	0.333 3	0.381 7	0.430 4	0.479 4	0.471 3
2409	0.175 4	0.129 6	0.083 6	0.037 3	0.009 3	0.056 3	0.103 4	0.150 9	0.198 7	0.246 8	0.295 2	0.343 9
2489	0.316 9	0.364 2	0.411 8	0.459 6	0.492 2	0.443 8	0.395 0	0.345 9	0.296 5	0.246 8	0.196 8	0.146 5
1103	0.212 3	0.191 4	0.170 3	0.149 1	0.127 7	0.106 3	0.084 6	0.062 9	0.041 0	0.019 0	0.003 2	0.025 5
1240	0.369 2	0.345 7	0.322 0	0.298 1	0.274 1	0.250 0	0.225 7	0.201 3	0.176 7	0.151 9	0.127 0	0.101 9
1535	0.446 2	0.475 3	0.495 4	0.465 8	0.436 1	0.406 3	0.376 2	0.345 9	0.315 5	0.284 8	0.254 0	0.222 9
1528	0.403 1	0.432 1	0.461 3	0.490 7	0.479 8	0.450 0	0.420 1	0.389 9	0.359 6	0.329 1	0.298 4	0.267 5
1359	0.363 1	0.388 9	0.414 9	0.441 0	0.467 3	0.493 8	0.479 6	0.452 8	0.425 9	0.398 7	0.371 4	0.343 9
1103	0.212 3	0.191 4	0.170 3	0.149 1	0.127 7	0.106 3	0.084 6	0.062 9	0.041 0	0.019 0	0.003 2	0.025 5
x	0.288 9	0.291 5	0.293 1	0.289 2	0.281 1	0.272 9	0.272 0	0.269 7	0.267 4	0.265 1	0.263 5	0.259 7
s	0.129 7	0.136 7	0.152 4	0.169 2	0.182 7	0.173 7	0.146 9	0.125 1	0.114 1	0.117 3	0.132 6	0.140 2
Sum	0.418 6	0.428 2	0.445 5	0.458 4	0.463 8	0.446 6	0.419 0	0.394 8	0.381 5	0.382 4	0.396 1	0.399 9

表 4－8 大殿平面用尺

推测营造尺数	3362	2438	2409	2489	1103	1240	1535	1528	1359
305	11.0	8.0	7.9	8.2	3.6	4.1	5.0	5.0	4.5
306	11.0	8.0	7.9	8.1	3.6	4.1	5.0	5.0	4.4
307	11.0	7.9	7.8	8.1	3.6	4.0	5.0	5.0	4.4

当营造尺为 306 mm 时,其平面尺度更接近整尺与半尺,且明间面阔与 11 尺更为吻合,与上文构件推定营造用尺比对,木构与平面推测形成互证,因而选取 306 mm 为府底玉皇庙营造用尺。

313	312	311	310	309	308	307	306	305	304	303	302	301	300
0.482 4	0.448 7	0.379 4	0.309 7	0.239 5	0.168 8	0.097 7	0.026 1	0.045 9	0.118 4	0.191 4	0.264 9	0.338 9	0.413 3
0.421 7	0.371 8	0.321 5	0.271 0	0.220 1	0.168 8	0.117 3	0.065 4	0.013 1	0.039 5	0.092 4	0.145 7	0.199 3	0.253 3
0.393 0	0.442 3	0.492 0	0.458 1	0.407 8	0.357 1	0.306 2	0.254 9	0.203 3	0.151 3	0.099 0	0.046 4	0.006 6	0.060 0
0.095 8	0.044 9	0.006 4	0.058 1	0.110 0	0.162 3	0.215 0	0.268 0	0.321 3	0.375 0	0.429 0	0.483 4	0.461 8	0.406 7
0.047 9	0.070 5	0.093 2	0.116 1	0.139 2	0.162 3	0.185 7	0.209 2	0.232 8	0.256 6	0.280 5	0.304 6	0.328 9	0.353 3
0.076 7	0.051 3	0.025 7	0.000 0	0.025 9	0.051 9	0.078 2	0.104 6	0.131 1	0.157 9	0.184 8	0.211 9	0.239 2	0.266 7
0.191 7	0.160 3	0.128 6	0.096 8	0.064 7	0.032 5	0.000 0	0.032 7	0.065 6	0.098 7	0.132 0	0.165 6	0.199 3	0.233 3
0.236 4	0.205 1	0.173 6	0.141 9	0.110 0	0.077 9	0.045 6	0.013 1	0.019 7	0.052 6	0.085 8	0.119 2	0.152 8	0.186 7
0.316 3	0.288 5	0.260 5	0.232 3	0.203 9	0.175 3	0.146 6	0.117 6	0.088 5	0.059 2	0.029 7	0.000 0	0.029 9	0.060 0
0.047 9	0.070 5	0.093 2	0.116 1	0.139 2	0.162 3	0.185 7	0.209 2	0.232 8	0.256 6	0.280 5	0.304 6	0.328 9	0.353 3
0.251 3	0.231 5	0.209 0	0.187 1	0.169 0	0.150 8	0.132 5	0.121 3	0.124 6	0.145 5	0.169 4	0.193 5	0.217 4	0.248 1
0.151 5	0.154 0	0.156 4	0.135 2	0.108 0	0.090 2	0.087 9	0.093 8	0.100 6	0.103 0	0.115 1	0.137 2	0.138 2	0.124 1
0.402 8	0.385 5	0.365 4	0.322 3	0.277 0	0.241 0	0.220 3	0.215 0	0.225 2	0.248 4	0.284 5	0.330 8	0.355 6	0.372 3

3

大殿原状复原

（一）平面复原

大殿金元木构遗存保留较为完整，包含斗栱、乳栿、劄牵、部分蜀柱、襻间、四椽栿、平梁和榑等，囊括水平与垂直方向绝大部分构件。现存遗构榫卯交接情况良好，各构件上几无其余更改痕迹（图4-3、图4-4），说明建筑现状基本保留早期平面形式。此外，未发现大殿有改换屋面迹象，因而复原不改变当前建筑平面与屋面形式，仍为面阔三间、六架椽屋前乳栿衬四椽栿用三柱的悬山建筑（图4-5）。

图4-3　大殿前檐下平榑节点

图4-4　大殿后檐上平榑节点

（二）砖作、石作形制复原

大殿台基除西南角遭破坏外，基本保留金元原有形制，复原时将西南侧歪闪、失位的条石复位归正。

大殿前廊铺地现状为：明间柱础石以内，除靠近台基南侧压阑石处为丁顺结合的条砖外，均是错缝铺砌的方砖，两次间皆为丁顺结合的条砖（图4-6）。前廊铺砌的条砖、方砖与大殿台基周围的早期包边压阑石、早期柱顶石交接自然，无明

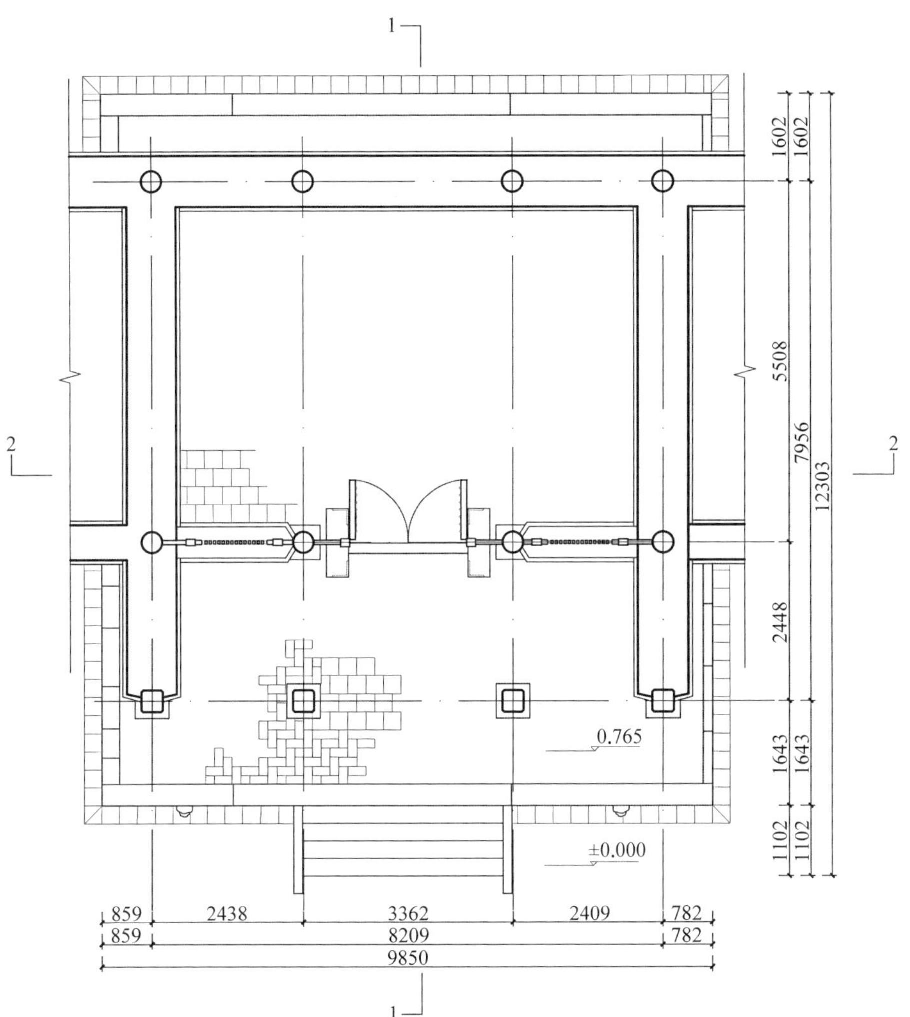
1
2
1602
1602
5508
7956
12303
2448
1643
1643
1102
1102
0.765
±0.000
859
2438
3362
2409
782
859
8209
782
9850

图 4-5　大殿平面复原图

图 4－6 大殿前廊空间铺地做法

图 4－7 铺地与柱顶石交接关系
（以明间西侧柱础石为例）

显打破痕迹（图 4－7），条砖铺地被晚期砌筑的山面砖墙打破，说明前廊铺地或为早期遗物，于明间用方砖、两次间侧用条砖的设置，可能是突出明间的一种设计，也对应信众在廊下祭拜殿内神祇时所居之处。故前廊及山墙外侧铺地的复原，即参照现状作适当归整。而大殿室内地平略高于前廊，其铺地叠压在前檐内柱柱顶石之上，应当是晚近的设置，皆复原为同前廊明间一致的错缝铺砌方砖。

包括晋东南地区在内的宋金元时期建筑流行下部砌磨砖对缝、层层收分的隔减砖墙，形如《营造法式》卷十五“垒阶基”条所记“露龈砌”，再上承土坯墙的做法（图 4－8），府底玉皇庙西厢房西墙即保留有此类做法，大殿山墙及前檐内柱位置的墙体也应按此复原。晋东南金代寺庙建筑“露龈砌”式隔减墙一般垒 9—13 层，层数多为奇数，顺砌（表 4－9），每砖长度约合晋东南宋金时期营造尺 1 尺长，高约 2 寸。最上一层砖外出约 5—10 mm。鉴于府底玉皇庙大殿规制不高，设定其隔减墙共垒 9 层，顺砌，每砖长为复原营造尺长 306 mm，高 2 寸即 61.2 mm，上层砖外出 6 mm。隔减墙上承收分的夯土墙。

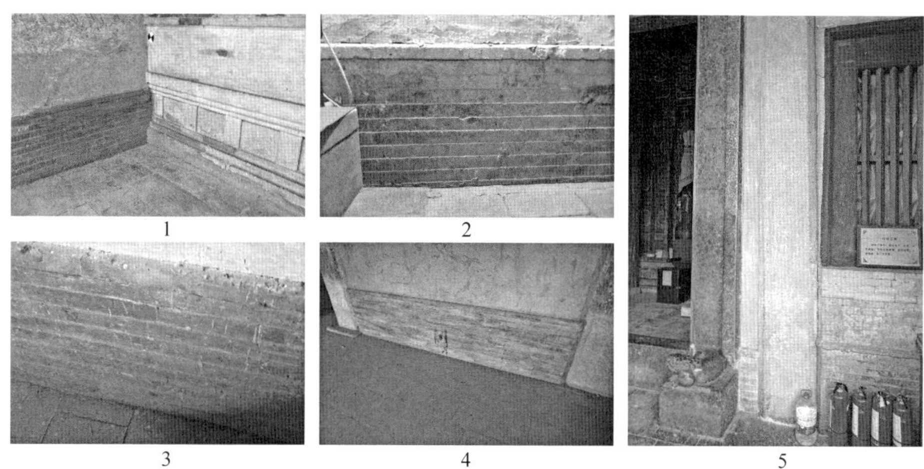

图4-8 晋东南早期建筑"露龈砌"实例

1. 府城玉皇庙后殿 2. 高都东岳庙天齐殿 3. 阳城王曲成汤庙正殿
4. 义合村三教堂后殿 5. 晋城冶底岱庙大殿

表4-9 晋东南地区"露龈砌"做法实例

实例名称	地点	建筑年代	露龈砌式隔减墙做法
府城玉皇庙后殿	山西泽州	金代中前期	共垒11层,顺砌,最上层砖外出。
高都东岳庙天齐殿	山西泽州	金大定十八年(1178)	共垒11层,顺砌,最上层砖外出。
冶底岱庙大殿	山西泽州	金大定二十七年(1187)	共垒13层,顺砌,最上层砖外出;共垒9层,顺砌,最上层砖外出。
王曲成汤庙正殿	山西阳城	金承安五年(1200)	共垒11层,顺砌,最上层砖外出。
义合村三教堂后殿	山西长子	金代中后期	共垒13层,顺砌,最上层砖外出。

(三)大木作形制复原

(1)柱

大殿现存立柱为晚期线脚石柱,晋东南宋金寺庙建筑流行用抹角八棱石柱的做法,如高都东岳庙天齐殿、郊底白玉宫正殿、屯城东岳庙后殿、西顿济渎庙正殿、冶底岱庙大殿、王曲成汤庙正殿等实例，且石柱多用于前檐廊柱，内柱和其他檐柱则多用木柱（图4－9），据此对用柱形制进行复原。关于用柱尺度，《营造法式》卷五记载："凡用柱之制：若殿阁即径两材两栔到三材；若厅堂柱即径两材一栔，余屋即径一材一栔至两材。"府底玉皇庙大殿应为面阔三间的厅堂，用七等材，参照余屋做法，其木柱柱径在231—330 mm之间，考虑建筑尺度，复原为330 mm，合两材。以此为参照，复原抹角八棱石柱边长为340 mm。

图4－9　晋东南早期建筑实例中的抹角八棱柱做法

1. 屯城东岳庙后殿前廊柱　2. 郊底白玉宫正殿前廊柱　3. 晋城冶底岱庙大殿内柱　4. 高都东岳庙天齐殿前廊柱　5. 王曲成汤庙正殿前廊柱　6. 西顿济渎庙正殿前廊柱

北方金元时期木构建筑使用高于地面的柱础较少，多做素平（图4－10、图4－11），且考虑到府底玉皇庙建筑等级不高，柱下石础形制采用素平做法为宜。

按北方地区宋金建筑柱径与柱高比约在1/9—1/8，考虑到建筑比例，复原柱径/柱高为1/8，即柱高2.64 m，较现存晚期石柱降低1 m左右，石柱、木柱柱身皆收分，至角有升起。

图 4－10　南神头二仙庙大殿柱础

图 4－11　石掌村玉皇庙大殿柱础

柱间应施阑额，上承普拍枋。大殿阑额不存，普拍枋非原构，需进行复原。晋东南乡村木构阑额用材普遍较小，其截面高厚比介于 3∶2 和 3∶1 之间，有别于《营造法式》“广加材一倍，厚减广三分之一”的规定，故将阑额截面复原作高 23 份、厚 10 份。阑额、普拍枋至角柱皆直截出头。

（2）铺作

大殿前檐柱头铺作保存较完整，木构形制统一，交接紧密，加以树种与碳十四旁证，可以判断构件基本为原构，因而复原中选择交接最好、构件最完整的第三缝梁架前檐柱头铺作，整饬其歪闪变形，落于柱头上。晋东南宋金时期流行泥道单栱上承素枋，一层素枋隐刻泥道慢栱的做法。大殿扶壁现仅存泥道栱，而东、西两柱头铺作上残存素枋仅端头下部作直线斜杀，枋面无隐刻，说明并无隐刻泥道慢栱的做法，故仅复原为泥道单栱上承素枋。大殿后檐橑槫截面较小，树种与其他槫不同，为后期更换构件，说明后檐在明清时期存在整体重修。府底玉皇庙山门后檐斗栱形制火灾前应为实拍栱承托耍头，使用瓜棱斗。鉴于大殿的重要性略高于山门，以及本地区北宋中后期以后木构建筑斗栱配置的不对称性，复原大殿后檐斗栱为施用八瓣瓜棱斗，四铺作单杪，华栱跳头施令栱、耍头承槫，耍头后尾作楷头衬于四椽栿下。

大殿前后檐皆无设置补间铺作的迹象，此时晋东南流行不施补间铺作，补间位置于一层素枋隐刻翼形栱，托散斗一枚，上承二层素枋，二层素枋亦于对应位置隐

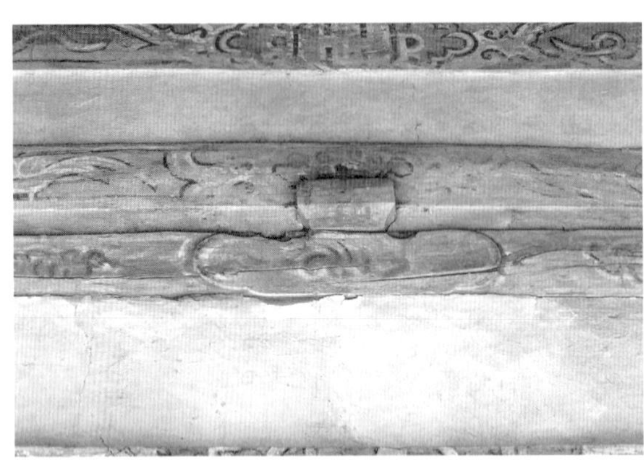

图 4－12 郊底白玉宫正殿殿内明间补间位置翼形栱

图 4－13 王曲成汤庙正殿前檐明间补间位置翼形栱

刻翼形栱，上托三枚散斗，作“一斗三升”状的做法。翼形栱样式参考郊底白玉宫正殿、阳城王曲成汤庙正殿等金代晚期实例（图 4－12、图 4－13）。

（3）梁架

① 举折

大殿进深为 7956 mm，据此复原前后橑檐槫心距约 8712 mm。大殿现举高为 2647 mm，因梁架主体构件为原构且在原位，大殿举高应不存在大的改动，基本保持原状。大殿屋架举折比约为 1/3，屋面曲线相较《营造法式》厅堂举折比为 1/4 的规定更加陡峭，符合晋东南地区宋金时期建筑举折比例特点[1]，体现出一定的地域特色。

② 梁架细部形制

主要对部分非原构或改动较大的梁架节点进行复原。乳栿与四椽栿交接处现为乳栿后尾直入晚期石柱，上承四椽栿、蜀柱等构件，按宋金元时期地区做法，内柱与梁栿构件间当用斗栱过渡，复原为于木柱上施四铺作斗栱，里外各出一跳华栱托乳栿，扶壁为泥道单栱承枋，做法参考年代相近的南神头二仙庙殿身做法（图 4－14）。大殿乳栿、第三缝四椽栿、平梁、前檐下平槫、后檐上下平槫襻间节点

[1] 朱向东、赵青、王崇恩编《宋金山西地域建筑营造》，三晋出版社，2014 年，页 456—457。

图 4－14　南神头二仙庙殿身做法

图 4－15　石掌村玉皇庙丁华抹颏

皆为早期构件，因而复原时进行保留，并作为其余替换构件的依据。根据现状可知，府底玉皇庙梁栿构件均采用自然材，对其未多整饬，仅在斫上下皮令势圆和，并于端头予以收分，在其他大型构件复原时，采用类似办法，以符合建筑基本风格。

大殿脊槫下襻间节点为明清时期更换，原蜀柱、丁华抹颏与襻间斗栱均已不存。现存早期平梁在蜀柱位置两侧有榫口，证明原构亦使用蜀柱与合楷组合，依后檐上平槫形制尺度复原。丁华抹颏形制复原参考高平地区金元时期做法。根据现有材料，该地区早期丁华抹颏下方分瓣，上方为一完整弧形，共分两瓣，正立面有类栱眼装饰；至金末元初，上方开始有分瓣倾向，如纪年为 1208 年的石掌村玉皇庙，丁华抹颏共分三瓣，仍有栱眼做法（图 4－15）。大殿断代在金末元初，复原参考附近地域、相近时代丁华抹颏形制，为三瓣带栱眼做法，置于蜀柱栌斗之上。

此外，由于府底玉皇庙叉手为早期原构，大殿槫位无较大改动，而现状丁华抹颏与叉手深咬合，与金元时期流行的浅咬合有所区别，因而复原时降低蜀柱高度，上设双材襻间、隔间相闪，丁华抹颏与叉手作浅咬合。

据实测数据，大殿现状两侧出际不等，西侧为 974 mm，约合 3.2 尺，东侧为 1030 mm，约合 3.4 尺，考虑到后世改动因素，并结合《营造法式》“凡出际之制”中

“六椽屋，出三尺五寸至四尺”的记载，复原原始出际尺寸为3.5尺。

（四）小木作形制复原

大殿现存门窗为晚期更换，无早期构件遗存，结合《营造法式》记载、同地区同时代寺庙实例及建筑规制，大殿应使用版门与直棱窗的组合。按《营造法式》规定："造版门之制：高七尺至二丈四尺，广与高方。如减广者，不得过五分之一。"复原版门高度2.0 m，合6尺半，广与高同；窗高3.7尺，广13棱，门额上施门簪四枚，其余做法皆依《营造法式》规定。

（五）瓦作形制复原

府底玉皇庙大殿保留了一批早期瓦作构件，根据上文，前檐兽面瓦当与盆唇均为早期构件（图4－16），因而复原中参考屋面瓦作形制与尺寸，瓦当为较平兽面形制，直径为153 mm，盆唇为卷草纹，瓦垄间距按现状为153 mm。

图4－16　复原参考瓦当盆唇组合

屋脊部分，由于现状为明清时期脊筒子做法，应按宋金时期流行的垒脊做法进行复原。《营造法式》"垒屋脊之制"云："堂屋：若三间八椽或五间六椽，正脊高二十一层……厅屋：若间、椽与堂等者，正脊减堂脊两层……凡垒屋脊，每增两间或两椽，则正脊加两层。"府底玉皇庙大殿三间六椽，厅堂造，复原按厅屋之法，正脊高

17 层,垂脊高 15 层。条子瓦与线道瓦如现存板瓦,厚 15.3 mm。垂脊向下延伸至檐口处,参考晋东南地区做法,作向外侧斜挑筒瓦,模拟戗脊的设计。

大殿金元时鸱吻已不存,尺度参考《营造法式》“用鸱尾之制”规定“廊屋之类,并高三尺至三尺五寸”,复原高度为 3 尺,其形制参考营建于金代晚期的河北崇礼太子城金代行宫遗址鸱吻做法(图 4－17)。

综上所述,复原大殿立面、剖面如后图(图 4－18、图 4－19)。

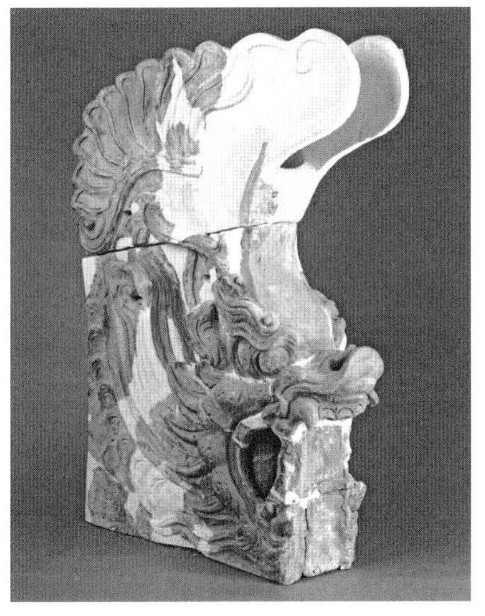

图 4－17　金代崇礼太子城出土鸱吻[1]

[1] 河北省文物研究所、张家口市文物考古研究所、崇礼区文化广电和旅游局《河北张家口市太子城金代城址》,《考古》2019 年第 7 期,页 82。

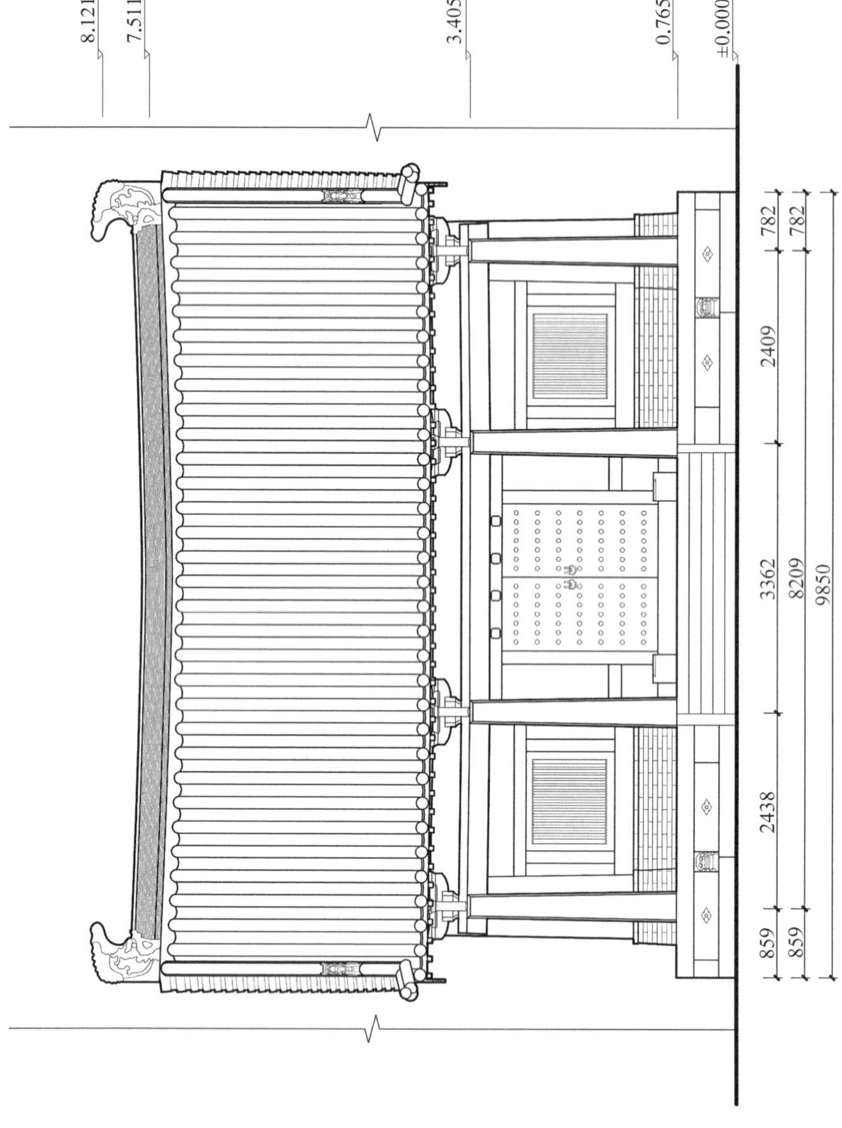

图 4－18　大殿立面复原图

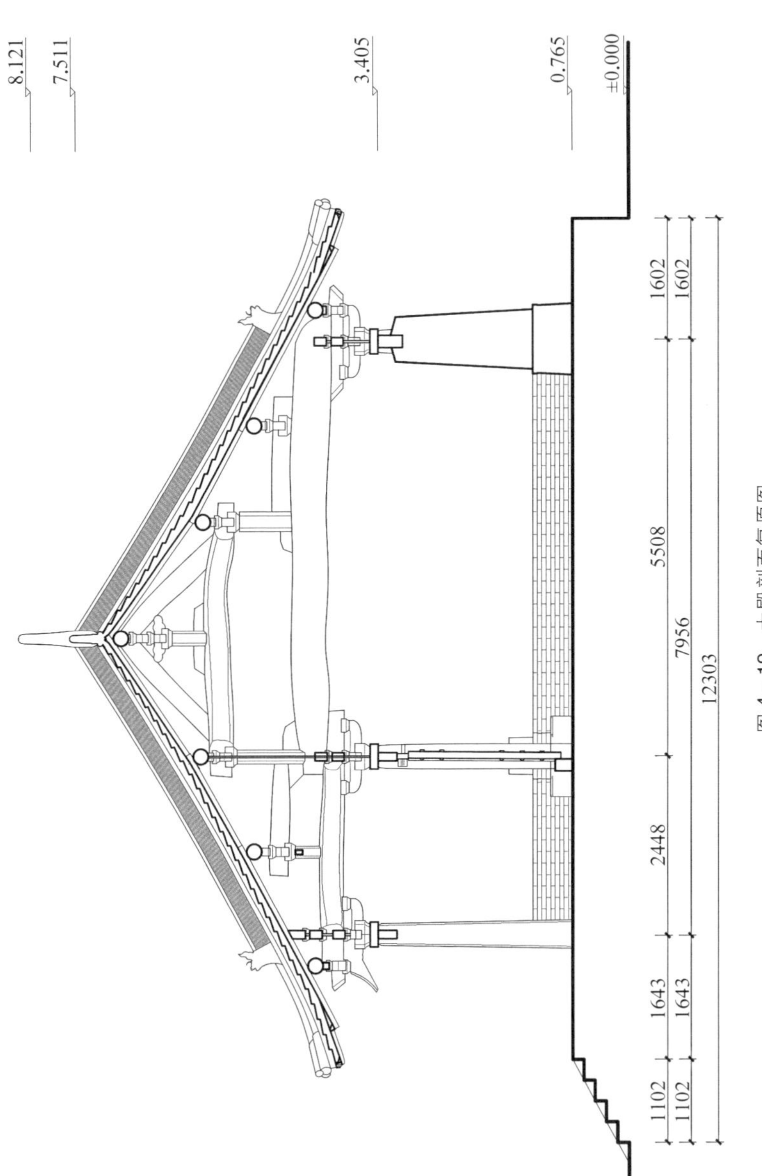

图 4－19　大殿剖面复原图

4

山门原状复原

山门大部分木构遭火焚毁，土、石、瓦、砖诸作主要为明清时期更换。基于建筑现状，山门原状复原主要依据为现存木构、晋东南地区宋金元寺庙建筑实例、《营造法式》相关记载。

（一）平面复原

从木构形制看，山门与大殿创建年代当相距不远，或为同时营建，其营造用尺应当接近。在山门原构尺寸信息存在较大阙失，不便以山门原构尺寸进行营造尺复原研究的前提下，可将大殿营造用尺作为山门营造用尺。

山门火灾前木构保存相对完整，从灾后尚存的斗栱及梁架构件基本为原构推断，山门主体构架灾前也应为金元时期原构，面阔三间，进深四椽，其平面尺寸相较原始平面变动不大。前后檐柱皆石柱，火灾烧及屋顶、梁架及后檐斗栱大部，未造成石柱的损坏和移位，山门柱网平面基本未变，可大体参照山门平面现状，对原始平面进行复原。此外，平面复原也需参考大殿平面尺寸，如山门明间面阔当不大于大殿明间面阔。据上述信息对山门原始平面尺寸进行复原（表 4－10、图 4－20）。

（二）砖作、石作形制复原

山门台基、隔减墙基本复原为和大殿一致，铺地复原参考大殿原始铺地方式。

（三）大木作形制复原

（1）柱

山门现存柱皆晚期更换，为突出立面效果，山门前后檐柱用抹角八棱石柱，内

表 4-10　山门尺度复原表

	明间面阔	西次间面阔	东次间面阔	第一进进深	第二进进深	总面阔	总进深
实测尺寸/mm	3196	3014	2945	—	—	9155	5809
折合营造尺数(以 1 尺=306 mm 计)	10.4	9.9	9.6	—	—	29.9	19.0
复原营造尺数(以 1 尺=306 mm 计)	10.5	9.5	9.5	4.0	15.0	29.5	19.0
复原尺寸/mm	3213	2907	2907	1224	4590	9027	5814

柱为圆木柱。山门与大殿同为庙宇主体建筑,故设定山门前檐柱、内柱与大殿同高,因后檐铺作较前檐抬升一个梁栿断面高度,后檐石柱略高于前檐柱。

(2) 铺作

山门前檐柱头铺作尚存部分原构,可据现状并结合同期实例复原为四铺作单下昂,扶壁作泥道单栱上承素枋。后檐据残存形制判断,复原为实拍栱承三椽栿出头斫作的耍头,里转衬于三椽栿下。

补间做法参考大殿复原。前檐为一层素枋隐刻翼形栱,二层素枋对位隐刻翼形栱,并托三枚散斗,作“一斗三升”状。后檐和前檐不对称,仅于一层素枋隐刻翼形栱,托散斗一枚承二层素枋,二层素枋无隐刻。

(3) 梁架

① 举折

山门总进深复原为 5814 mm,结合斗栱复原信息,其前后橑檐槫心距约为 6477 mm,山门与大殿营建年代接近,故取大殿举折比 1/3 作为山门举折比,举高为 2159 mm。

② 梁架细部形制

山门梁架仅存劄牵、三椽栿等主体构件,且三椽栿已经易位,因火烧有明显形变。从三椽栿残状看,其加工方式和大殿四椽栿一致,南端及中部较粗,北端较细,说明北端应是伸出作耍头的部位,平均断面高在 390—450 mm 之间,据此复原出三

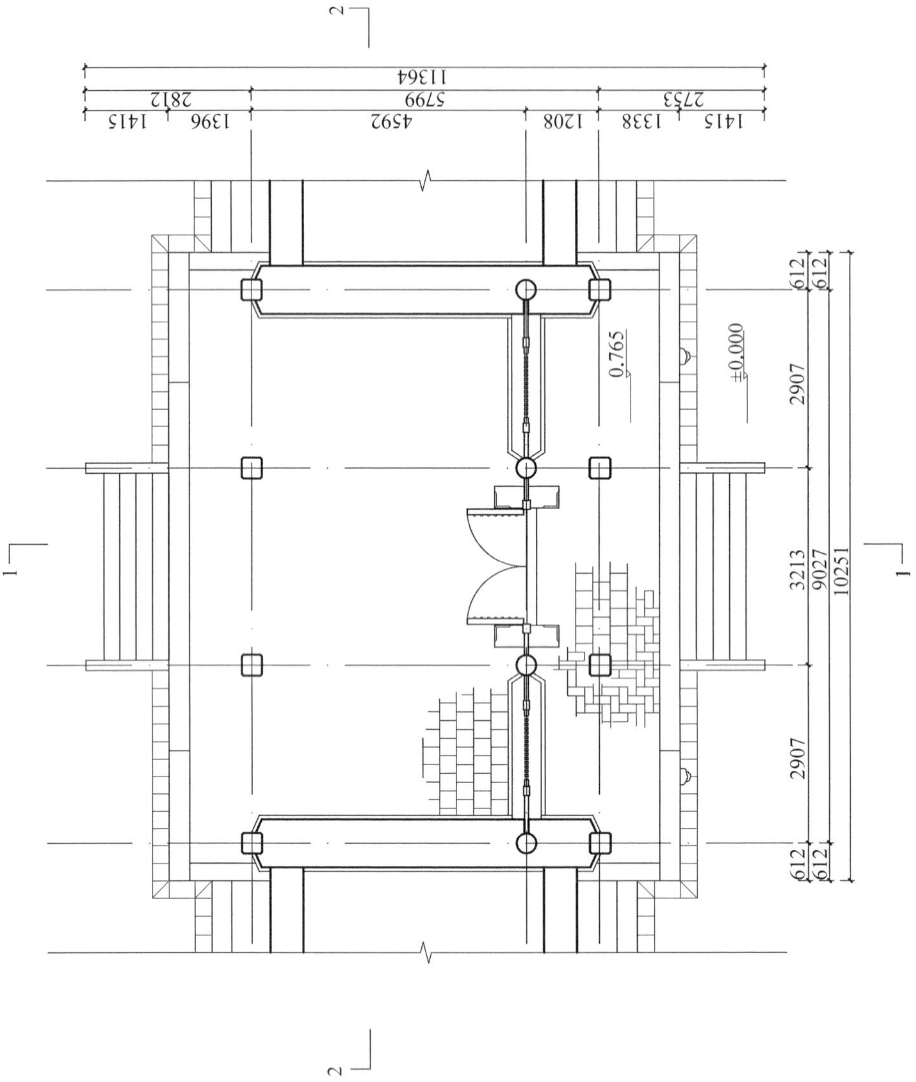

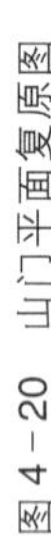

图 4-20　山门平面复原图

椽栿大体的尺度和形制。三椽栿以上梁架构件基本不存，主要依据大殿现存原构形制复原，例如平梁上立蜀柱、置合楷，丁华抹颏与叉手浅咬合，脊槫下用两材襻间且隔间相闪，平槫下用单材襻间等。此外，三椽栿与平梁之间的过渡构件，考虑到尺度和建筑等级，复原为简易的梯形驼峰。

山门悬山出际尺度，参考《营造法式》“凡出际之制”中“四椽屋，出三尺至三尺五寸”的规定，设定为三尺五寸，与大殿一致。

（四）小木作形制复原

山门设置为明间单门道，施版门，两次间设直棂窗，版门及直棂窗做法与大殿一致。版门高 6.5 尺，每扇宽 3 尺，门额上置门簪四枚。

（五）瓦作形制复原

山门与大殿建筑规制相近，其屋面瓦作形制，按与大殿一致复原。

综上所述，复原山门立面、剖面如后图（图 4－21、图 4－22）。

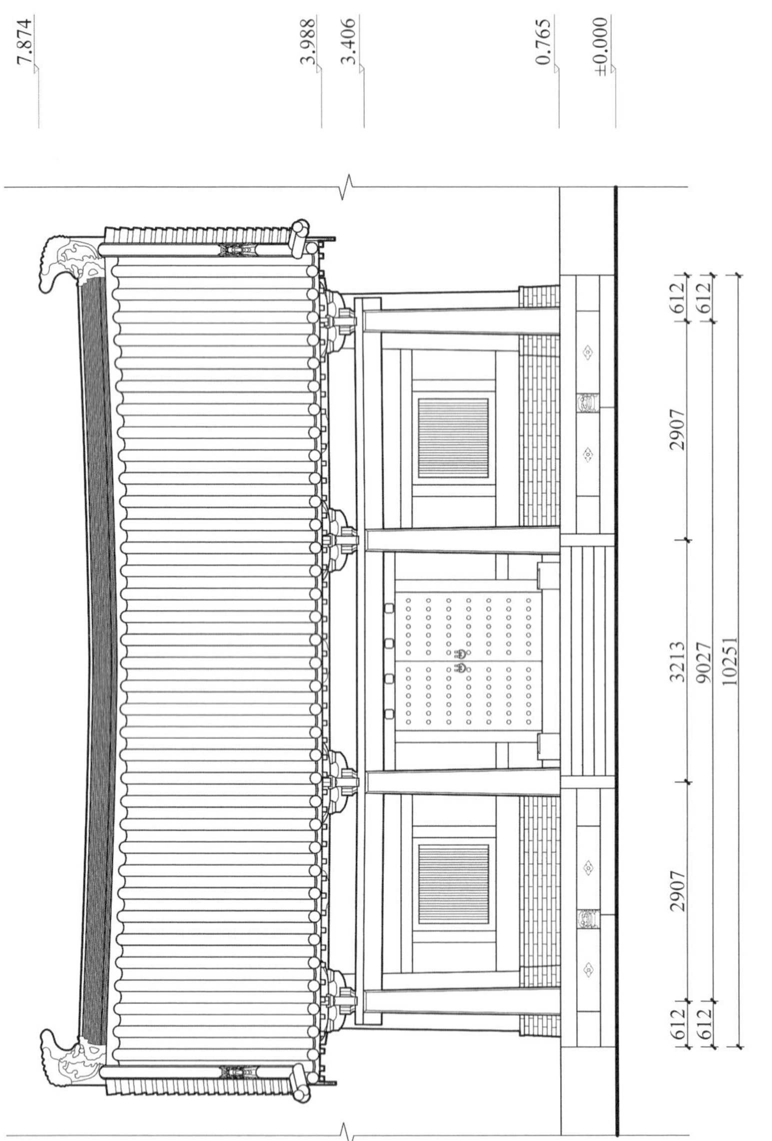

图4-21　山门立面复原图

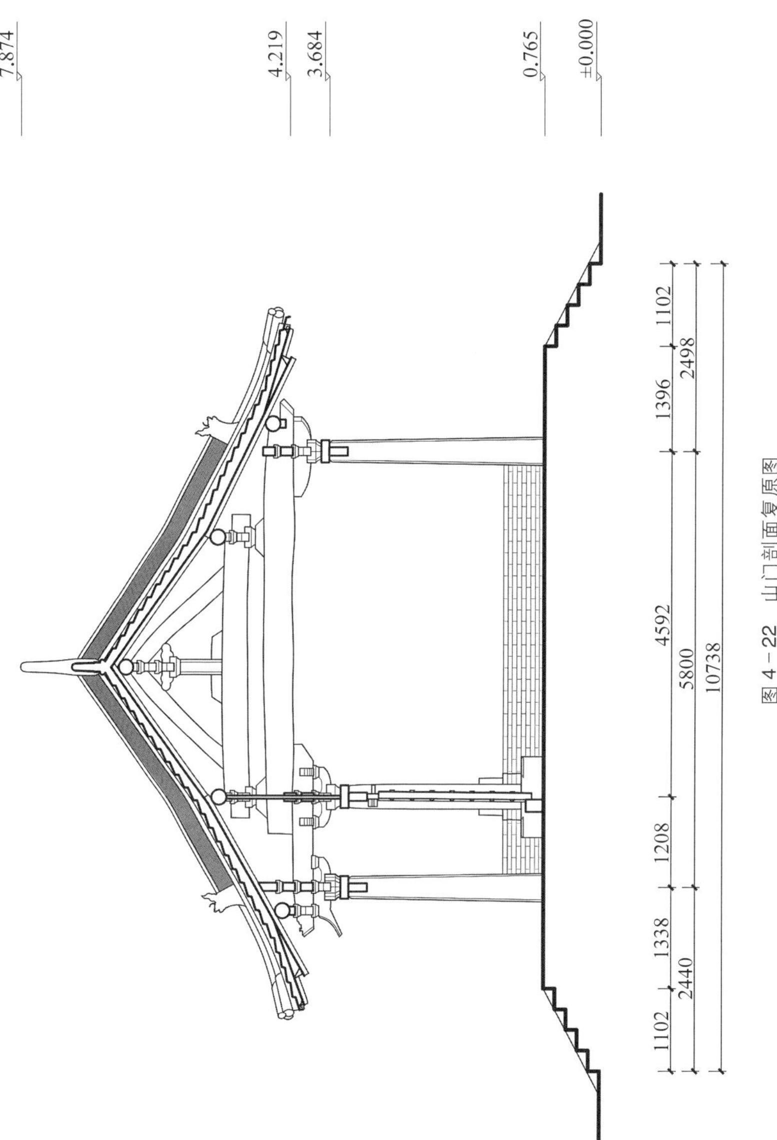

图 4－22 山门剖面复原图

格局研究

府底玉皇庙是晋东南地区山门、大殿皆为早期建筑的乡村祠庙珍贵实例，对认知晋东南乡村祠庙格局具有重要价值。本章旨在结合对单体建筑、建筑格局调查记录成果，进一步探析府底玉皇庙格局沿革中的两个重要问题：一是金元时期庙宇的原始格局，二是晚清时期庙宇的格局演变。

原始格局复原

清末的格局演变

1

原始格局复原

通过对单体建筑的形制分析可知，府底玉皇庙大殿及山门皆为金元时期原构，可据此明确原始格局的南北边界。西厢房西墙早期槛墙遗迹则提示玉皇庙原始格局中即有西厢房之设，且后代修缮中西厢房位置基本保持不变，而东西厢房基本呈轴对称分布，倘西厢房尚在原位，则说明两厢外墙卡定的范围即是原始格局的东西边界。故玉皇庙原始格局范围，和现今玉皇庙西院格局范围基本一致。

结合现状及本地区金代祠庙建筑一般规制，可大体推知该庙原始格局中的建置：一进院落，中轴线自南至北分别为山门、大殿，山门、大殿两侧设朵殿，院落东西两侧有配殿等配属建筑，院落内分两级台地。此外，在山门与大殿之间，还应有献殿之设，但现院落地表已无献殿遗迹，对原始献殿的复原是府底玉皇庙原始格局研究的关键。

据本地区祠庙布局的形制年代研究成果，北宋至金末本区祠庙建筑献殿多远离主殿，金末至明清献殿多紧邻主殿设置，按此规律，肇创于金元时期的府底玉皇庙，其献殿应位于相对靠近大殿的院落第二级台地上，类似泽州冶底岱庙的平面格局(图 5－1)。

为验证该假设，课题组现场使用考古勘探、探地雷达、金属探测仪等多种技术手段对院落第二级台地进行调查，试图寻找该区域内的献殿建筑遗迹。课题组以东距东厢房台基边缘 2.2 m、北距大殿台基边缘 7.3 m 为几何中心，布置一个边长为 1×1 m 的探方进行考古勘探，下挖至 1 m 深处，未见建筑遗迹现象。使用探地雷达及金属探测仪对第二级台地进行全面探测，亦未发现明显建筑迹象(图 5－2、图 5－3)。

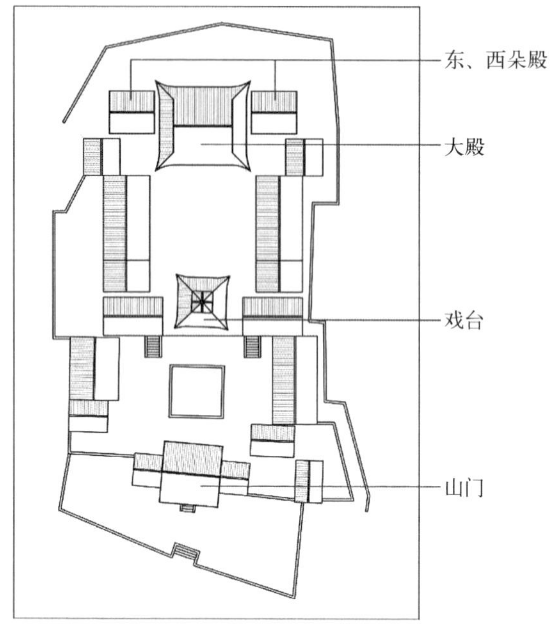

图 5-1　泽州冶底岱庙平面示意图[1]

图 5-2　课题组成员进行考古勘探

[1] 陈豪《建筑遗存所见晋东南地区宋金元时期的民众信仰空间》，北京大学博士学位论文，2020 年，页 67。

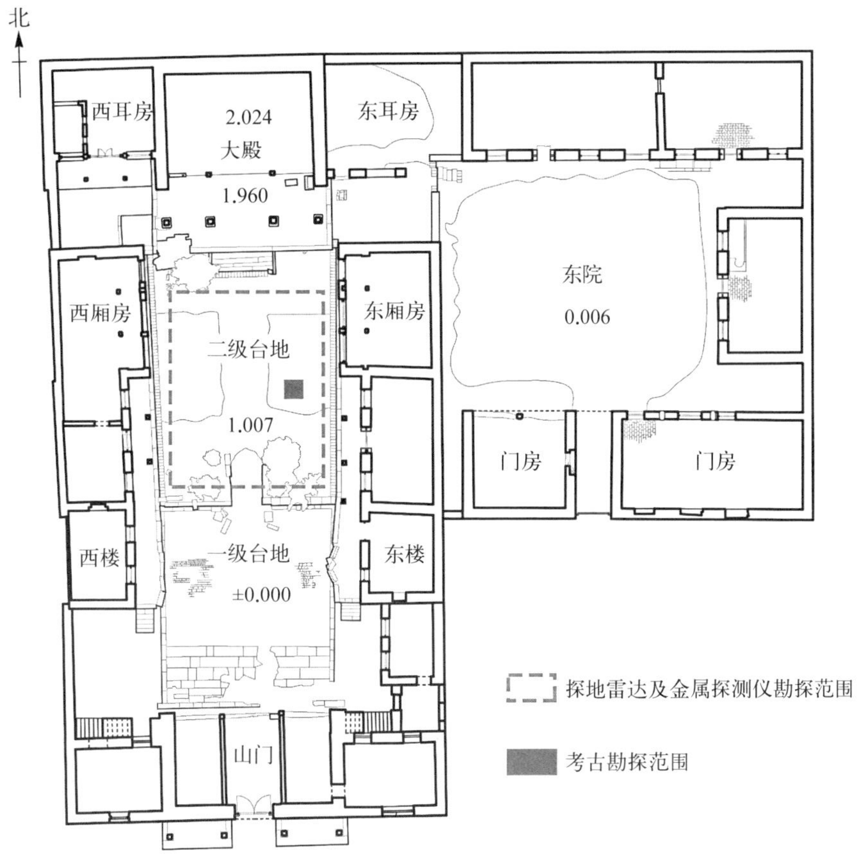

图 5－3　院落建筑遗迹勘探范围示意图

基于上述调查情况，若献殿位于第二级台地，则其建筑体量应较小，且相对靠近大殿，建筑形制或为方形的香亭，因而不在考古勘探范围，且不易被探测设备探得，此为复原可能一（图 5－10）。

此外，府底玉皇庙山门的形制、年代和复原研究，或可为解决玉皇庙献殿复原问题提供线索。从山门一层版门背部崇祯元年（1628）题记以及清光绪三十年（1904）《重修玉皇庙关帝庙创建戏房骡屋碑记》中对“舞楼”的记载看，至迟从明末开始，直到清末，山门即分作两层，下层为过道，上层作舞台。山门作为舞楼的功能，同宋金时期献殿的功能有相似之处，由此上溯，金元时府底玉皇庙或也存在将该位置山门兼作戏台，一定程度代替献殿功能的可能。更为重要的是，据现状复原可知，山门原始梁架结构为前劄牵衬三椽栿用三柱，按祠庙寺观建筑的正常规制，山门多用分心柱，若进深四椽，即采用“2—2”分椽形式，若六椽则“3—3”分椽，如泽州府城玉皇庙二山门（图5－4）、泽州冶底岱庙山门（图5－5）。而府底玉皇庙山门则为“1—3”分椽形式，内柱位于前劄牵下，此类不均匀分椽形式主要见于晋东南祠庙建筑供奉神祇的主殿、后殿，以及舞楼（含山门兼舞楼）中，鲜少用于仅作山门的建筑，也提示该建筑可能并非仅作山门。且府底玉皇庙原始格局即为南北狭长的长方形，院落空间东西宽只10 m，若在院落内再设献殿，则易造成空间的局促，厢房、献殿、大殿、大殿东西耳房等不同性质建筑之间的功能流线难免抵牾，将山门兼作戏台的原始设计则可一定程度上化解这一问题。二级台地仅比一级台地高出1 m，其空间层次并无本质区别，若原始山门与大殿台基同高，二者建筑体量近似，亦不影响在山门为居于大殿的神祇举行祭祀活动的仪式效果。

图5－4　府城玉皇庙二山门梁架

图5－5　冶底岱庙山门梁架

图5－6　陵川武家湾村诸神观山门兼舞楼

图5－7　陵川万章村大庙山门兼舞楼

事实上，在平面南北狭长、院落空间逼仄的庙宇中因地制宜，不设独立献殿或舞亭，以山门兼作戏台的案例，在本地区祠庙建筑中普遍存在，多见于明清肇创的小型乡村社庙中，例如陵川武家湾村诸神观（图5－6）、陵川万章村大庙（图5－7）等，主流做法为下层辟作门道，上层为舞台，与府底玉皇庙山门现状近似。宋金元时期创建的小型乡村祠庙，现存山门、舞楼基本为明清时期改造的结果，但也存在一些做法类似的早期案例。如王报村二郎庙金代倒座戏台便是将戏台置于寺庙轴线前部，相当于山门位置（图5－8），该戏台须弥座上有大定二十三年（1183）石匠题记，与木构纪年大体对应。又如高平中坪二仙宫山门，其山门建筑年代与府底玉皇庙山门相近，后部亦作两层戏台（图5－9），与府底玉皇庙山门同为“1—3”分椽形式。以上实例说明金元时期存在将戏台建筑设在庙宇轴线前部的做法，且山门也可能兼有戏台之设。在府底玉皇庙二级台地未探得献殿遗迹，明清碑刻又无对院落中部建置记载的条件下，结合山门复原所得原始形制，可将山门兼作戏台，部分替代献殿功能，作为府底玉皇庙原始格局的另一可能方案（图5－11）。

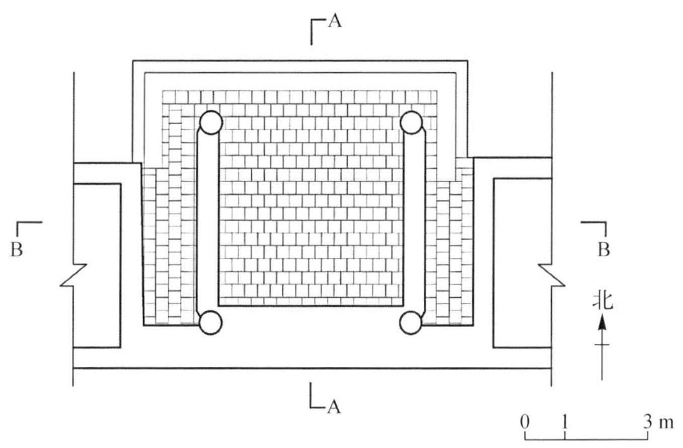

图5－8　高平王报二郎庙金代倒座戏台平面测图[1]

[1] 姜铮《山西高平二郎庙、三嵕庙测绘图》，《中国建筑史论汇刊》第18辑，清华大学出版社，2019年，页313。

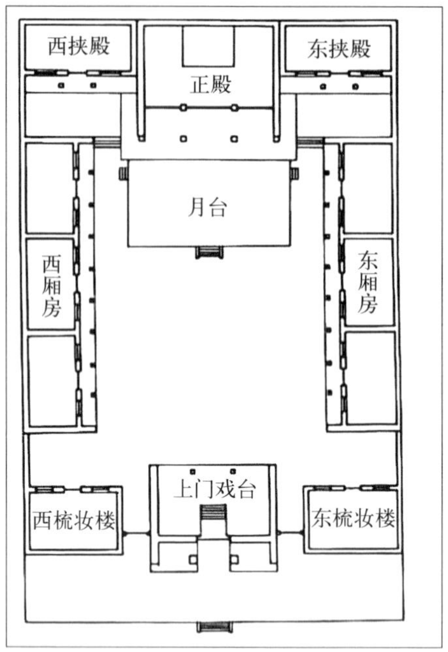

图 5-9　高平中坪二仙宫平面测图[1]

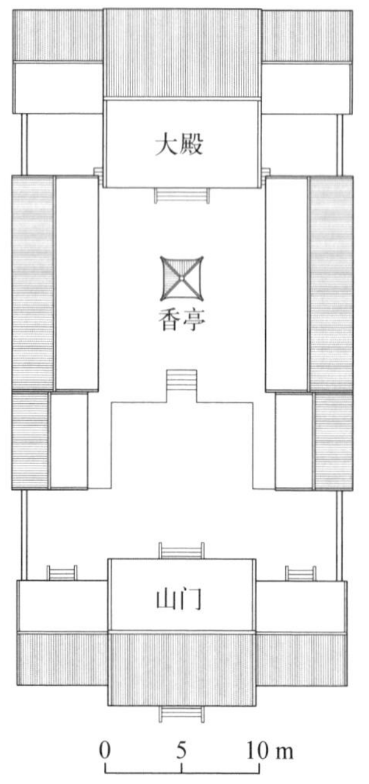

图 5-10　府底玉皇庙原始格局复原图一

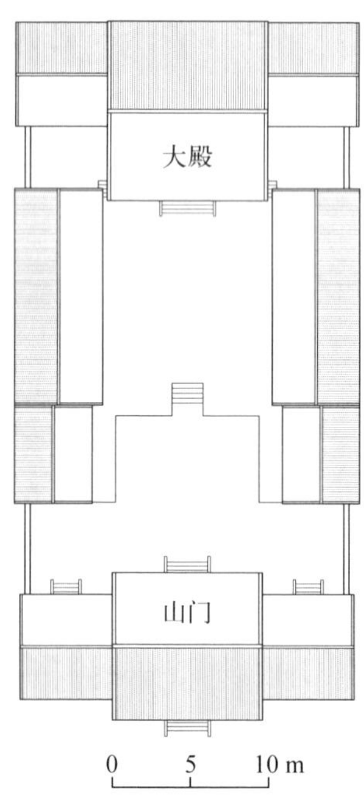

图 5-11　府底玉皇庙原始格局复原图二

[1] 张薇薇《晋东南地区二仙庙宇建筑平面分析》,《文物世界》2009 年第 2 期,页 29。

清末的格局演变

自金元时期以迄清代中前期，庙内格局基本没有大的变化。据光绪三十年(1904)《重修玉皇庙关帝庙创建戏房骡屋碑记》，清代同治至光绪年间又创建了用作“戏房骡屋”的东院，这是府底玉皇庙格局在晚近时段发生的一次大的演变。

在晋东南乡村寺庙建筑中，“戏房”一般指位于主体院落厢房或别院中，容纳戏班过夜的居住性建筑，也可指供戏班演戏登台前进行准备、小憩所居的建筑，一般为紧贴舞楼两侧的朵殿、朵楼。“骡屋”则是安置骡户、牲畜的生活用房。从晋东南地区碑刻史料看，戏房、骡屋的大规模营造主要见于清代乾隆年间以后，以清光绪至民国时期最为普遍(表 5－1)。这两类功能性建筑往往不在庙宇原始规划中，而是后期重修中添建的产物。乡村祠庙不是专门的剧场，其主体功能是祭神，戏剧只是庙宇中酬神的一类功能形式而已。因此，尽管明以来的晋东南庙宇多有戏楼、看楼之设，但戏房和骡屋却不是普遍的建置，而是主要存在于村落中心庙宇中。营造戏房、骡屋的意义在于为戏班的人马提供专门的临时性居所，并和供奉神灵的宗教空间进行区隔，如《买腰棚楼碑记》所记礼义镇韩庄祖师庙创建戏房、骡屋的动机：

> 吾韩庄村自来每于丰年秋季必演戏三天，此古之君子立社祀神之规模，以报天地之恩、好生之德也。以及演戏之日，戏子必在各庙殿内铺设夜宿，乃渎神莫甚于此矣。且吾村中老者常言欲修戏坊骡屋数间，但未得其便也，亦未逢其时也。

限于地形及经济因素，晋东南乡村庙宇一般为平面狭长的一路院落，庙内空间局促

表5-1 晋东南乡村寺庙营建戏房、骡屋相关部分碑刻史料[1]

庙宇名称	地 点	加建戏房、骡屋年代	相 应 碑 文
古佛庙	长治市襄垣县富阳园区西北	清同治二年(1863)	《重修古佛庙碑记》：于东南隅增修骡屋院一所、厦棚六楹、东房三楹。每逢演戏之期，骡户、牲畜各有归宿。庙院清洁，祭祀更不亵污。
龙王庙	高平市建宁乡筱川村	清同治十二年(1873)	《维修三圣堂记》：合社公议，补修彩画，创建龙王庙，金妆神像。创修戏房七间，西南耳房二间，东北骡屋两间，院墙门道。所有一应花费以地亩出资，收钱若干，照数花清。
祖师庙	陵川县礼义镇韩庄村	清光绪十年(1884)	《买腰棚楼碑记》：吾韩庄村自来每于丰年秋季必演戏三天，此古之君子立社祀神之规模，以报天地之恩、好生之德也。以及演戏之日，戏子必在各庙殿内铺设夜宿，乃渎神莫甚于此矣。且吾村中老者常言欲修戏坊骡屋数间，但未得其便也，亦未逢其时也。于光绪三年，时遭大祲，村中数君子有出放钱谷文约数纸在。已故姬姓房□指业，情愿施于社内，将房收管社内。既经管业，数年之间，此房已经塌坏，社内又无力修盖。三班维社首公同议论将此房办卖另行作为，即有王姓某因钱粮紧急，有腰棚楼上下十间与祖师庙相隔一墙之近，愿卖给社，社内议定将此房买到。
东南甘泽王庙	襄垣县善福乡路家沟村	清光绪二十三年(1897)	《重修禹圣甘泽王庙碑记》：于是，鸠工庀材。自圣殿、神祠以及西廊、厨房、骡屋马棚、山门、墙垣，增修戏台、耳楼、斜门，废者易之，缺者补之。
西溪二仙庙	陵川县崇文镇岭常村	清光绪三十二年(1906)	《重修真泽宫碑记》：一、买西掌张姓北平房骡屋五间，又买西角门外张姓地基一处。
关帝庙	襄垣县善福乡郝家沟村	民国元年(1912)	《关帝庙重修碑》：重修正殿、左右陪殿、歌舞楼、左右耳楼、东西廊房、厨房、钟楼、大门、便门、骡屋院、土窑、厦棚。
关帝庙	平顺县中五井乡留村	民国七年(1918)	《重修关帝庙壹数碑记》：自乾隆年间，维首牛成炳议建戏楼一座，其余关帝大殿牛王土地为殿，东西廊房，两间骡屋，不知修自何代。
黑虎庙	高平市原村乡里沟村	民国八年(1919)	《重修黑虎庙创修禅室舞楼垣墙山门骡屋碑记》：民国八年，又建骡屋院堂，土平房两间，东屋三间，南厂棚两间，大门一间。

[1] 碑文引自以下文献：刘泽民总主编、李玉明执行总主编、常书铭主编《三晋石刻大全・晋城市高平市卷》，三晋出版社，2011年；刘泽民总主编、李玉明执行总主编、王立新主编《三晋石刻大全・晋城市陵川县卷》，三晋出版社，2012年；刘泽民总主编、李玉明执行总主编、申树森主编《三晋石刻大全・长治市平顺县卷》，三晋出版社，2013年；李玉明总主编、赵栓庆主编《三晋石刻大全・长治市襄垣县卷》，三晋出版社，2015年。

（续表）

庙宇名称	地　点	加建戏房、骡屋年代	相　应　碑　文
济渎庙	高平市建宁乡建南村	民国九年（1920）	《高平县建宁镇补修济渎庙记》：因工程浩大，又募之他乡，众擎易举，事遂告成。所余之金，在镇中观音堂之东购隙地一段，创修骡屋平房四间，东平房三间；又置买东厂棚二间，水井一眼，以作后日办公之用。
昭泽王庙	襄垣县古韩镇南田漳村	民国十年（1921）	《重修昭泽王庙募缘碑叙》：先修正殿三楹，东西配殿各三楹；改修乐楼三楹，两边耳楼各三间，重门两道，东西耳房各两间，东西廊房各五间，外院东西社房、大山门、东山门、龙狗马殿、南社房、关圣阁与东边骡屋院北房、东厦棚、南房连厦棚、大门、西厨房。
龙王庙	襄垣县古韩镇石灰窑村	民国十二年（1923）	《重修前阳泽龙洞庙碑记》：民国元年春，纠首等始集众会商，决定展期兴工，重修正殿，创修左右配殿，重修乐楼，创修东西耳楼、东西社房。虽系重修，亦与创修无异。至于庙院、厨房、骡屋、南房、街前花墙俱系创修。其余马棚、戏房亦依次更新之。
关帝庙	高平市陈区镇石堂会村	民国十三年（1924）	《重修关帝庙碑记》：自民国十一年三月起工，重修正殿五间、东西廊房各五间，中厅三间、舞楼三间，增修耳楼两间，看楼五间，看楼下骡屋五间。至十三年四月告厥成功。

而欠缺层次，场地很难满足营建与神灵分隔开来的戏房、骡屋等临时居所的需要，往往需要邻庙另辟一院，如襄垣县古佛庙即是“于东南隅增修骡屋院一所”，或在村内其他地方单独购置地皮，如建南济渎庙在建宁镇观音堂东侧“购隙地一段，创修骡屋平房四间，东平房三间”。在资源相对有限、分散的晋东南乡村社会，像这样对庙宇进行成规模扩建，需完成一次规模不小的社会动员，从营造成本角度考量，被选择进行扩建戏房、骡屋等建置的祠庙，也往往是影响力达数村乃至数十村的中心庙宇。

晋东南晚清时期乡间庙宇的戏房、骡屋之设标志着庙中演剧活动的标准化、常规化，也意味着此类庙宇当具有一定区域影响力，而同期也有类似建置增设的府底玉皇庙便属于这样的庙宇。据大殿前廊下《重修玉皇庙关帝庙创建戏房骡屋碑记》，同光年间营建玉皇庙东院的工程，其助缘人群来自周边30多个村社，这些村社集中分布在玉皇庙周边5 km范围内，也有少数在5—10 km之间，最远者为东北方距玉皇庙约 10 km 的杨家河村(图 5-12、图版 156),此外建宁、礼义等镇,以及高平、陵川县城中的店铺、商行也有参与。另据现场访谈,近代府底玉皇庙戏剧活动可吸引周边数村人围观,甚至邻省河南也有人前来看戏。透过府底玉皇庙清末的格局演变可见,至迟到清同治、光绪年间,府底玉皇庙已不仅仅是府底村的主庙,还是辐射范围达周边数十村的区域中心庙宇。

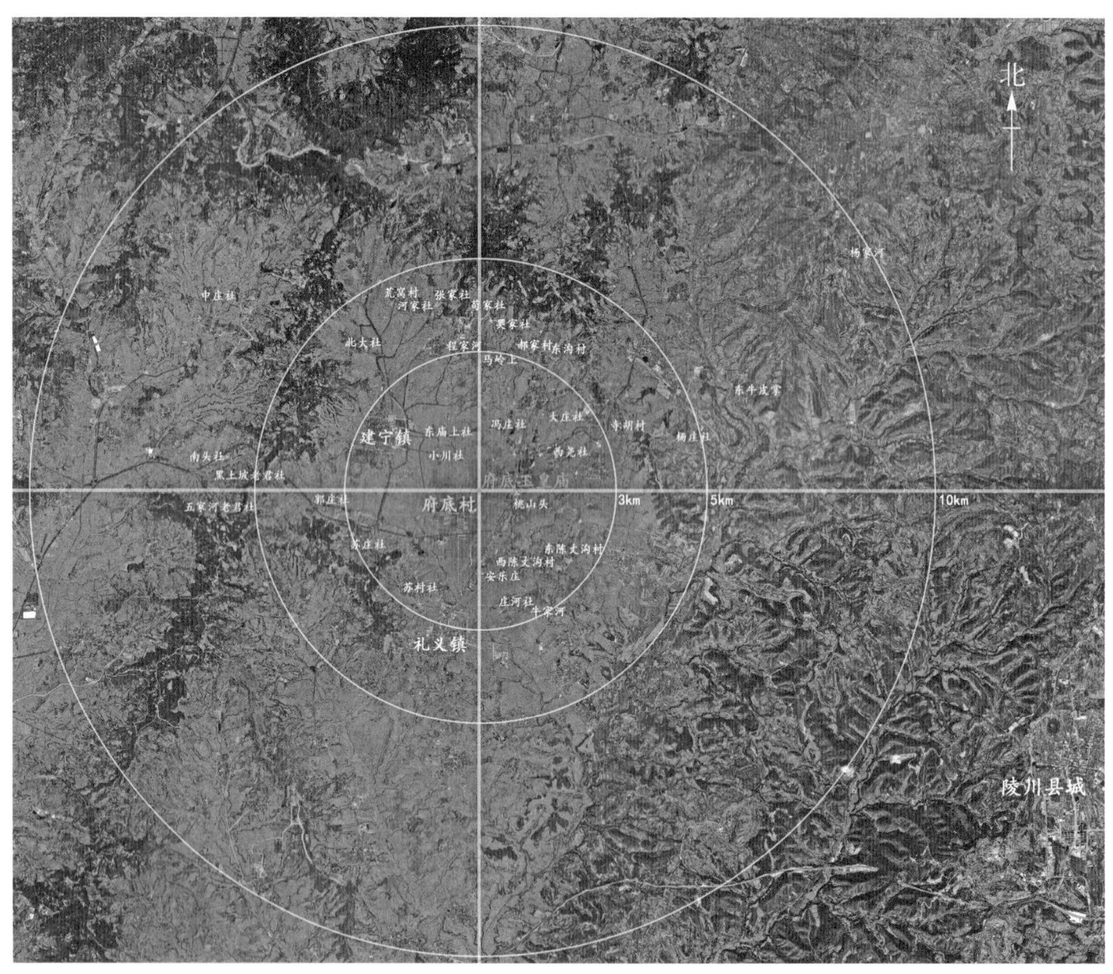

图 5-12 《重修玉皇庙关帝庙创建戏房骡屋碑记》中的助缘村社分布

府底村内其他寺庙建筑

在对府底玉皇庙开展调查记录与精细测绘的同时，课题组也对府底村内其他寺庙建筑展开调查，包括府底玉皇庙下庙、府底佛音寺、府底三官庙、府底三教堂、府底三教堂戏台、府底奶奶庙、府底村北庙，以及仅存遗址的土地庙。这批现存建筑年代较晚近的寺庙建筑，与作为府下里主庙的玉皇庙彼此呼应，构成了明清时期府底村内的多元信仰空间。

玉皇下庙

佛音寺

三官庙

三教堂

三教堂前戏台

奶奶庙

北庙

土地庙遗址

1

玉皇下庙

玉皇下庙位于村东端，与府底玉皇庙形成对位关系。据当地村民所述，此处为原玉皇下庙遗址，坍塌后20世纪六七十年代重建。现存建筑为坐北朝南的砖木结构（图6－1），硬山板瓦屋面，其内进行佛道二教供奉。庙旁有七一干渠，引水流经此处，并设涵洞（图6－2）。

图6－1　玉皇下庙外观

图6－2　玉皇下庙旁涵洞

2

佛音寺

佛音寺位于府底村中部偏西,坐北朝南,创建年代不详。据庙内碑文记载,该寺于清光绪十一年(1885)、光绪二十三年(1897)重修,现存建筑为清代风格。一进院落,中轴线上建有前殿、正殿,两侧为配殿(西配殿已毁,图6-3),正殿两侧有东西朵楼,山门位于东南隅。

图6-3　佛音寺前殿(中)及东配殿(左)

图6-4　佛音寺正殿外观

正殿面阔三间，六架无廊，悬山顶，陶质板瓦屋面，四面包砖（图 6－4）。前后檐柱及金柱皆用石柱。从金柱侧面所开榫口分析，正殿原应出前廊，于金柱所在位置安设门、窗，近现代将正殿改作库房时取消前廊，于前檐包砖并置门窗。前檐柱头科三踩单昂，昂身作琴面，昂面起棱，但与宋金时期晋东南流行的琴面昂不同的是，昂底皮曲线作和缓的弧线，类似“下卷昂”，昂身两侧不做扒腮，昂上承五边形十八斗，上出龙状耍头（图 6－5）。后檐不施斗栱，五架梁端头封于砖墙，不可见。挑尖梁一端入于金柱，一端架于前檐柱上。金柱与后檐柱间搭五架梁，五架梁上置金瓜柱，托三架梁，承托上金枋、上金檩。三架梁上置叉手、脊瓜柱、丁华抹颏栱以托脊枋、脊檩（图 6－6）。明间脊枋下皮有清光绪十一年（1885）重修题记。庙内现存清光绪二十三年（1897）重修碑两块，分嵌于前檐两次间槛墙下部。

图 6－5　佛音寺正殿柱头科斗栱

图 6－6　佛音寺正殿室内梁架

3

三官庙

三官庙位于府底村东南部的广场北侧，坐北朝南，一进院落。中轴线上有山门、正殿，院落两侧有厢房，正殿、山门两侧为耳房。现存建筑皆清代风格。

正殿面阔三间，悬山顶，陶质板瓦屋面，六架前出廊。前后檐柱及金柱皆用石柱。后檐及两山包砖墙，金柱间置门扇。不用斗栱，前廊挑尖梁一端入于金柱，一端架于前檐柱上，端头作云头（图6－7）。金柱与后檐柱间搭五架梁，五架梁上置金瓜柱，托三架梁，承托上金枋、上金檩。三架梁上置叉手、脊瓜柱、丁华抹颏栱以托脊枋、脊檩（图6－8）。

图6－7　三官庙正殿前廊梁架

图6－8　三官庙正殿室内梁架

4

三教堂

三教堂位于府底村西，坐北朝南。据庙内碑刻，三教堂曾于清康熙十七年(1678)、道光十六年(1836)重修。中轴线上为庙门、正殿，院落两侧有东西厢房，正殿两侧设东西耳房。庙门为近现代改建的砖门，正殿、厢房、耳房因年久失修有不同程度的损毁。

图6-9　三教堂正殿外观

图6-10　三教堂正殿柱头科斗拱

正殿为清代建筑，面阔三间，六架无廊，悬山顶，陶质筒瓦屋面(图6-9)。大殿东侧屋顶及下部梁架已经垮塌，仅明间西侧梁架保存较完整。从山面室内表面存在前部裸露的砖墙与后部晚近彩画壁面的区别，以及砖墙上的木构交接迹象推断，正殿原先应设前廊，后期取消前廊，于前檐安设门窗。前檐柱头科为三踩单昂，昂形制做法与佛音寺相同，即昂面起棱、底皮做弧线、不做扒腮(图6-10)。明间柱头科上施龙状耍头，两侧柱头科耍头则作花卉头。金柱与前檐柱之间用单步梁，金柱及后檐柱之上架五架梁，五架梁上置金瓜柱，托三架梁，三架梁上置叉手、脊瓜柱,叉手托脊檩,丁华抹颏栱与叉手深咬合(图6-11)。两山壁面绘有清式彩画(图6-12)。室内像设已无存。殿西南角砖墙壁面嵌有清道光二十一年(1841)《重修戏楼碑》。

图6-11　三教堂正殿室内梁架

图6-12　三教堂正殿山面彩绘

5
三教堂前戏台

戏台坐落于三教堂南侧约25 m处,原应用作三教堂戏台,近现代被改作仓库,四面包以砖墙,仅于西侧辟门(图6－13),清代风格,陶质板瓦屋面,七架无廊,悬山顶,室内不设金柱。前后檐木构皆封于砖墙内,不可见。在七架梁上与下金檩对应位置,置金瓜柱托单步梁以承下金枋、下金檩。在七架梁与上金檩对应位置,置金瓜柱托三架梁,承上金枋、上金檩。于三架梁背置叉手、脊瓜柱、丁华抹颏栱以捧脊檩(图6－14)。

图6－13　三教堂前戏台北立面

图6－14　三教堂前戏台室内梁架

6

奶奶庙

奶奶庙位于府底村东北部，为一坐北朝南的单体建筑，砖木结构，面阔两间，分作两层，上层作仓储之用，下层为祭祀、礼拜空间（图6-15）。一层东侧砖墙内嵌清乾隆年间重修碑，记载乾隆三十四年（1769）重修之事。神台上像设已无存，现北壁挂有菩萨像三幅以供礼拜（图6-16）。

图6-15　奶奶庙外观

图6-16　奶奶庙屋内神台

7

北庙

北庙位于府底村东北端，为坐北朝南的单体建筑（图 6－17），砖木结构，面阔三间，硬山顶，陶质板瓦屋面，五架前出廊。前檐柱用石柱，后檐及两山包砖墙。前檐不施斗栱，五架梁伸作云状耍头（图 6－18）。室内不设金柱，五架梁上置金瓜柱、三架梁以承下金檩。三架梁背有叉手、脊瓜柱、丁华抹颏栱以捧脊檩。

图 6－17　北庙外观

图 6－18　北庙柱头科

8 土地庙遗址

土地庙遗址位于府底村西的田地中，据访谈称此处原有一土地庙，现仅余夹杂砖石、瓦砾等建筑构件的杂土堆积（图 6－19），土堆前有砖砌的小型神龛（图 6－20）。此处即土地庙遭毁弃后的遗址。

图 6－19　土地庙遗址外观

图 6－20　土地庙遗址前砖砌小龛

结语

通过现阶段的工作，我们对府底玉皇庙进行了较为全面的调查与研究，取得了初步认识，可归纳为两个层面的内容：

宏观上，府底玉皇庙创建于金元时期，在村落附近高冈营建，属于周边乡村的中心祠庙。府底玉皇庙核心院落呈纵长方形平面，现状基本反映了其创建时格局。其院落分上下两级，中部还保留有早期阶基痕迹，上层院落中可能有香亭，大殿三间，前出敞廊，反映了该地区祠庙建筑的普遍格局。至明清玉皇信仰极为兴盛，为适应周边村民的祭拜、供养及相关活动，在主体院落东侧还增设了旁院，用于停放车马和临时住宿，反映了祠庙建筑格局演变与信仰活动的互动。

微观上，玉皇庙山门、大殿为早期建筑遗构，其斗栱、梁架原构反映出金末至元初的时代特征，且两殿在细节上还存在一定的早晚关系。虽然山门曾遭火焚，大殿部分原构脱落或经后期更换，但根据其时代特征和建筑结构关系，可基本复原其原貌；另一方面，中轴线建筑以及周围廊庑，在明清进行了整体重修，其最大的特点是通过增加础高、柱高提升建筑高度，反映了晚期建筑对室内空间的强调，这与这一时期的神祠活动和室内坛像陈设紧密相关，反映了该区域祠庙建筑在晚期的普遍改造方式。

现状调查、测绘虽取得了以上初步认识，但更多的还是揭露出建筑本身的诸多现象，从建筑基础到屋顶瓦作的遮蔽部分，均存在尚未解决的问题。如院落中部阶基和大殿阶基呈现出一定的早期作法，但其是否为原构，还需结合对其内夯土的解剖，考察是否有后期补修、填筑等痕迹才能确认；建筑的墙体大多在后期进行了改造，但部分厢房还保存着早期槛墙遗迹，提示现包砖内部或有早期墙体遗痕；建筑大木构中存在大量后期更换构件，现阶段考察只能明确主体构造，但还不能精确到各构件，特别是新、旧构件如何交接、添补，还需结合落架过程对构件榫卯和之间填充物的考察进行综合分析；建筑梁架上有诸多彩画痕迹，但多有灰泥覆盖，现阶段也无法对各构件表面进行全方位考察，需借助落架和清理修复的机会做统一观察；建筑屋顶上保存有早期瓦件，现状只能观察到檐头瓦当、滴水作法，显示出数次更换的痕迹，因此其筒板瓦、脊瓦的普遍情况，须待修缮时揭露，才能进一步分析。

总之，现阶段工作只是一个开始，我们借此提出了一系列需要进一步研究的问题，并厘清了相关线索。追寻这些线索，可以制定更具体的修缮方案，更好地介入下一步修缮工程，有的放矢，提升修缮过程中对遗迹现象的观察、发现能力，稳步推进相关研究。同时，建筑从上到下、逐层落架拆解修缮的过程，也必然存在着众多无法预估的新现象、新问题，使我们对下一阶段的工作更为期待。

附录

附录 1　图版

附录 2　测绘图

附录 3　研究复原图

附录 4　三维扫描切片

附录 5　摄影建模正射影像

附录 6　树种鉴定结果

附录 7　文献史料汇编

附录 8　访谈实录

附录 9　周边村落寺庙建筑概况

附录1
图　版

图版1　府底玉皇庙与府底村关系

（画面中央下方为府底玉皇庙）

图版 2　府底玉皇庙俯视

图版 3　府底玉皇庙庙前道路

图版4 府底玉皇庙庙前环境

图版5 府底玉皇庙东北角

图版 6　府底玉皇庙北立面

图版 7　府底玉皇庙西北角

图版8 府底玉皇庙西立面

图版9 府底玉皇庙山门正立面(南立面)

图版 10　府底玉皇庙山门北立面

图版 11　府底玉皇庙山门俯视

图版 13　山门东次间一层

图版 12　山门朵楼东立面

图版 14　山门二层

图版 15　山门 1 号斗栱

图版 16　山门 2 号斗栱

图版 17　山门 3 号斗栱

图版 18　山门 4 号斗栱

图版 19　山门 5 号斗栱

图版 20　山门 5 号斗栱后尾

图版 21　山门 8 号斗栱

图版 22　山门 8 号斗栱后尾

图版 23 山门后檐掉落栌斗

图版 24 山门后檐掉落耍头

图版 25 山门后檐掉落构件(第一跳后尾)

图版 26 山门后檐掉落构件(耍头+大梁)

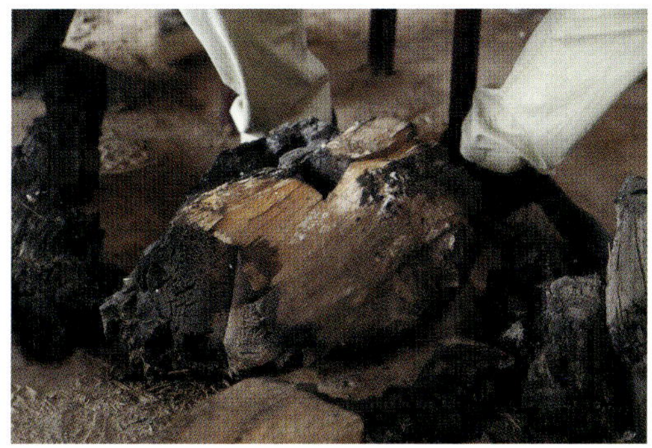

图版 27 山门后檐掉落构件(栌斗)

图版 28 山门后檐掉落构件(驼峰上栌斗)

图版 29　山门后檐掉落构件

图版 30　山门后檐掉落构件(耍头)

图版 31　山门三椽栿

图版 32　山门版门

图版 33　山门版门崇祯题记

图版 34　府底玉皇庙院内环境

图版35 府底玉皇庙大殿正立面(南立面)

图版36 府底玉皇庙大殿东立面

图版 37　府底玉皇庙大殿北立面

图版 38　大殿台基细部

图版 39　大殿台基兽头

图版 40 大殿西侧坍塌台基

图版 41 大殿西侧台基失位兽头

图版 42 大殿台基、垂脊残件

图版 43 大殿 1 号柱础

图版 44 大殿 2 号柱础

图版 45 大殿 3 号柱础

图版 46　大殿 4 号柱础

图版 47　大殿前檐普拍枋

图版 48　普拍枋与柱交接

图版 49　大殿 1 号斗栱

图版 50　大殿 1 号斗栱正立面

图版 51　大殿 1 号斗栱侧立面

图版 52　大殿 1 号斗栱后尾

图版 53　大殿 1 号斗栱耍头

图版 54　大殿 1 号斗栱泥道栱、素枋

图版 55　大殿 2 号斗栱

图版 56　大殿 2 号斗栱侧立面

图版 57　大殿 2 号斗栱泥道栱、令栱

图版 58　大殿 2 号斗栱泥道榫口

图版 59　大殿 2 号斗栱令栱

图版 60　大殿 2 号斗栱令栱栱眼

图版 61　大殿 2 号斗栱第一跳后尾

图版 62　大殿 2 号斗栱耍头

图版 63　大殿 2 号斗栱耍头后尾榫口

图版 64　大殿 2 号斗栱上部檐槫交接

图版 65　大殿 3 号斗栱侧立面

图版 66　大殿 3 号斗栱泥道栱

图版 67　大殿 3 号斗栱令栱

图版 68　大殿 3 号斗栱耍头后尾榫口

图版 69　大殿 4 号斗栱正立面

图版 70　大殿 4 号斗栱侧立面

图版 71　大殿 4 号斗栱后尾

图版 72　大殿 4 号斗栱泥道栱背立面

图版 73　大殿第二缝梁架乳栿与四椽栿交接关系

图版 74　大殿第二缝梁架后部

图版 75　大殿第二缝梁架平梁

图版 76　大殿第二缝梁架丁华抹颏

图版 77　大殿第二缝四椽栿后尾

图版 78　大殿第二缝梁架下平槫节点

图版 79　大殿梁架后檐下平槫

图版 80　大殿第二缝梁架前檐上平槫节点

图版 81　大殿第二缝梁架后檐上平槫节点

图版 82 大殿第二、三缝梁架前部

图版 83 大殿第二、三缝梁架后部

图版 84 大殿第三缝梁架前部

图版 85 大殿第三缝梁架前檐下平榑襻间

图版 86 大殿第三缝梁架乳栿榫口

图版 87 大殿第三缝梁架乳栿四椽栿交接

图版 88 大殿第三缝梁架后部

图版 89 大殿第三缝梁架后檐上下平榑之间

图版 90　大殿第三缝梁架后檐下平槫

图版 91　大殿第三缝梁架前檐上平槫节点

图版 92　大殿第三缝梁架四椽栿后尾

图版 93　大殿第三缝梁架后檐上平槫

图版 94　大殿第三缝梁架平梁榫口

图版 95　大殿第四缝梁架前部

图版 96　大殿第四缝梁架前檐下平槫襻间

图版 97　椽子与望板

图版 98　大殿西次间门窗

图版 99　大殿障日版

图版 100　大殿东墙砌砖

图版 101　大殿前檐东西侧龙纹瓦当

图版 102　大殿前檐兽面瓦当

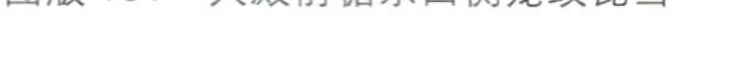

图版 103　大殿前檐凸起兽面瓦当

图版 104　大殿西山墙上部彩画

图版105 大殿第二缝梁架四椽栿彩画

图版106 大殿第二缝梁架平梁彩画

图版 107　大殿第三缝梁架四椽栿彩画

图版 108　大殿第三缝梁架平梁彩画

图版109 大殿东山墙

图版110 大殿东山墙上部彩画

图版 111 大殿题记

图版 112　大殿屋面残损

图版 113　大殿前廊东侧光绪重修碑上截

图版 114　大殿前廊东侧光绪重修碑下截

图版 115　东侧墀子

图版 116　墀子排水

图版 117　西楼立面

图版 118　西楼灶台

图版 119　西楼梁架

图版120 西楼题记

图版 121　东楼立面

图版 122　东楼一层

图版 123　东楼梁架

图版 124　西厢房南部立面

图版 125　西厢房南部早期槛墙

图版 126　西厢房柱础

图版 127 西厢房南部立面

图版 128 西厢房梁架

图版 129 西厢房北墙乾隆九年碑

图版 130 西厢房北墙

图版 131 西厢房北部加建

图版 132　东厢房正立面

图版 133　东厢房北部室内

图版 134　东厢房梁架

图版 135　大殿东山墙祭祀神明

图版 136　西耳房西立面

图版 137　西耳房梁架

图版 138　东耳房观东院

图版 139　东院南侧外立面

图版 140　东院东立面

图版 141　东院北侧房

图版 142　东院北侧房梁架

图版 143　东院东侧房与南侧房

图版 145　东院南侧房东部室内

图版 144　东院南侧房

图版 147　东院南侧房西部梁架

图版 146　东院南侧房东部梁架

图版148　东院南侧房梁架题记

图版 149　附属文物：门枕石

图版 150　测量门枕石

图版 151　门枕石位置

图版 152　附属文物：滴水

图版 153　附属文物：瓦当

图版 154　滴水瓦当位置

图版 155 现场工作合影

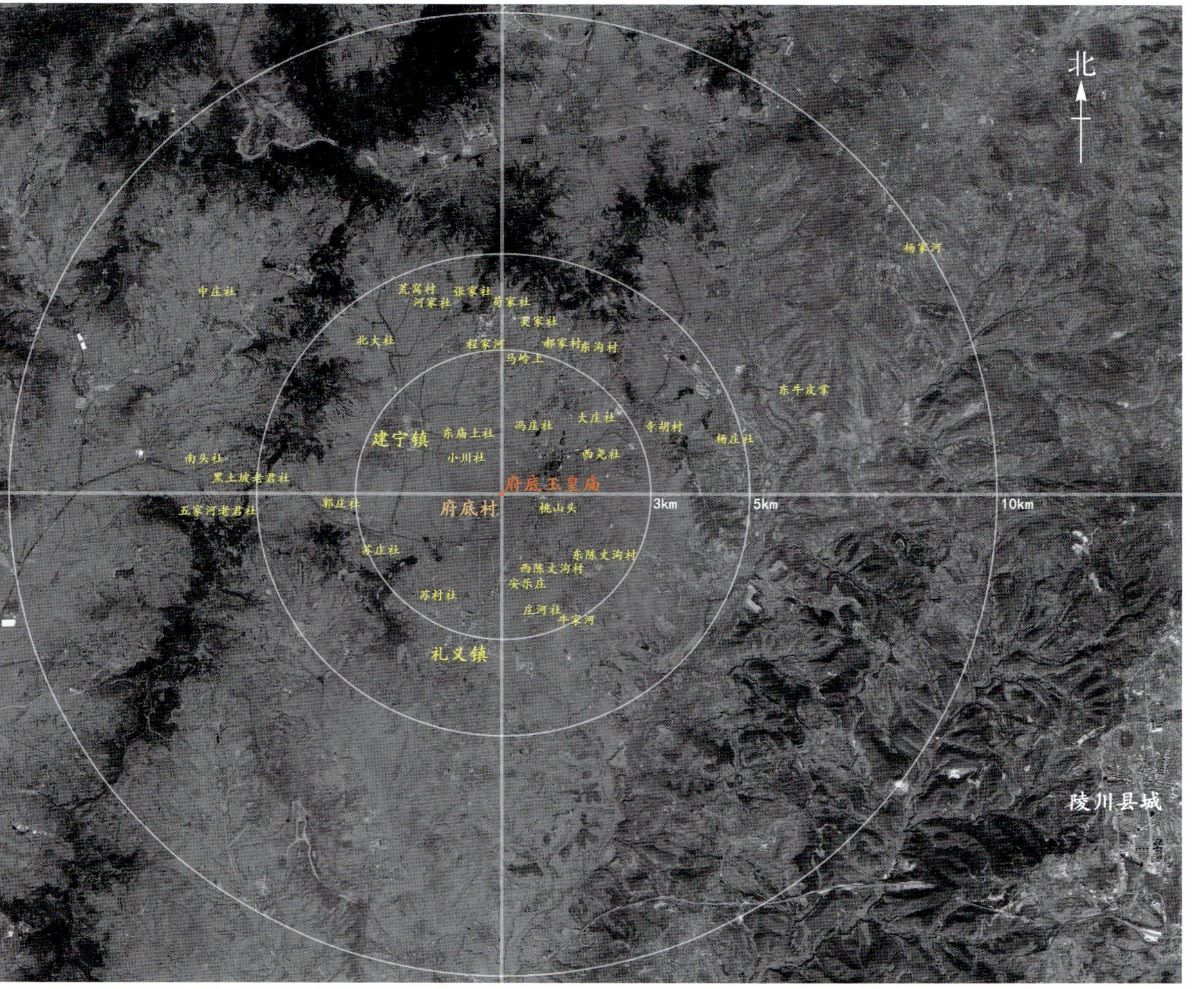

图版 156 《重修玉皇庙关帝庙创建戏房骡屋碑记》中的助缘村社分布

附录2

测绘图

测绘时间：2019 年 6 月 4 日至 2019 年 6 月 16 日。

测绘设备：传统手工测绘工具、激光测距仪、激光标线仪、三维激光扫描仪、近景摄影测量设备、无人机、RTK 等。

测绘过程：首先，进行传统手工测绘，对建筑本体进行构件层面的数据记录和制图。与此同时，在内业中将测绘成果呈现为三维模型，复检是否有数据信息遗漏。此后，进行三维激光扫描测绘、近景摄影测量、无人机航拍等，生成模型点云与摄影建模正射影像数据，对手工测绘产生的误差进行校准。经过后期数据整理，分别成图。进而根据测绘各手段的优劣势，选取优势部分对数据进行校核，补充修正，最后形成测绘成果。

同时，在粗视识别木构材质的基础上，对建筑重点结构进行详细取样，对其他部分抽样，获取树种、碳十四年代等重要信息，作为形制断代的实物佐证。此外，现场完成现状记录、碑文记录以及周边村镇的访谈和全面踏查工作。对于庙宇信仰辐射范围、该地点的社会习俗等进行了较为详细的了解。

测绘特点：本次测绘延续本专业以往的传统，将新兴测绘技术手段和传统测绘技术相结合，在测绘的同时进行电脑制图与建模，以保证数据记录的完整性、科学性；充分利用传统测绘技术和新兴测绘技术的优势，扬长避短，以期更全面、完整地记录古建筑的现状和信息，取得较为完善、科学的测绘成果。

本次测绘历时 13 天，对高平市府底村玉皇庙的山门、大殿、配楼、厢房、耳殿以及东跨院及其所在村落进行了较为全面的测绘与调查。成果如附表-1。

附表-1　府底玉皇庙测绘成果统计

手测稿	79 张	碳十四测年	11 件
三维激光扫描	92 站	碑文录入	2 块
近景摄影测量	39 站	村落访谈	13 场
摄影建模正射影像	21 张	CAD 图纸	69 张
树种检测	63 件		

测图01　府底村总平面图

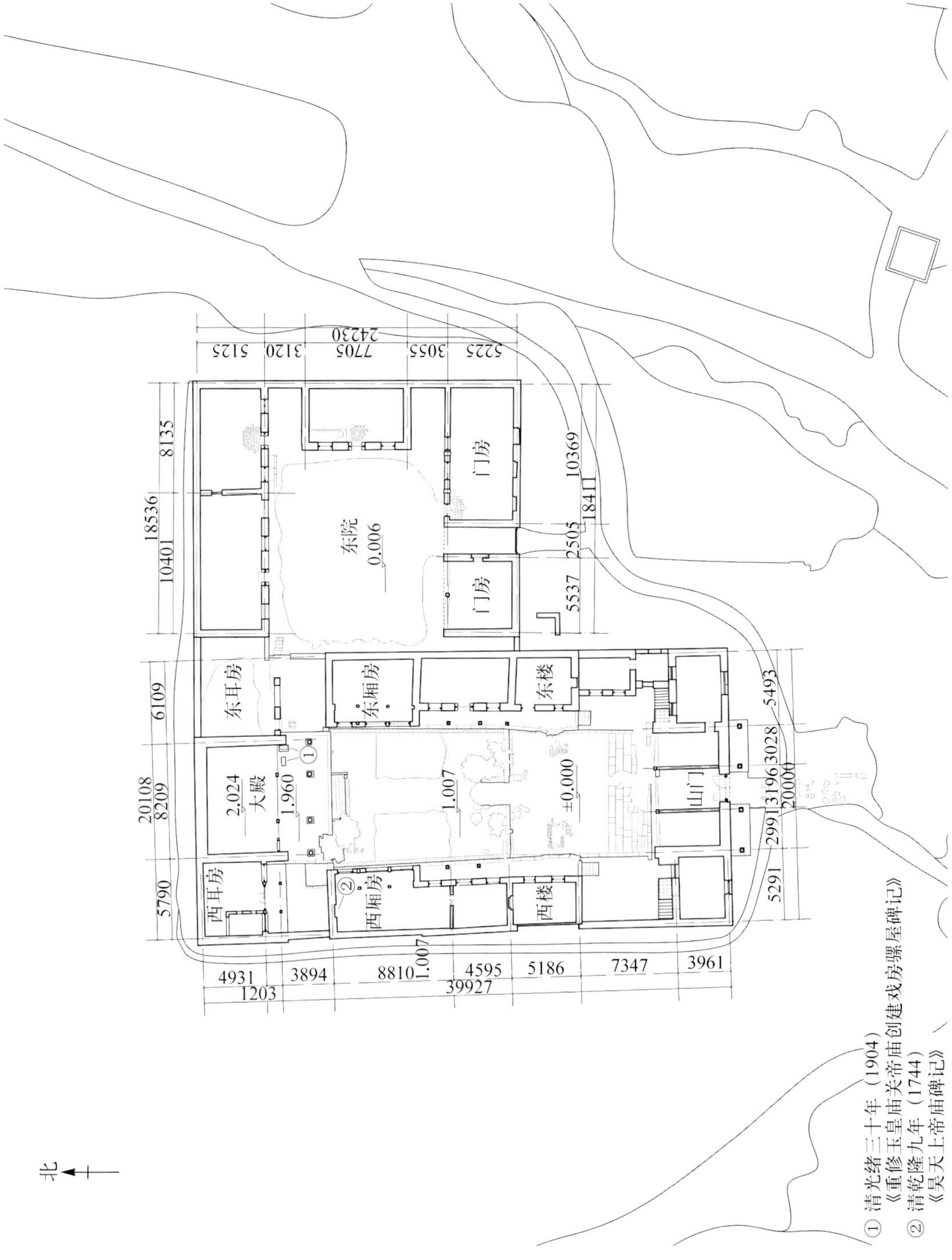

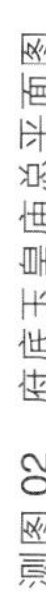

测图 02　府底玉皇庙总平面图

① 清光绪三十年（1904）
《重修玉皇庙关帝庙创建戏房骡屋碑记》
② 清乾隆九年（1744）
《昊天上帝庙碑记》

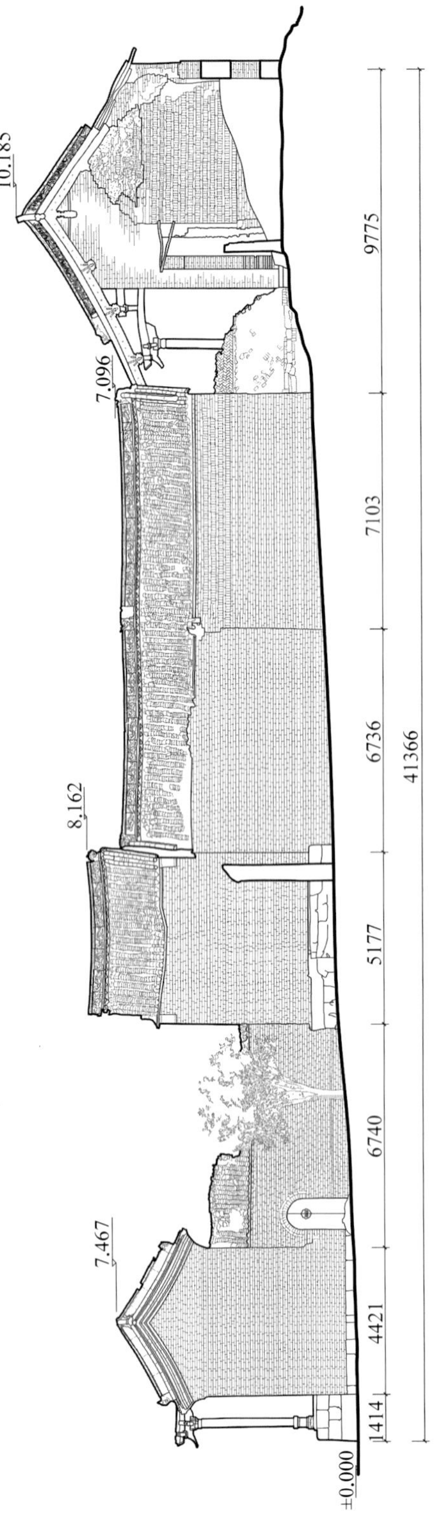

测图 03　府底玉皇庙西院东立面图

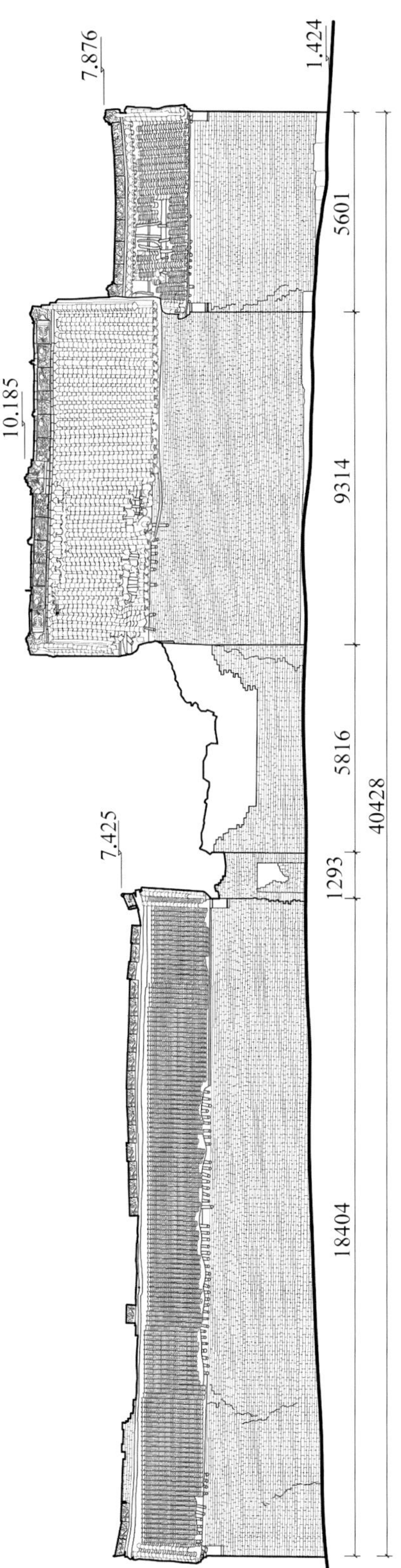

测图 04　府底玉皇庙总北立面图

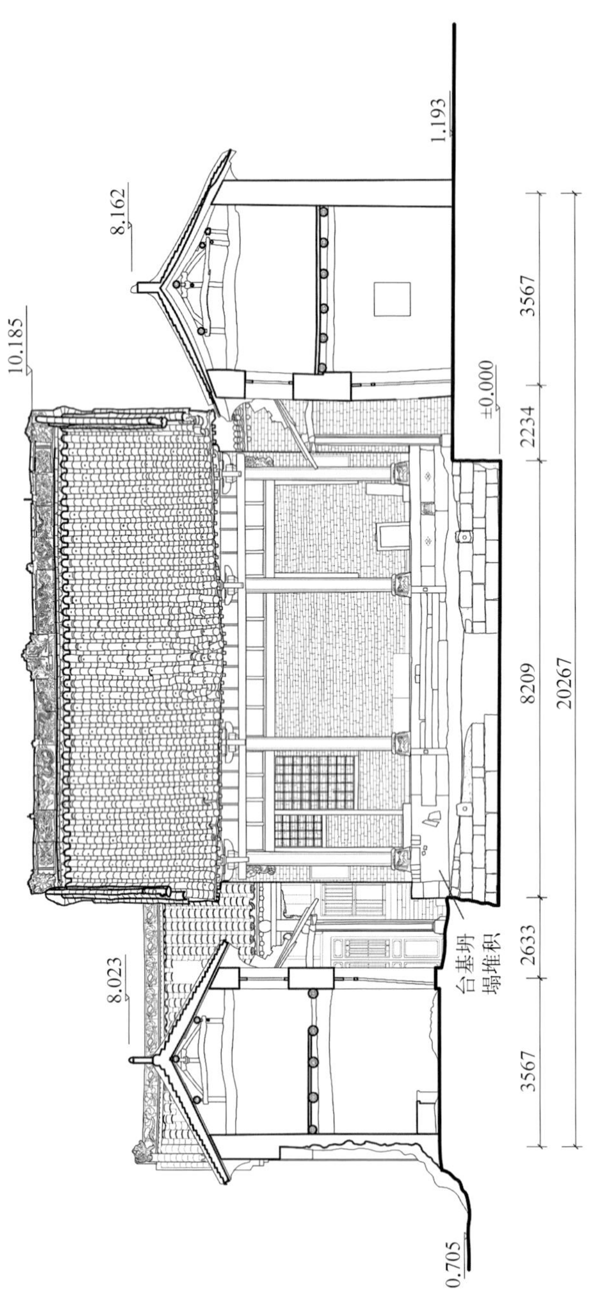

测图 05　府底玉皇庙西院横剖面图

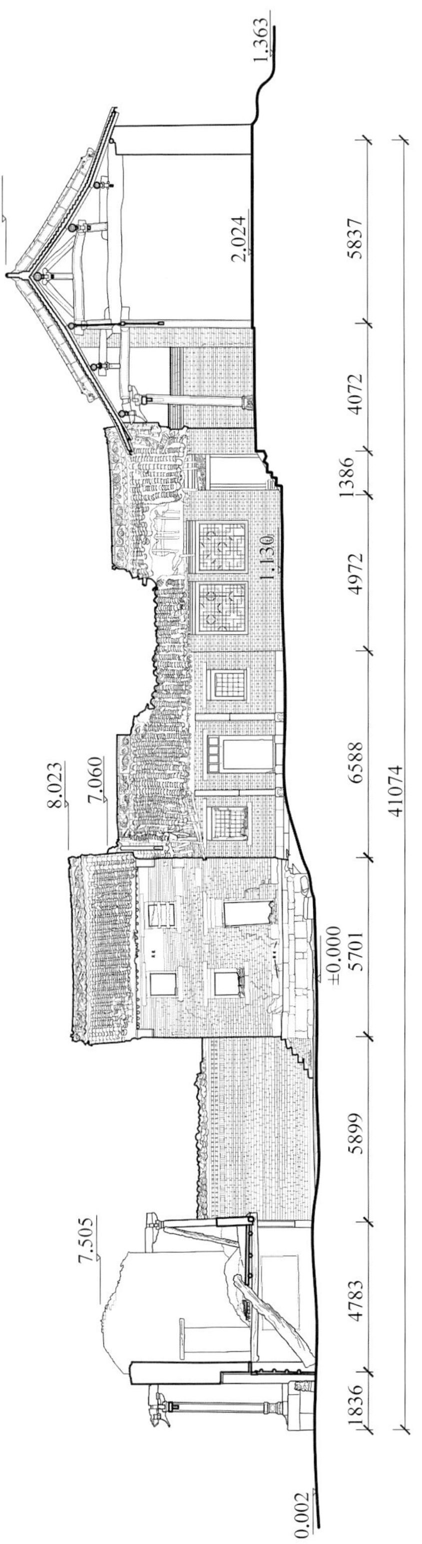

测图 06　府底玉皇庙西院纵剖面图

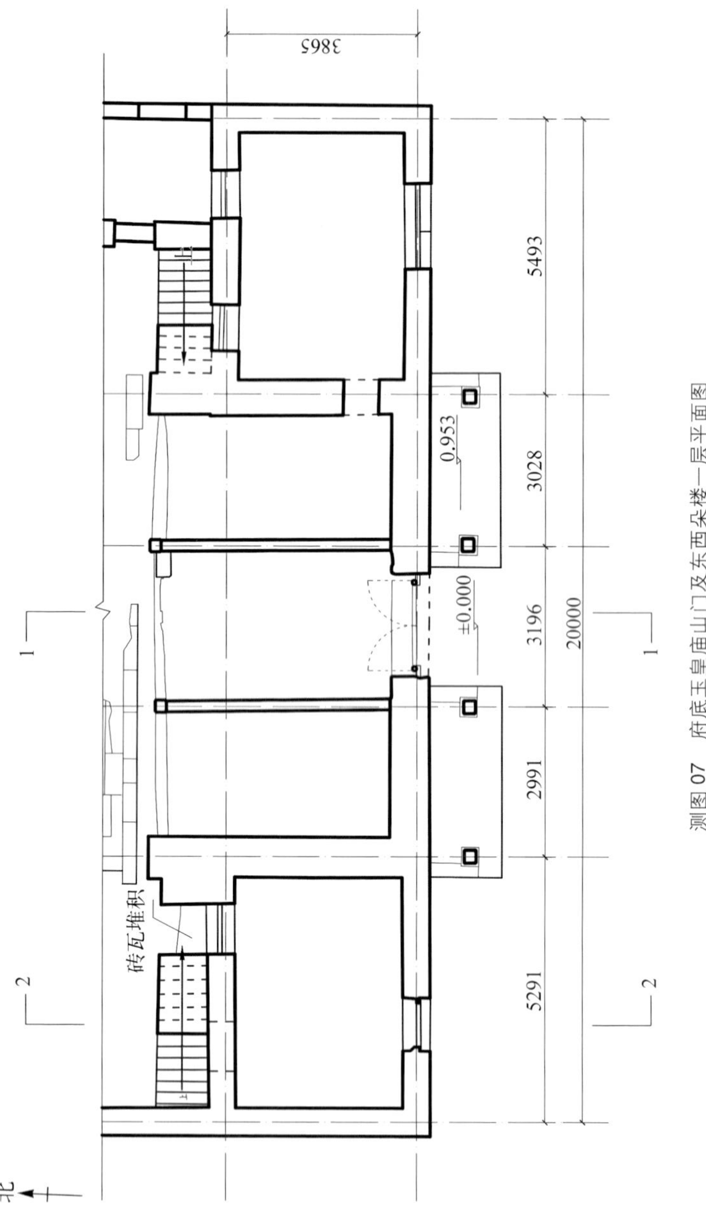

测图 07　府底玉皇庙山门及东西朵楼一层平面图

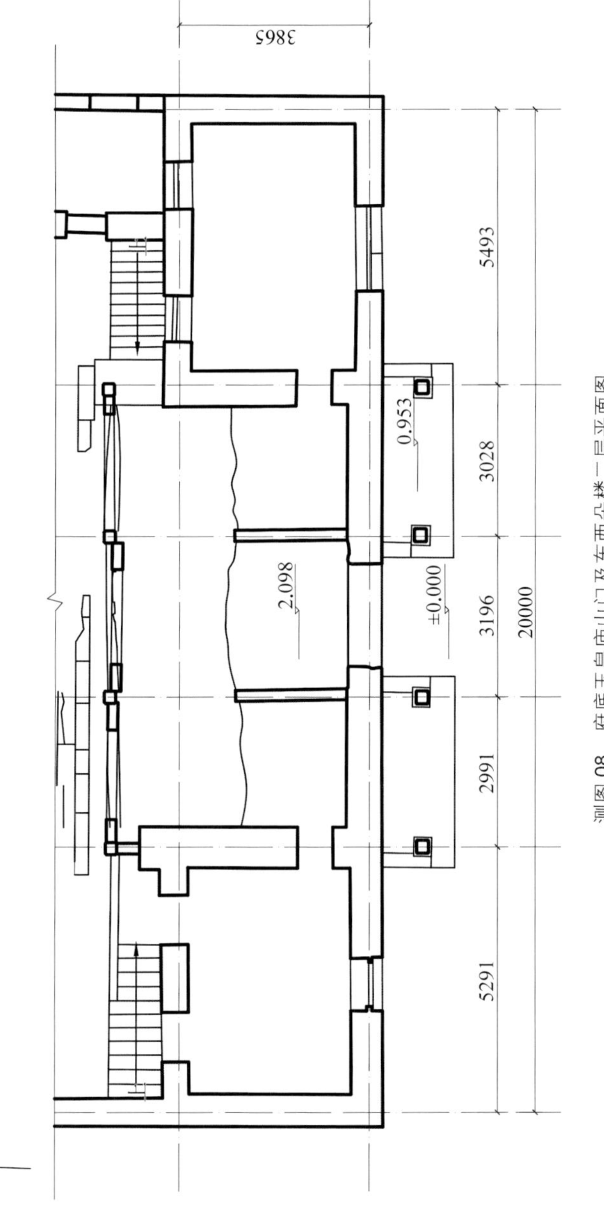

测图08 府底玉皇庙山门及东西朵楼二层平面图

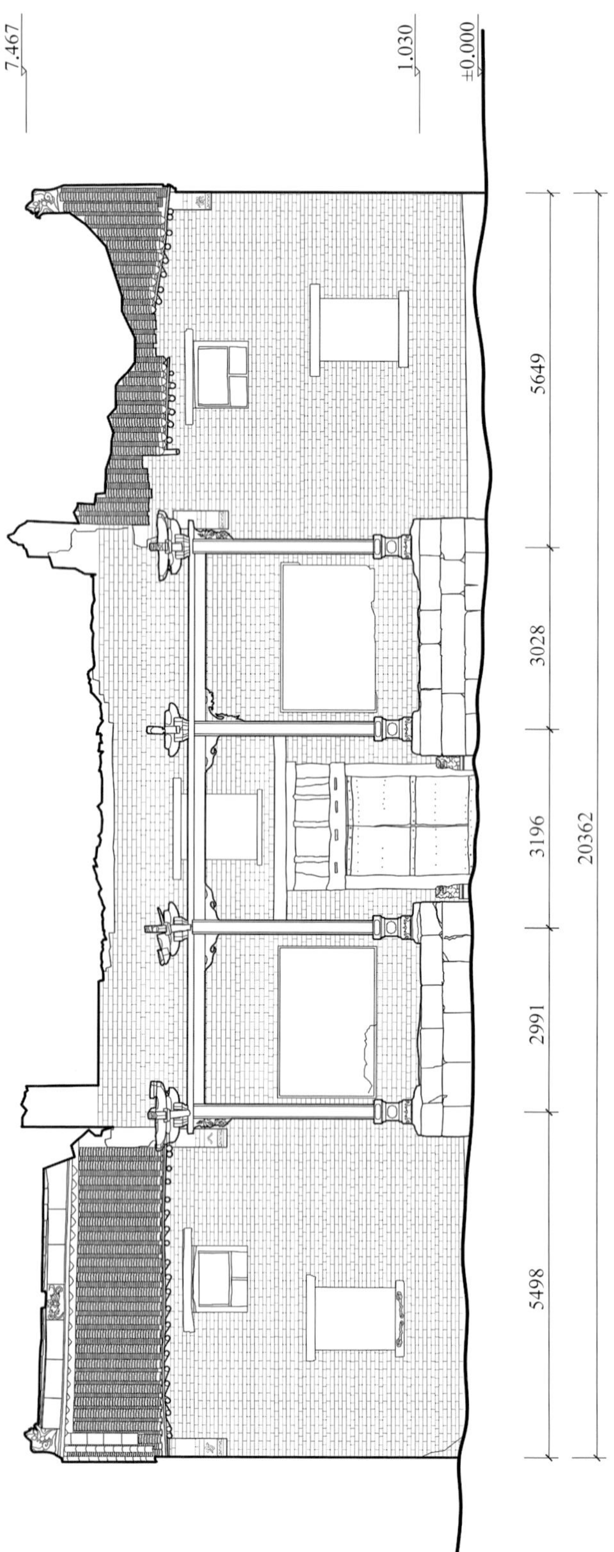

测图 09　府底玉皇庙山门及东西朵楼南立面图

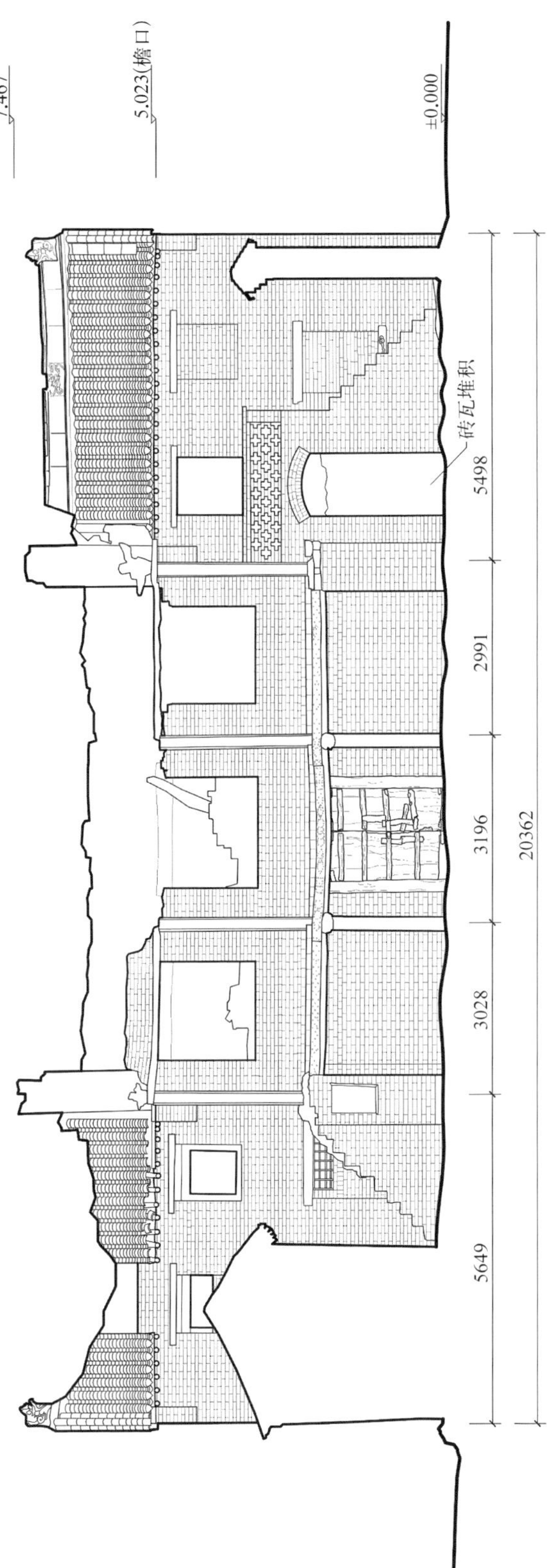

测图10 府底王皇庙山门及东西朵楼北立面图

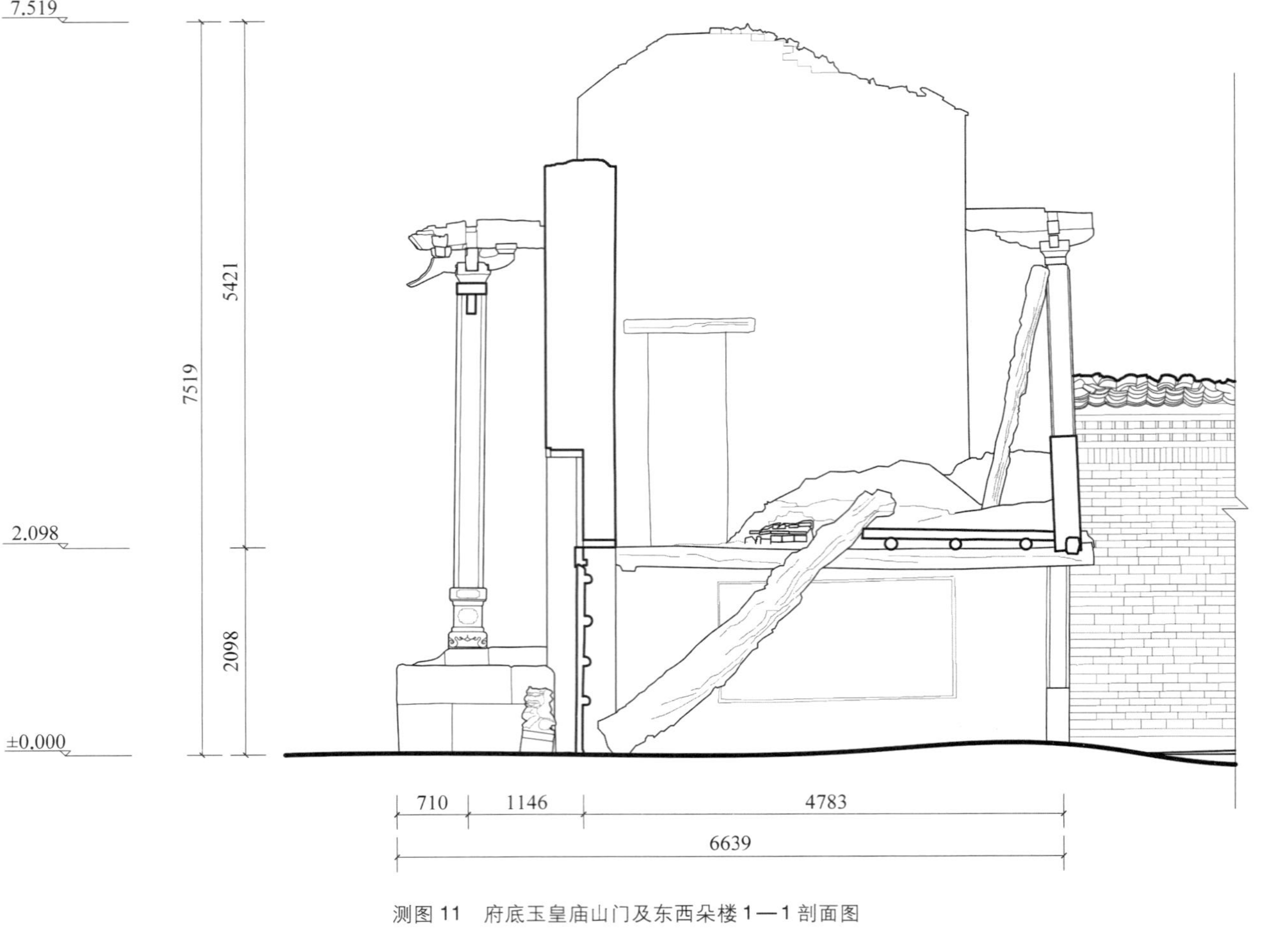

测图 11　府底玉皇庙山门及东西朵楼 1—1 剖面图

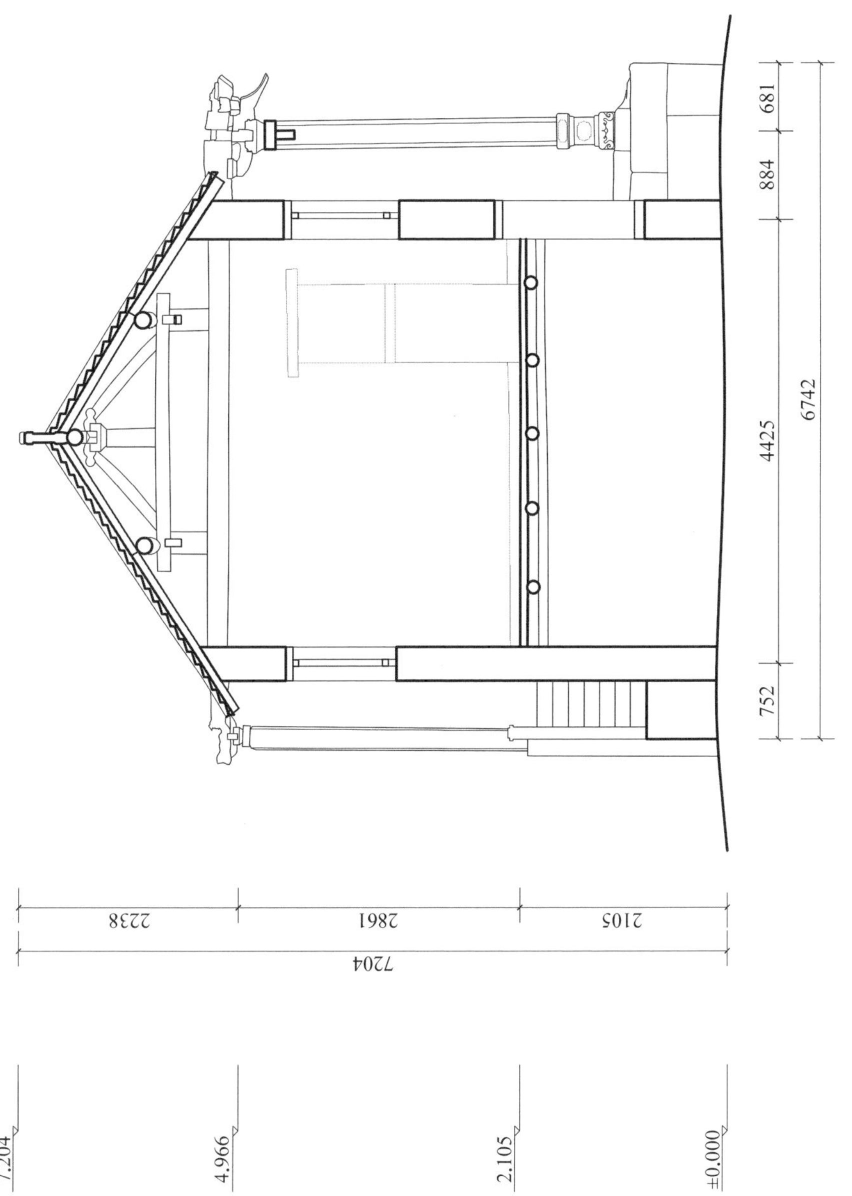

测图12　府底玉皇庙山门及东西朵楼2—2剖面图

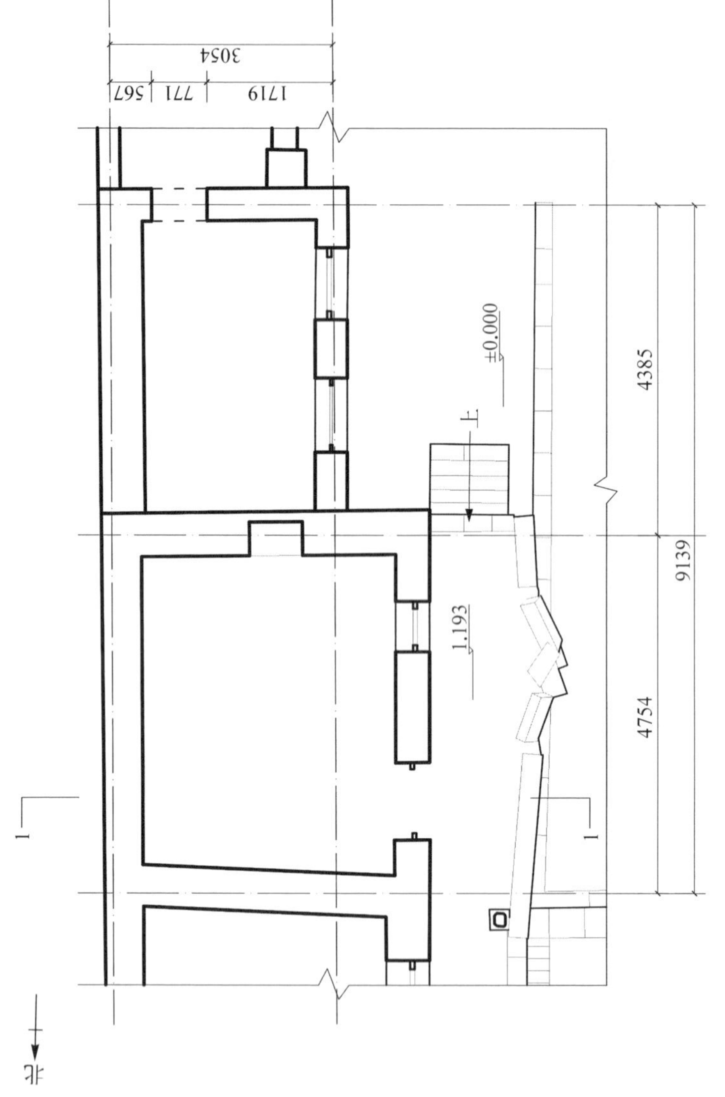

测图 13　府底玉皇庙东楼平面图

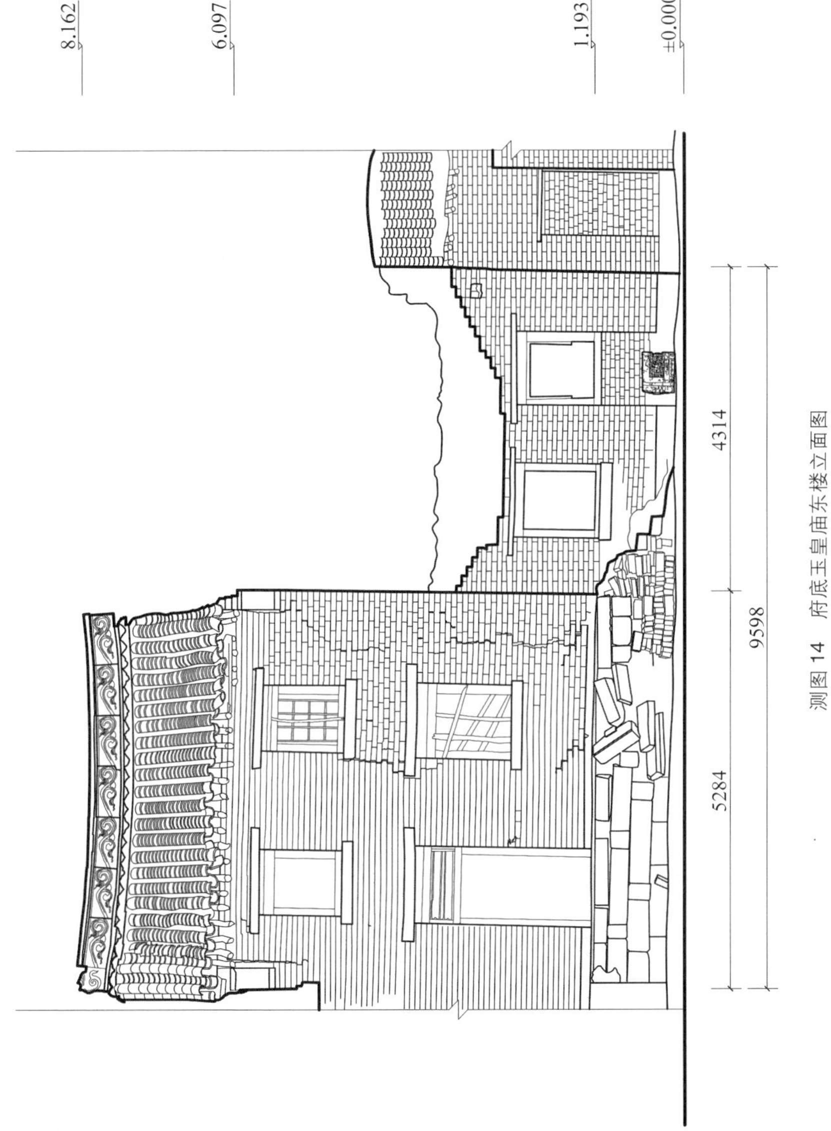

测图 14 府底王皇庙东楼立面图

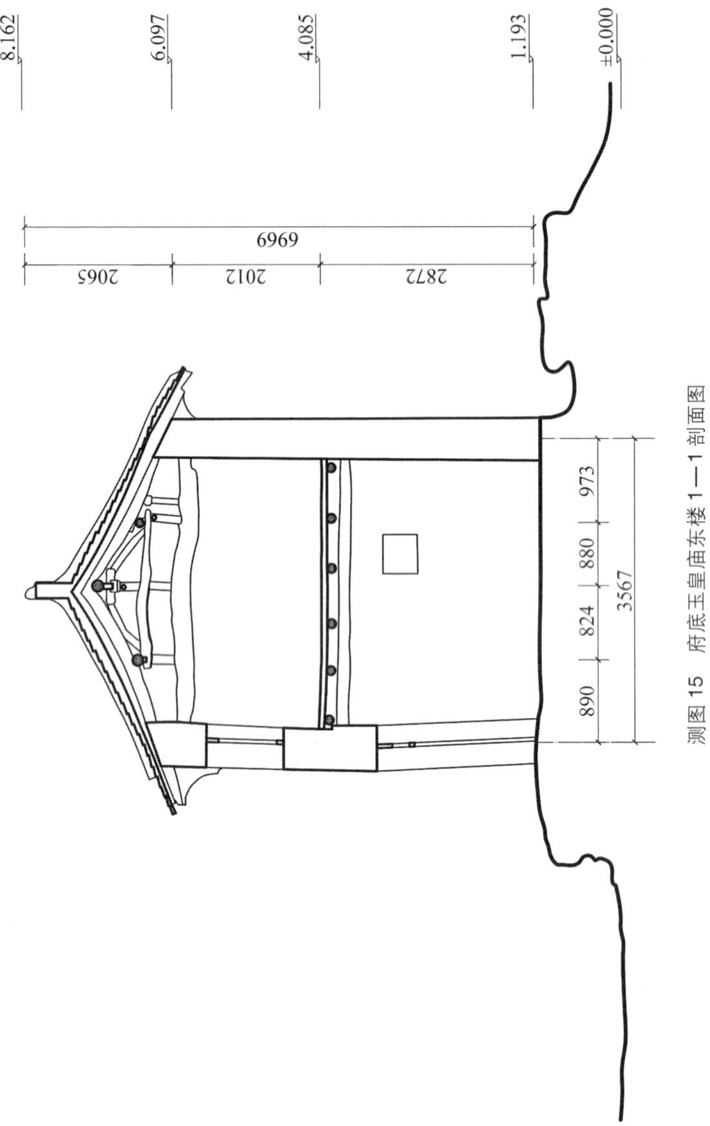

测图15　府底玉皇庙东楼1—1剖面图

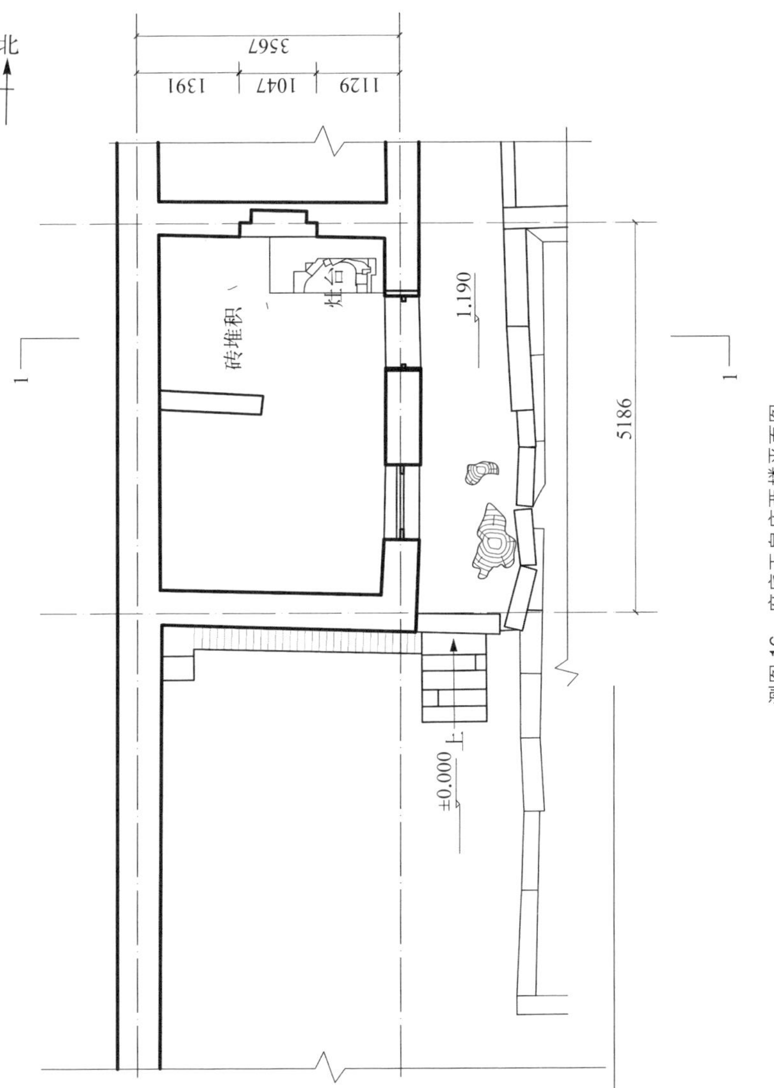

测图16 府底王皇庙西楼平面图

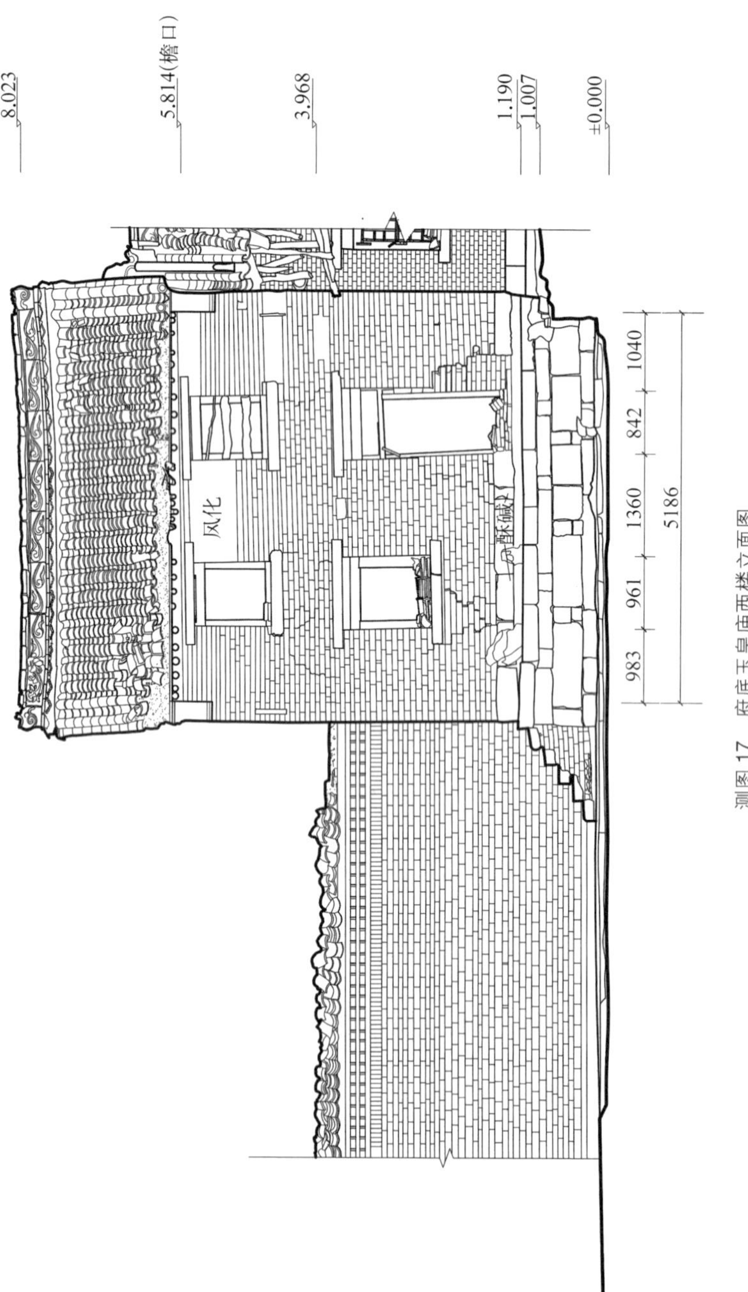

测图17　府底玉皇庙西楼立面图

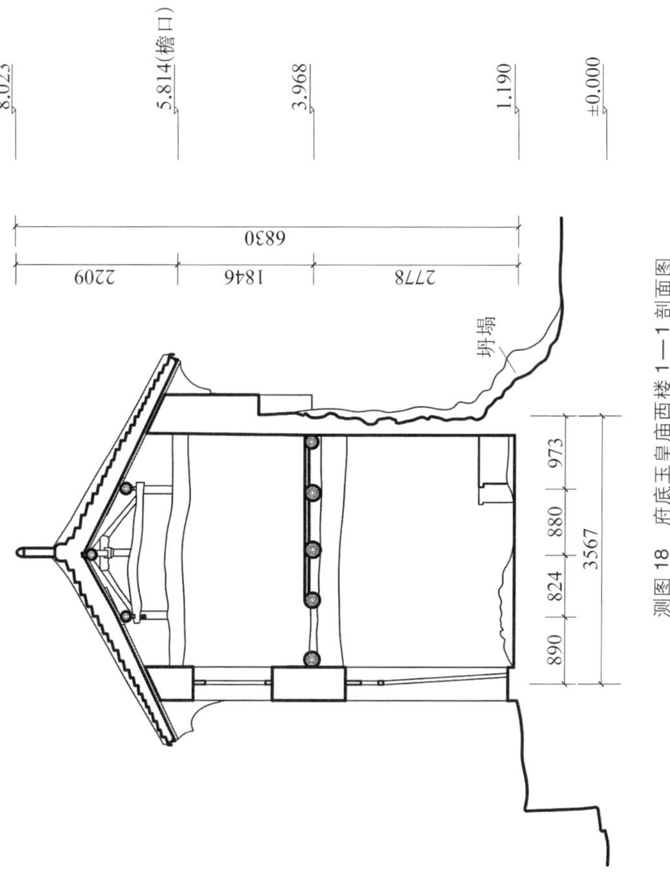

测图 18　府底玉皇庙西楼 1—1 剖面图

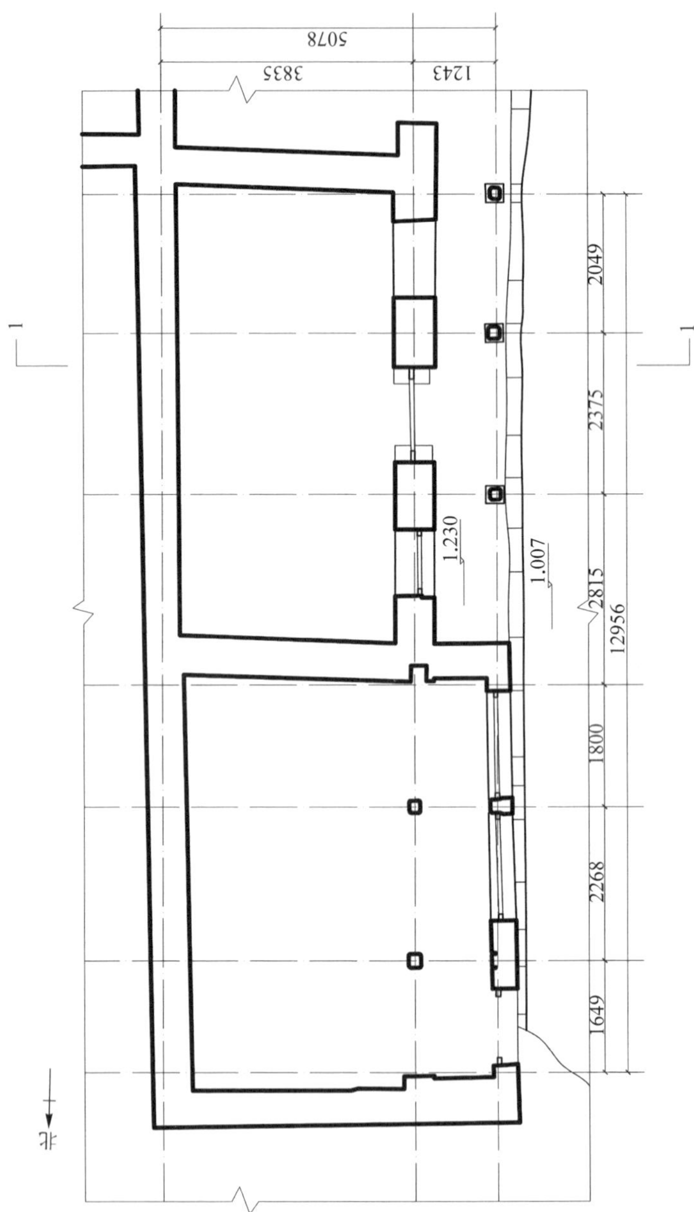

测图19　府底玉皇庙东厢房平面图

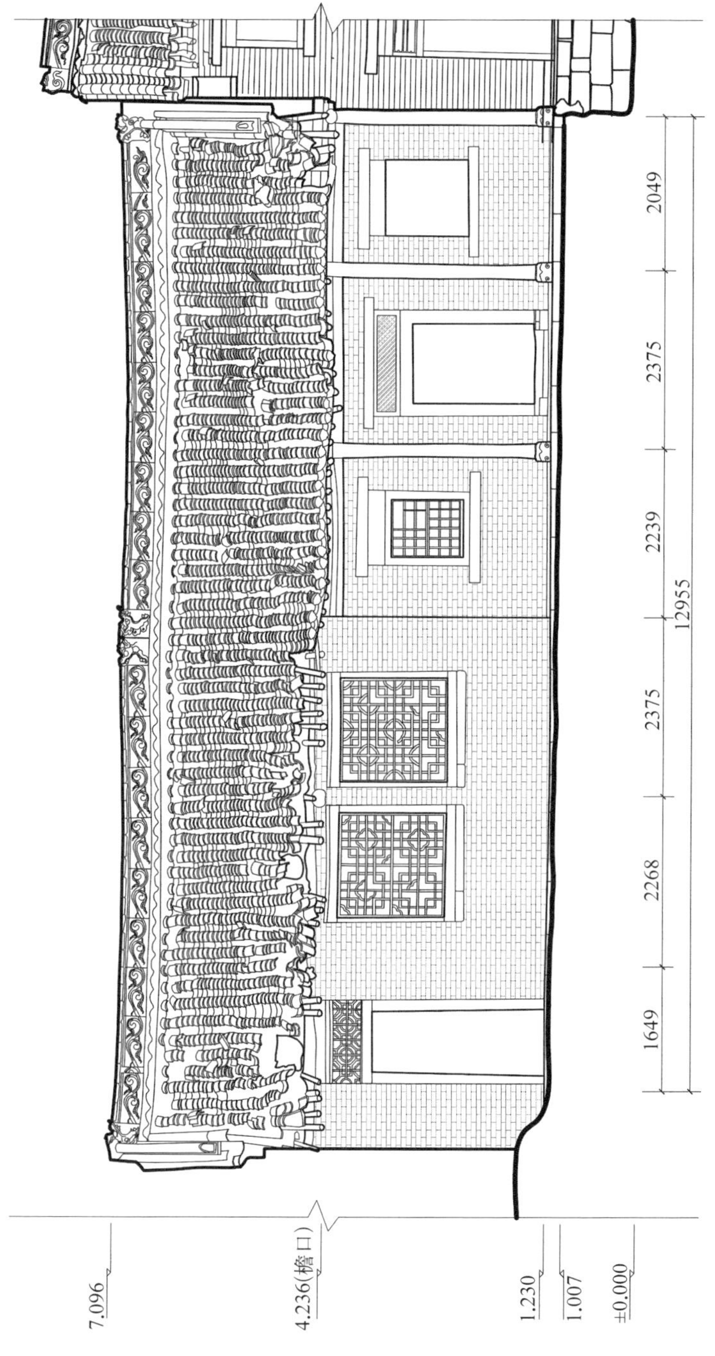

测图 20　府底玉皇庙东厢房立面图

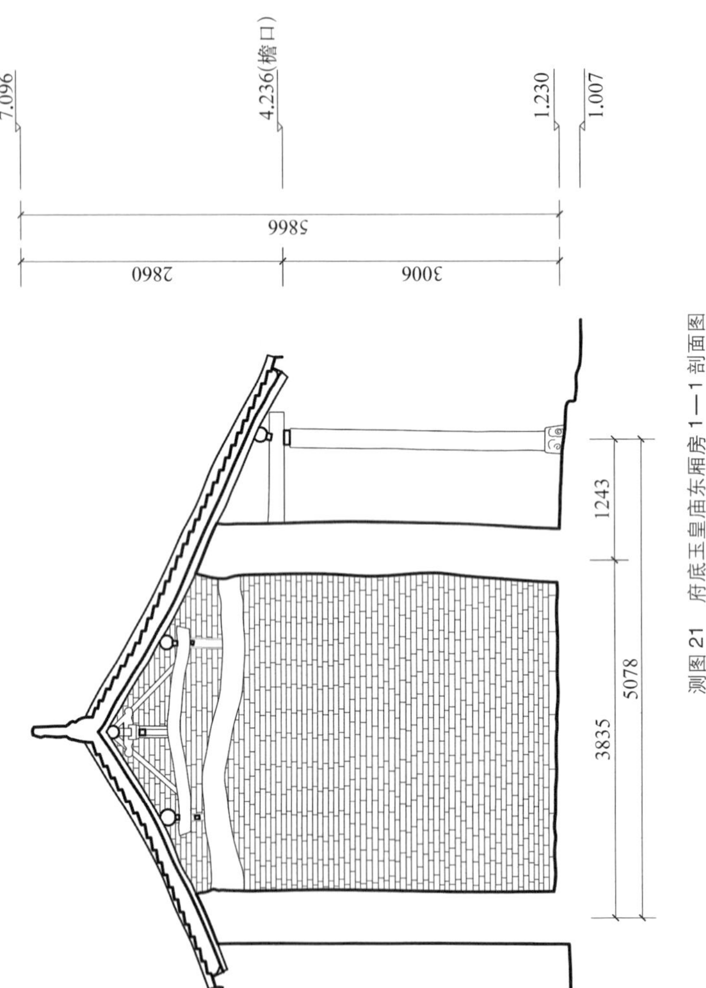

测图21　府底玉皇庙东厢房1—1剖面图

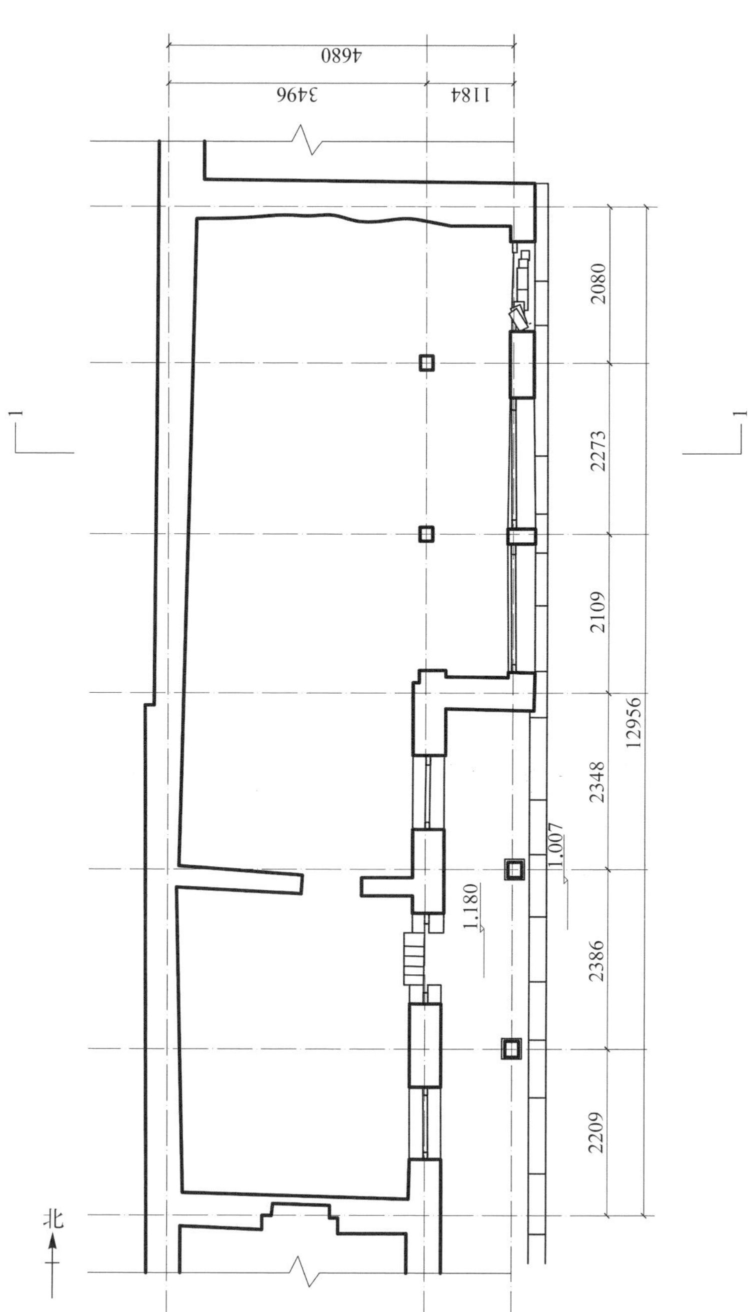

测图22　府底玉皇庙西厢房平面图

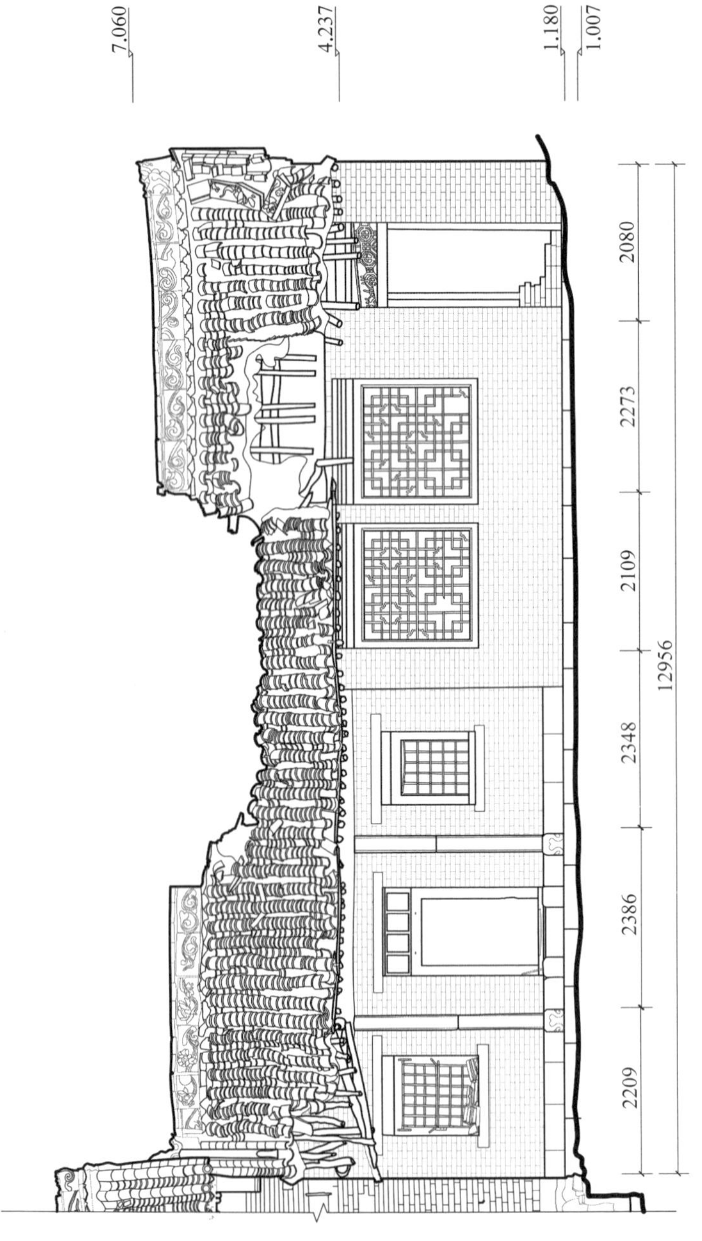

测图 23 府底玉皇庙西厢房立面图

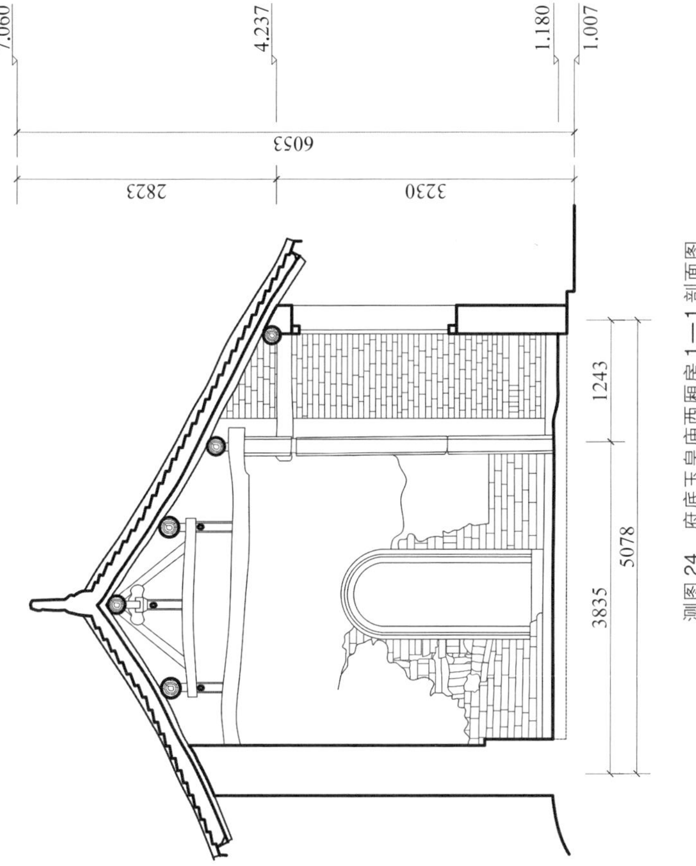

测图 24　府底玉皇庙西厢房 1—1 剖面图

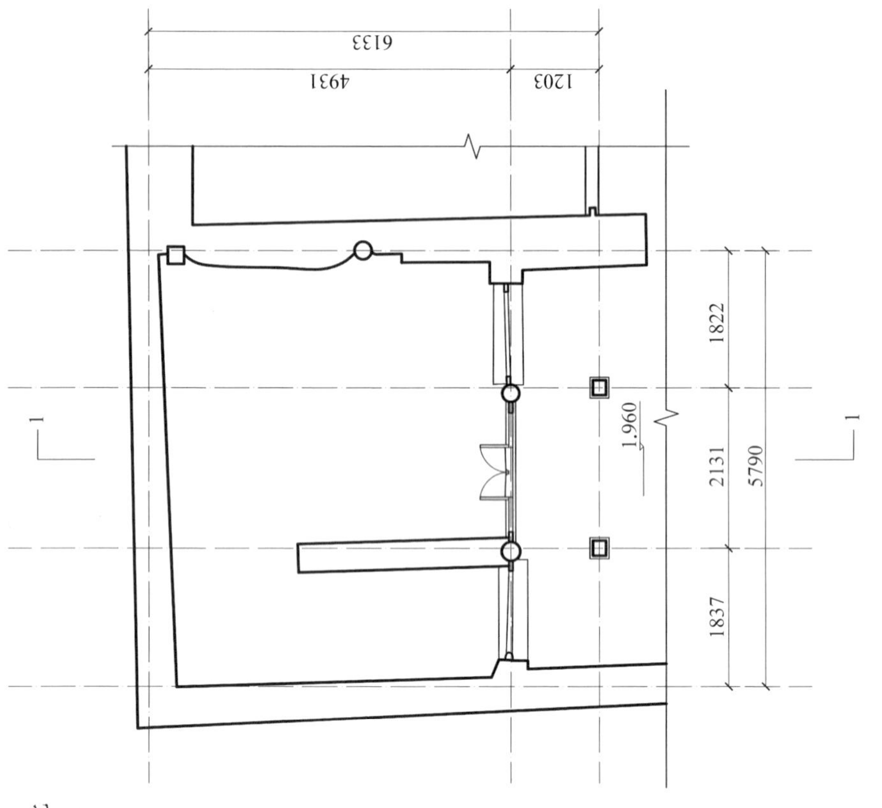

测图 25 府底玉皇庙西耳房平面图

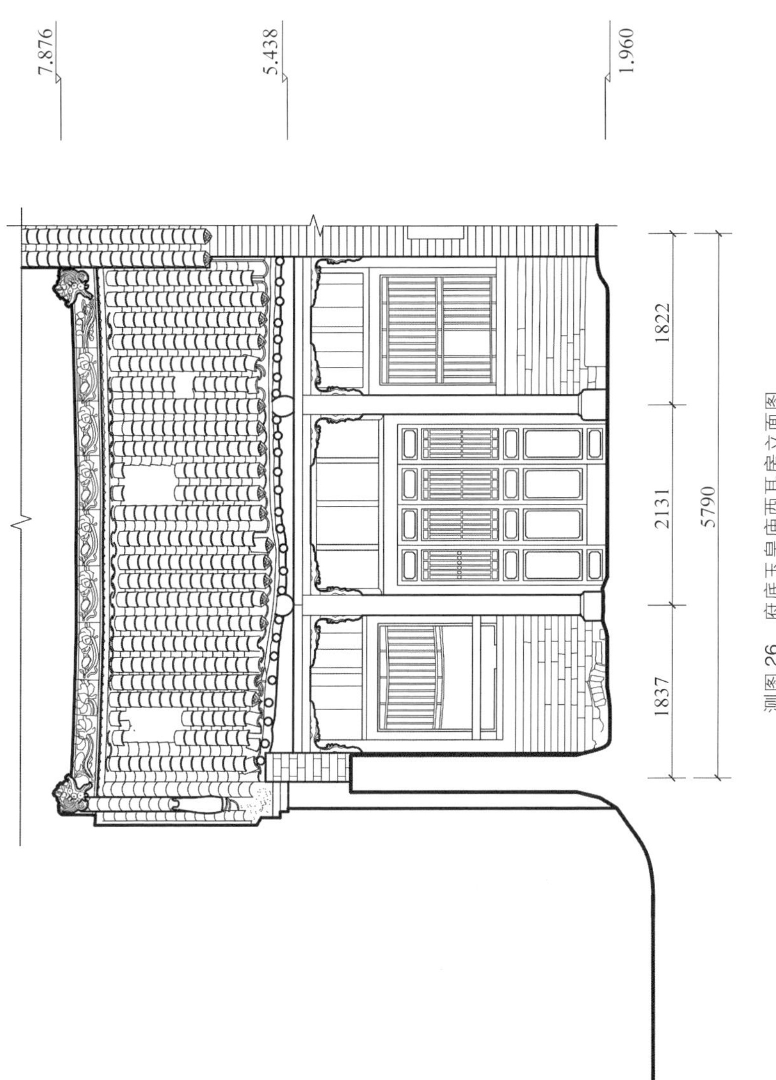

测图 26　府底王皇庙西耳房立面图

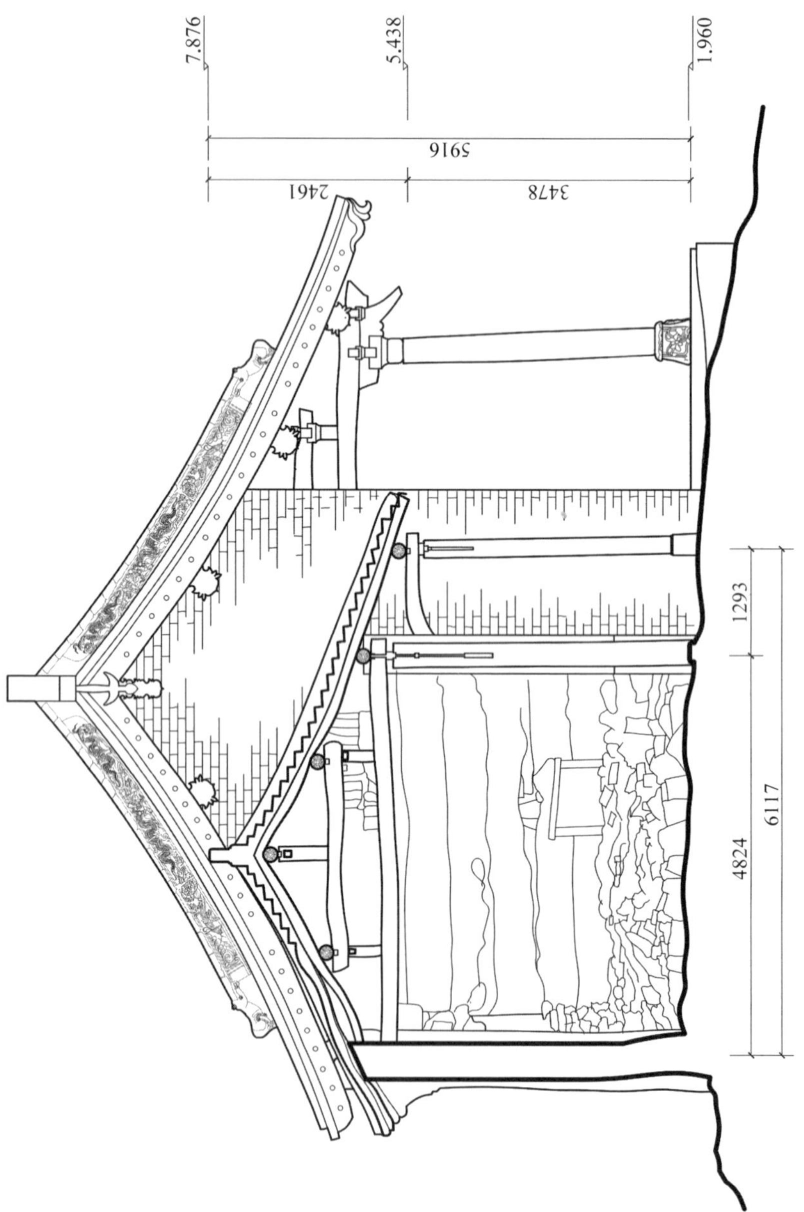

测图27　府底玉皇庙西耳房1—1剖面图

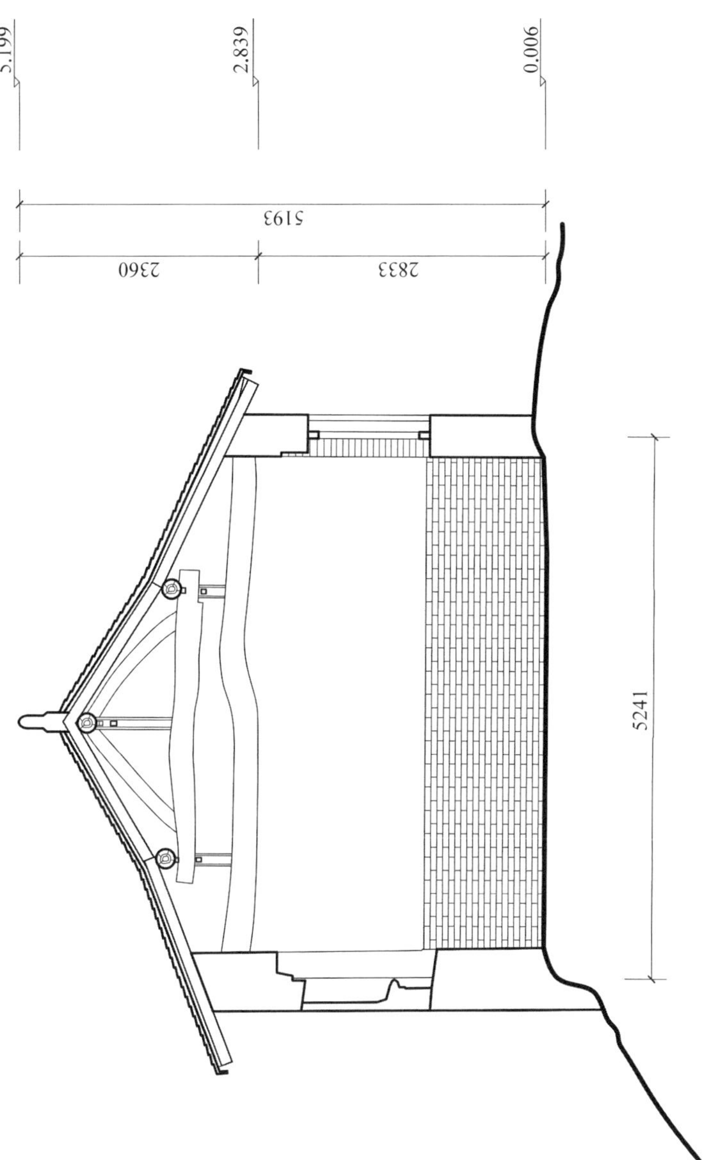

测图28 府底玉皇庙东院门房剖面图

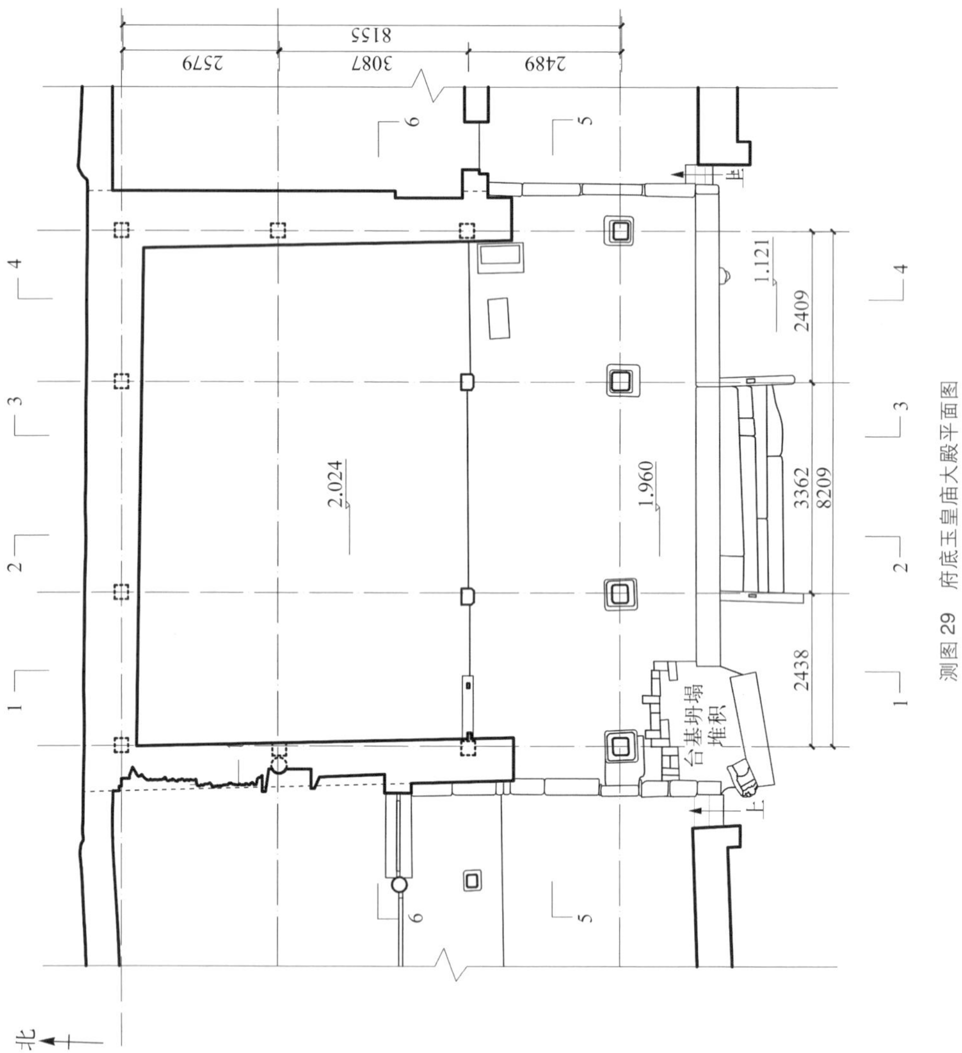

测图 29　府底玉皇庙大殿平面图

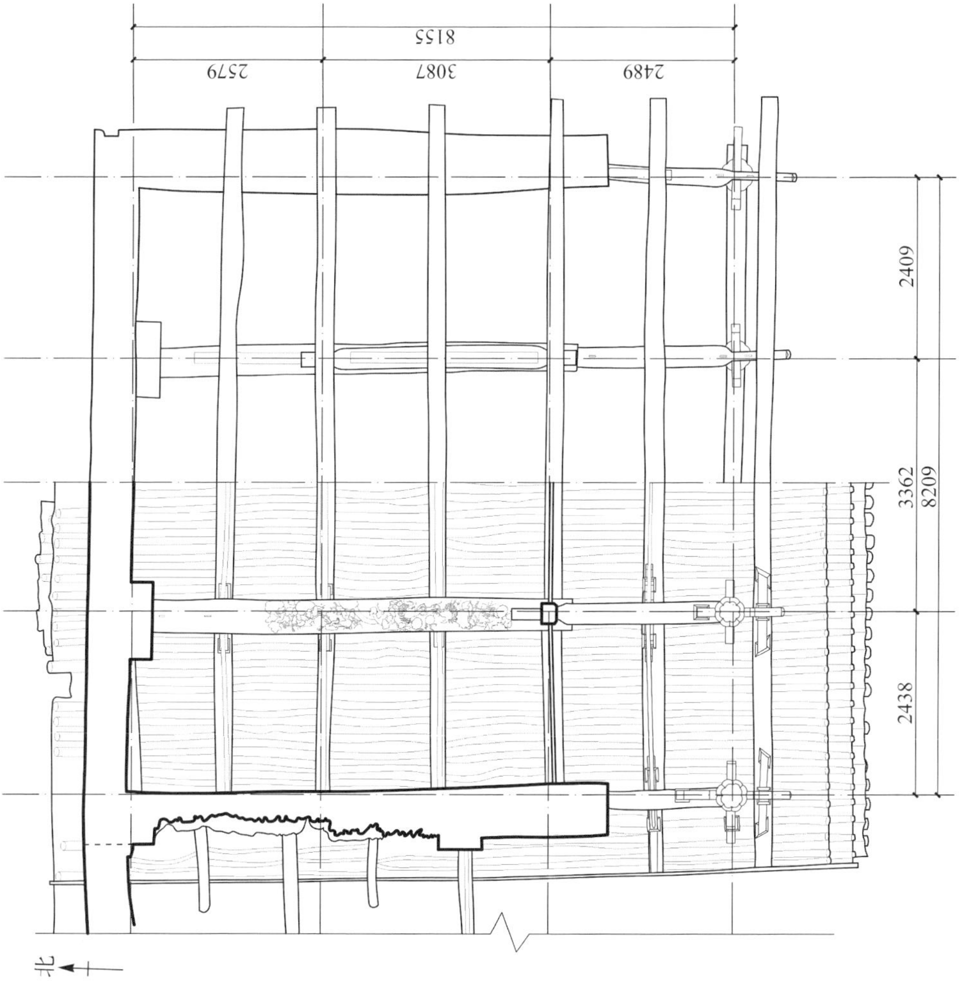

测图 30　府底玉皇庙大殿仰俯视图

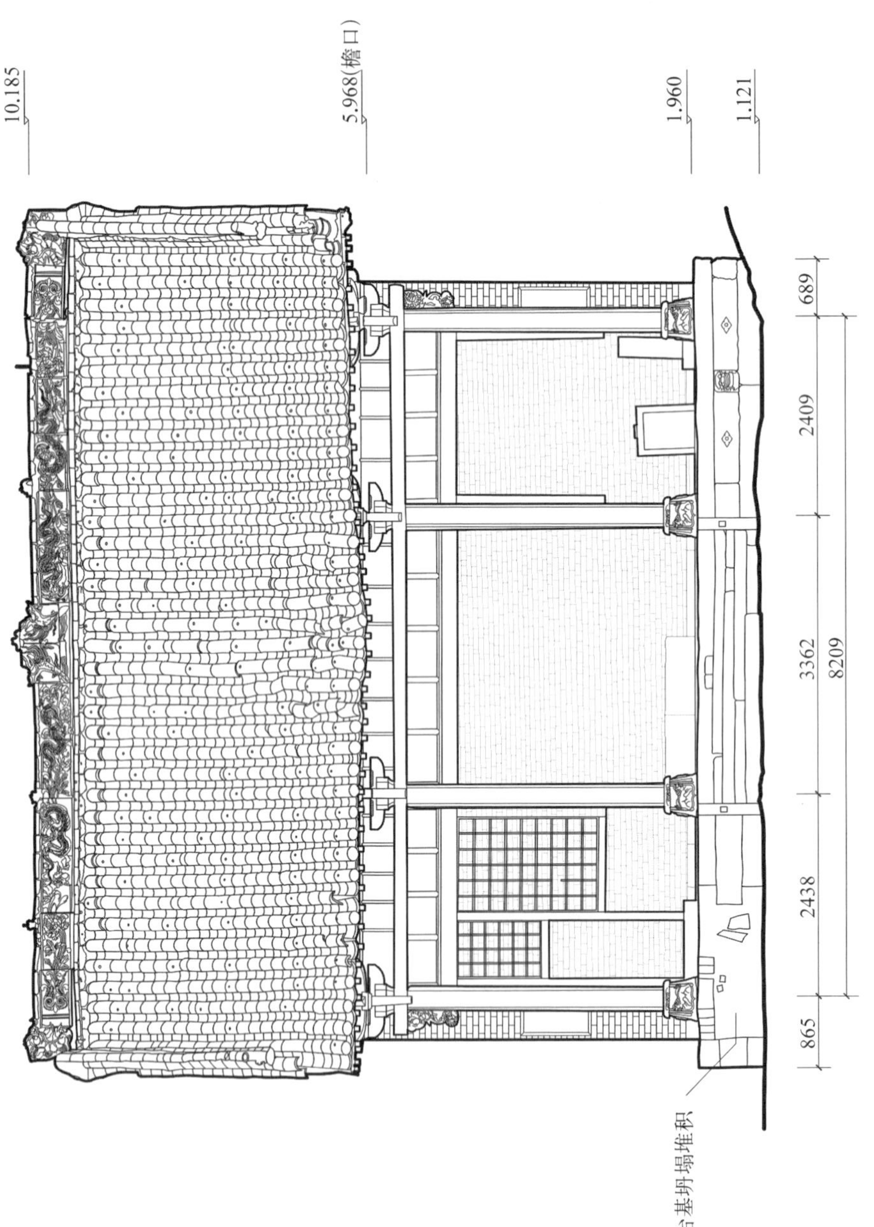

测图31 府底玉皇庙大殿正立面图

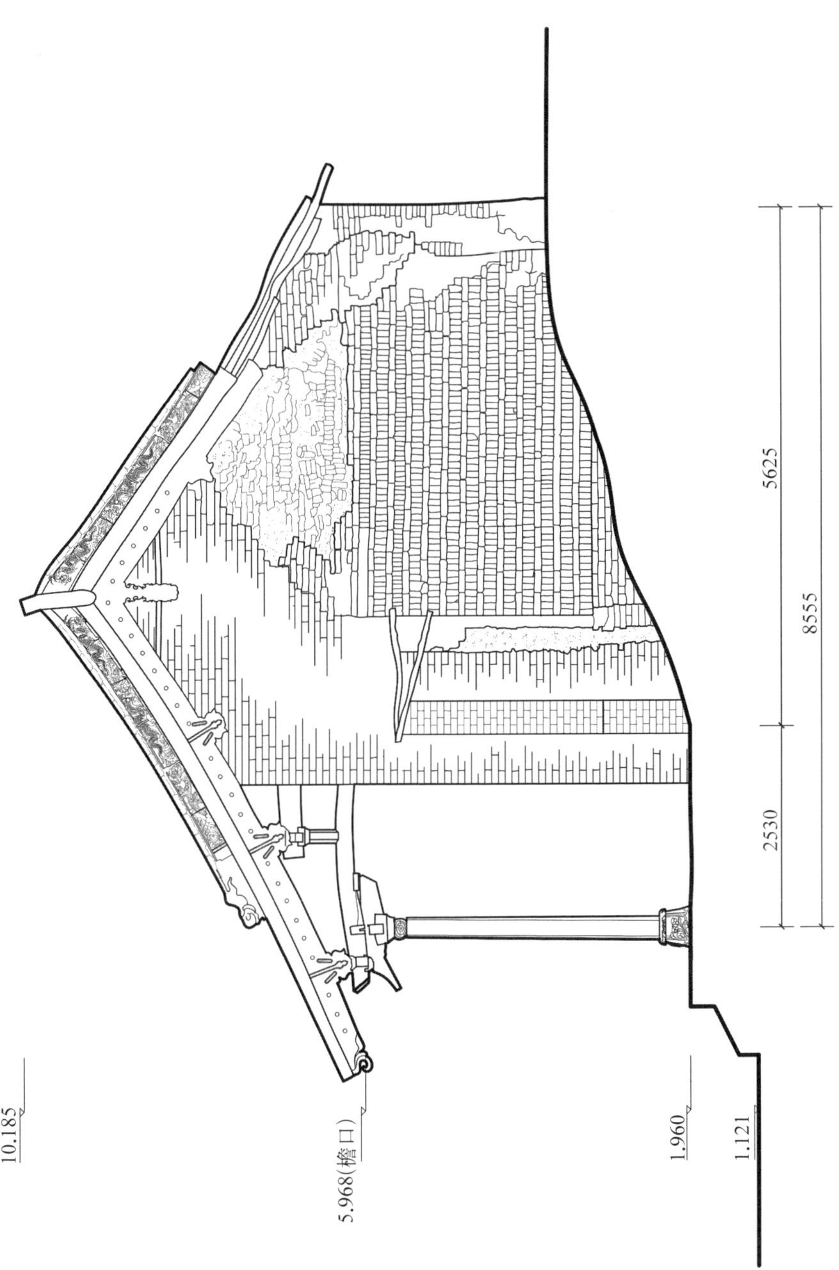

测图 32　府底王皇庙大殿东立面图

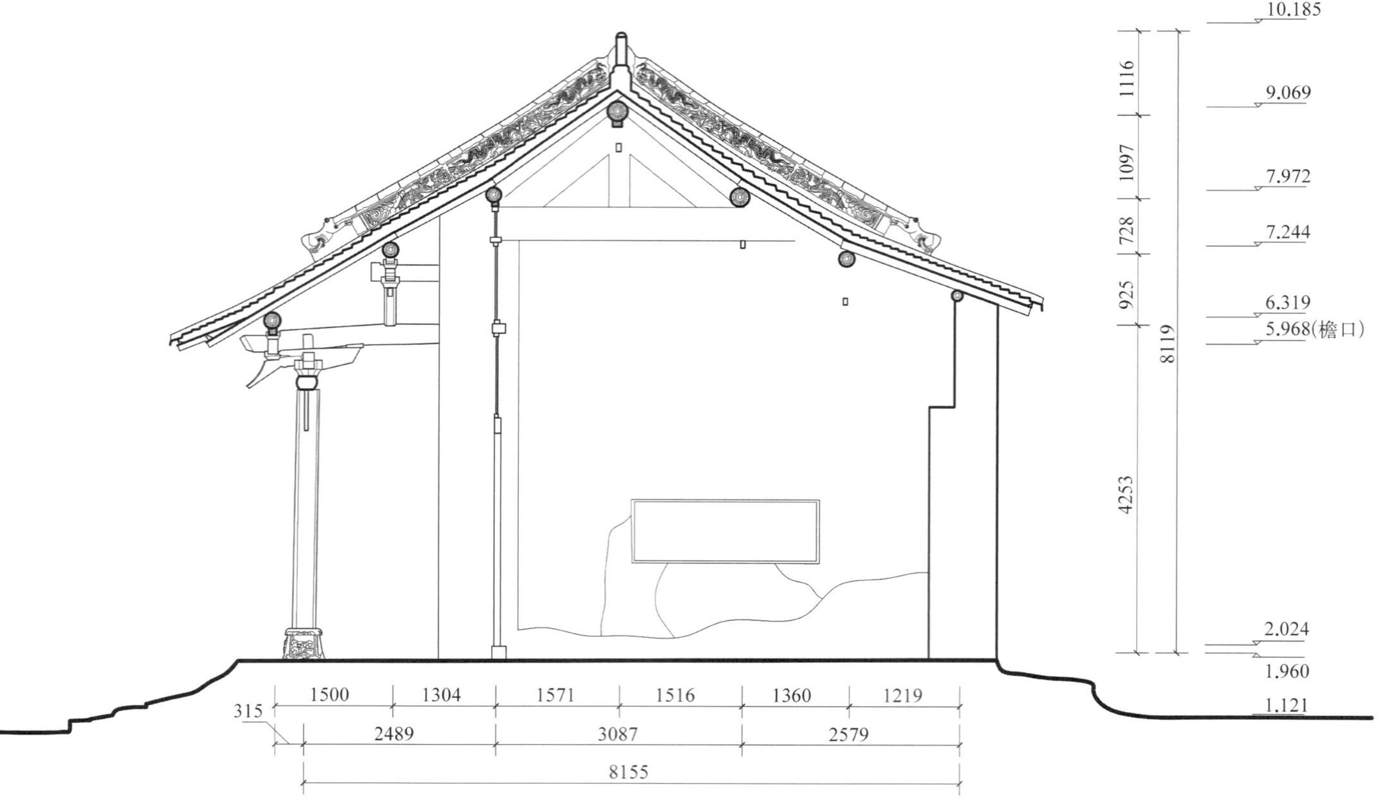

测图 33　府底玉皇庙大殿 1—1 剖面图

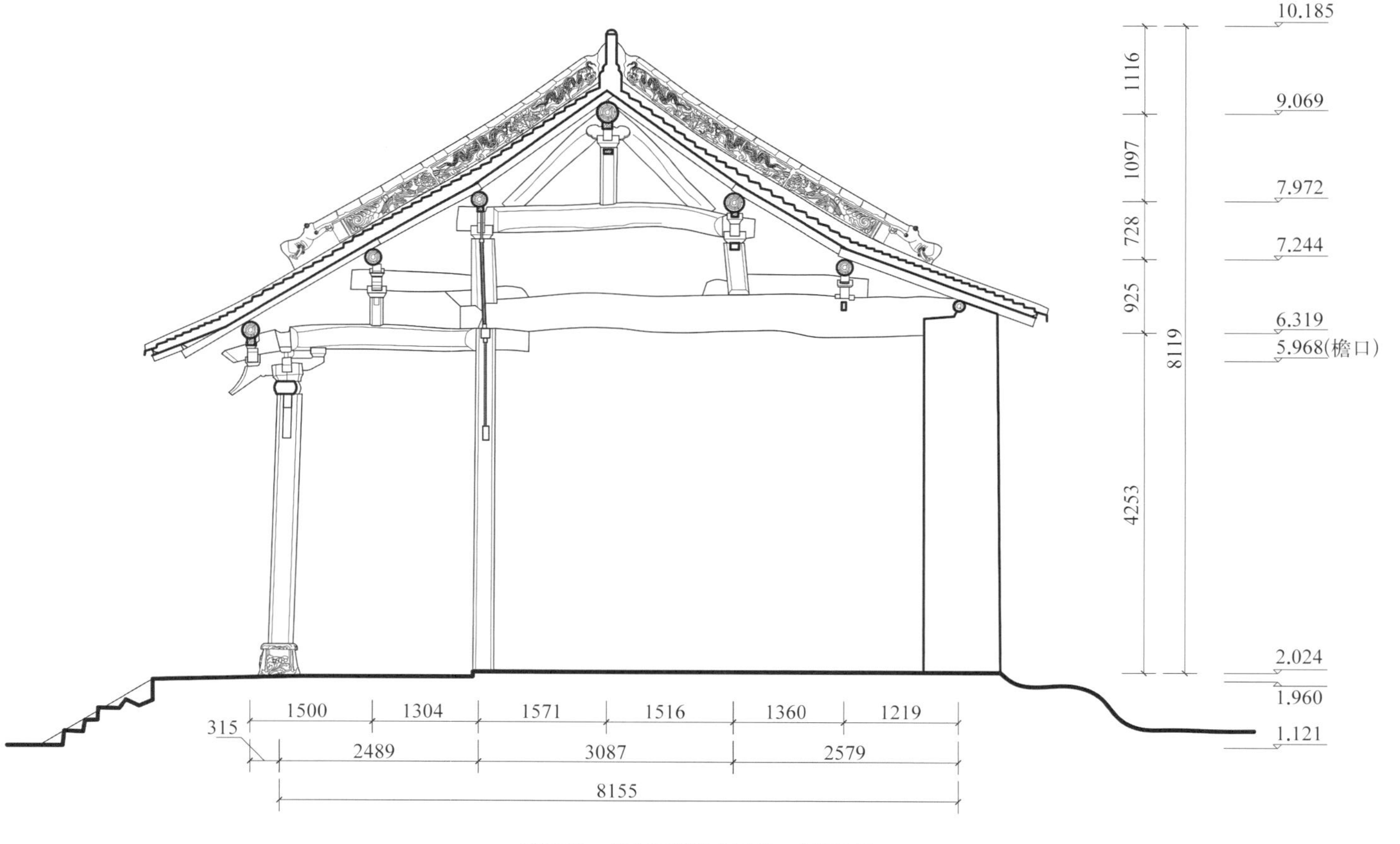

测图34　府底玉皇庙大殿2—2剖面图

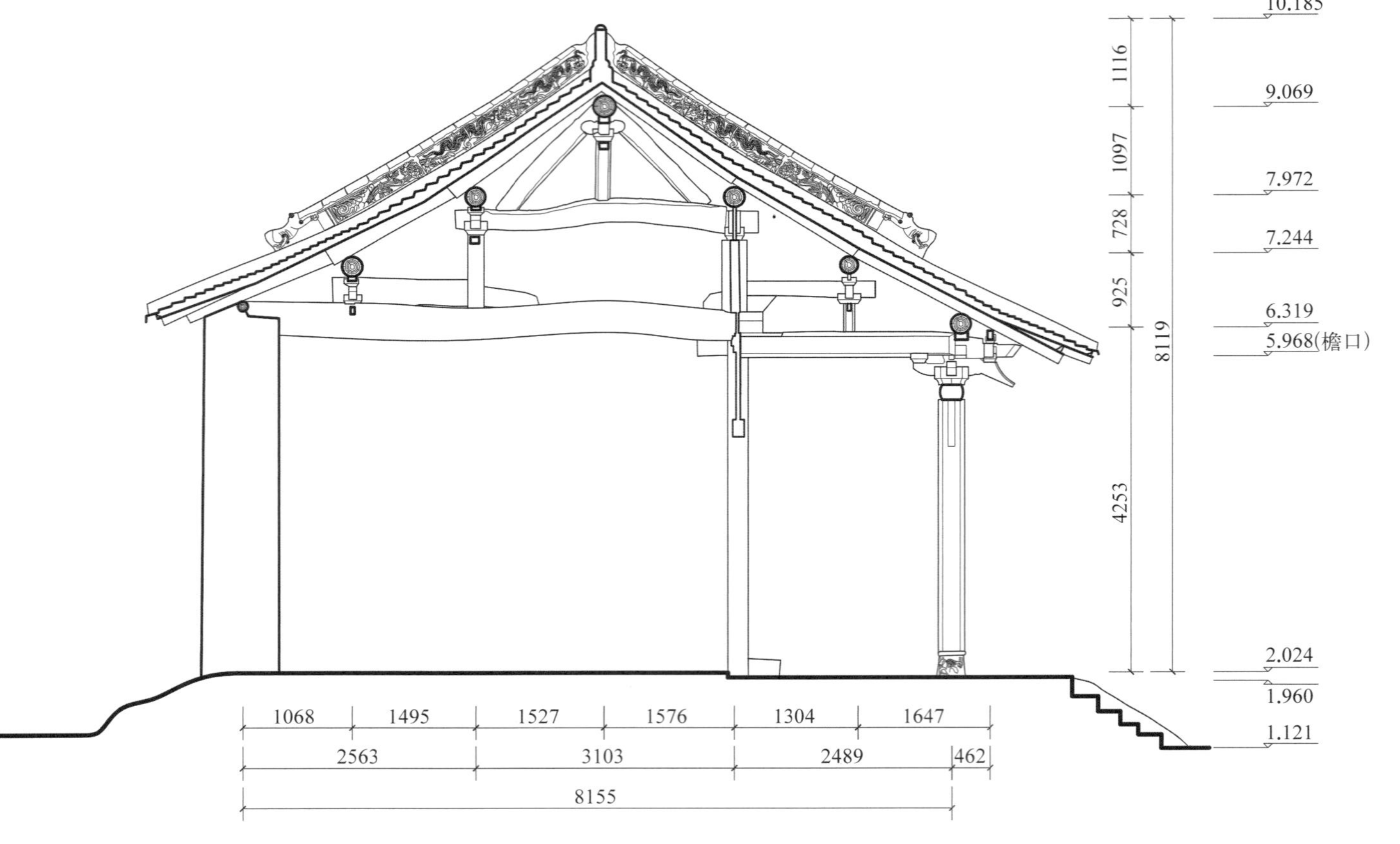

测图 35　府底玉皇庙大殿 3—3 剖面图

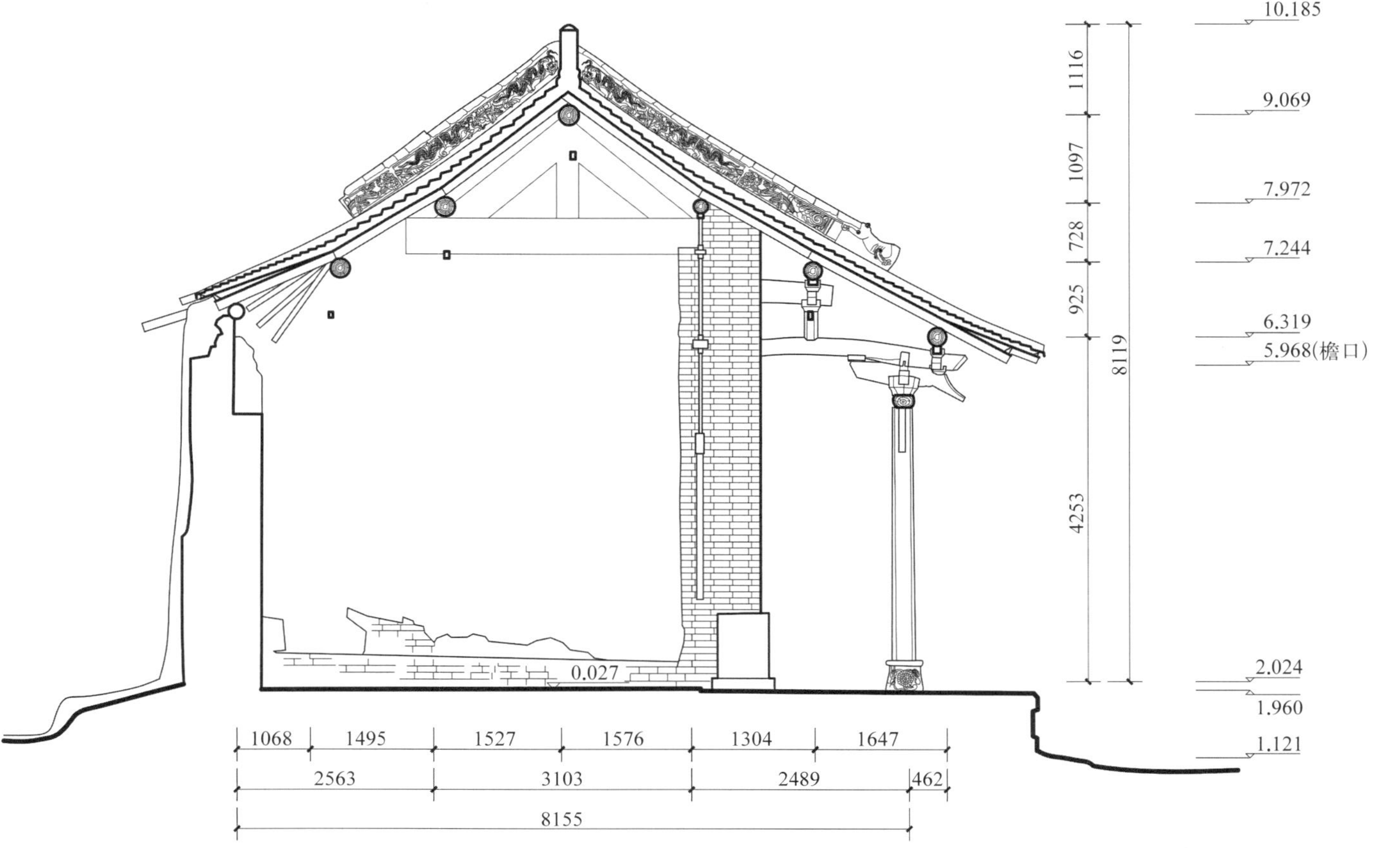

测图 36　府底玉皇庙大殿 4—4 剖面图

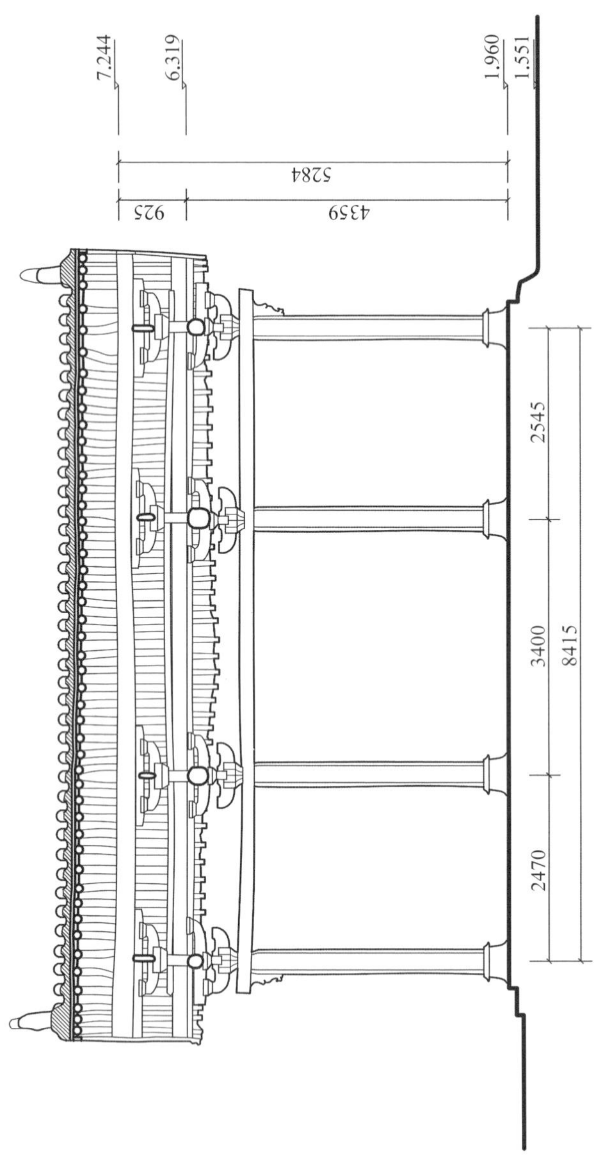

测图 37 府底玉皇庙大殿 5—5 剖面图

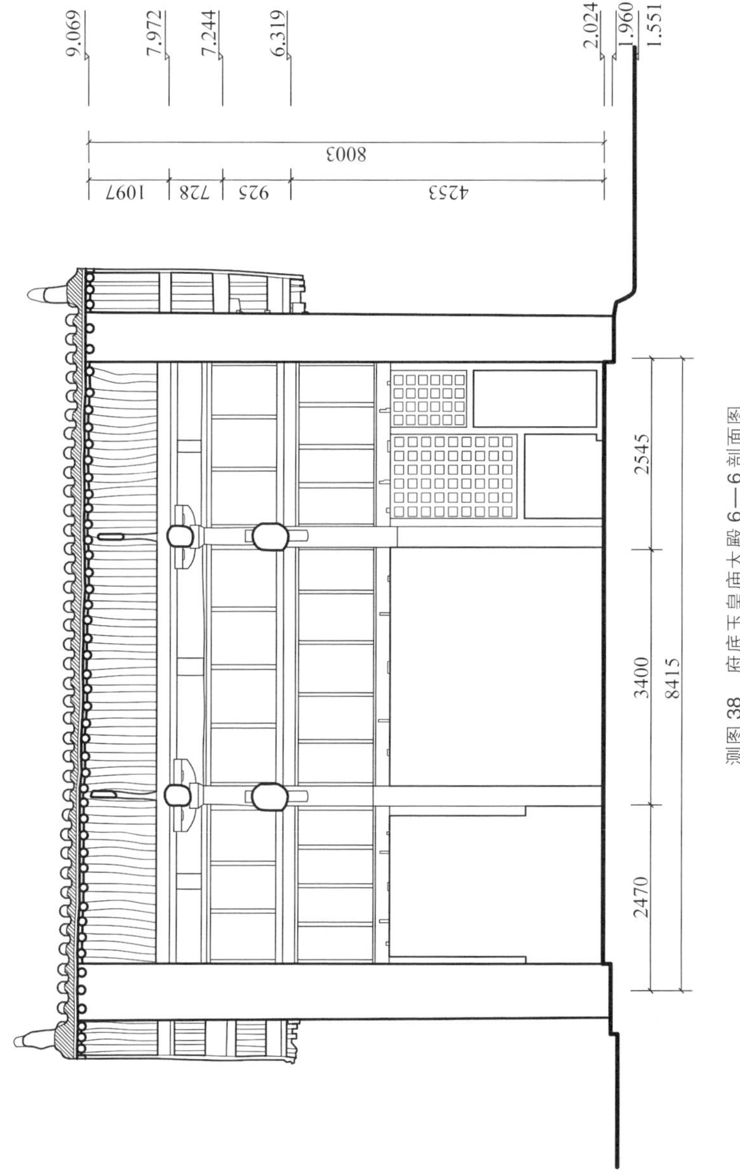

测图38　府底玉皇庙大殿6—6剖面图

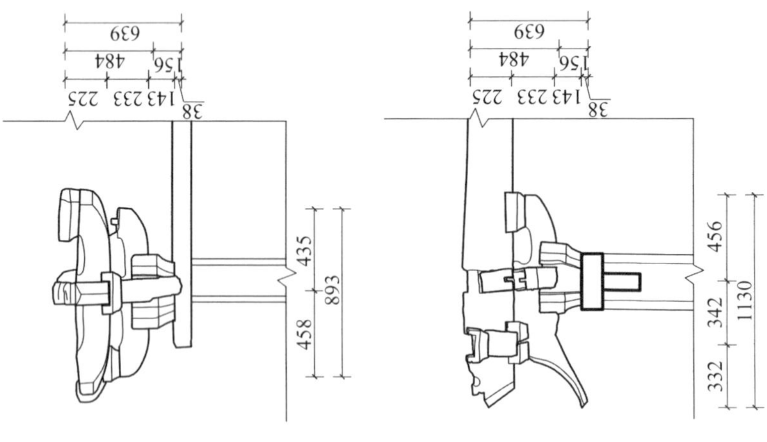

测图 39　府底玉皇庙山门前檐西侧第一朵斗栱大样图

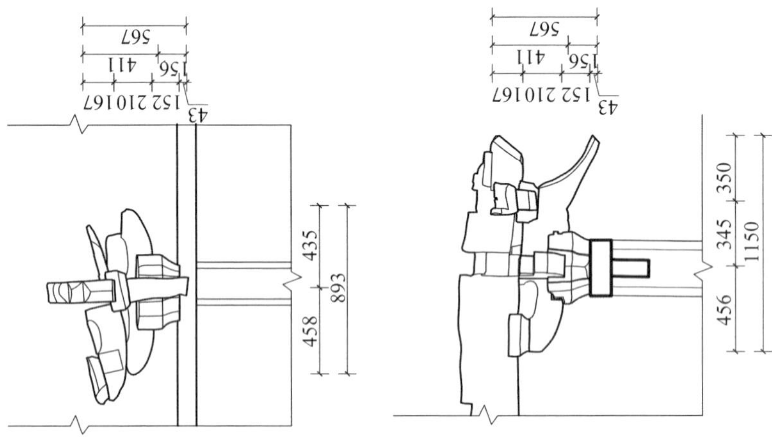

测图 40　府底玉皇庙山门前檐西侧第二朵斗栱大样图

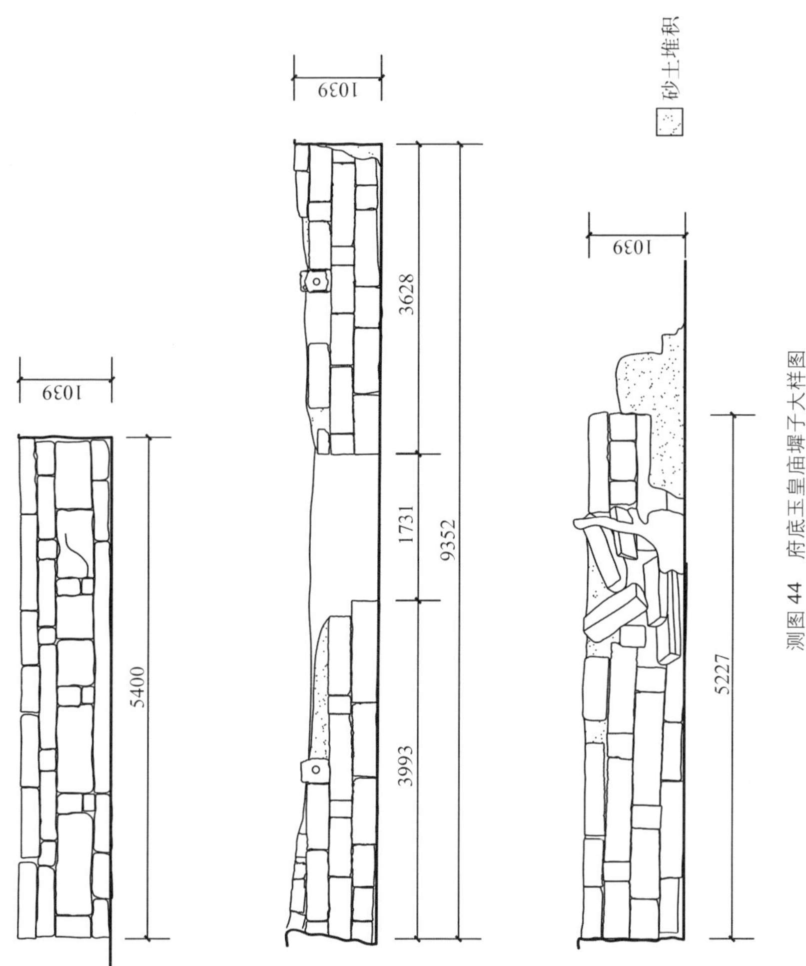

测图 44　府底玉皇庙墀子大样图

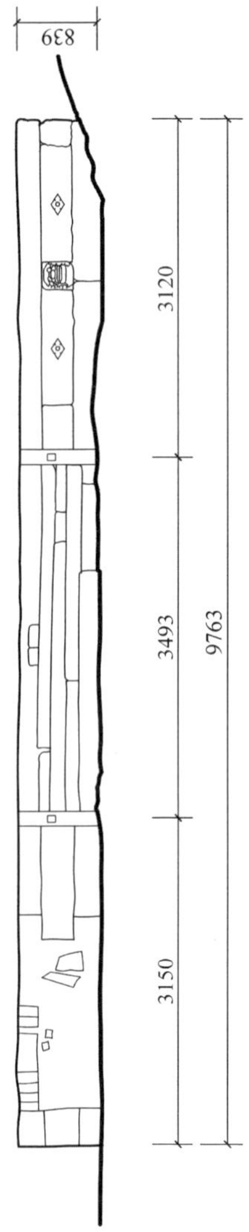

839

3120

3493

9763

3150

测图 45　府底玉皇庙大殿台基大样图

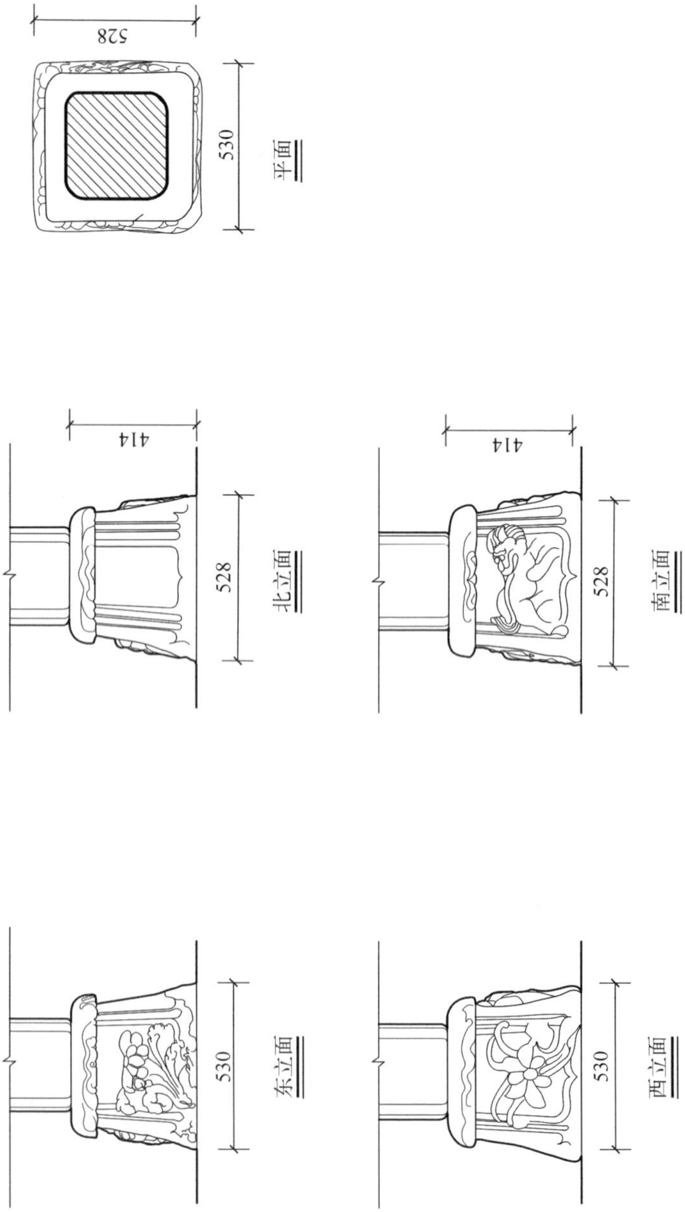

528

530

平面

414

528

北立面

414

528

南立面

530

东立面

530

西立面

测图 46　府底玉皇庙大殿 1 号柱础大样图

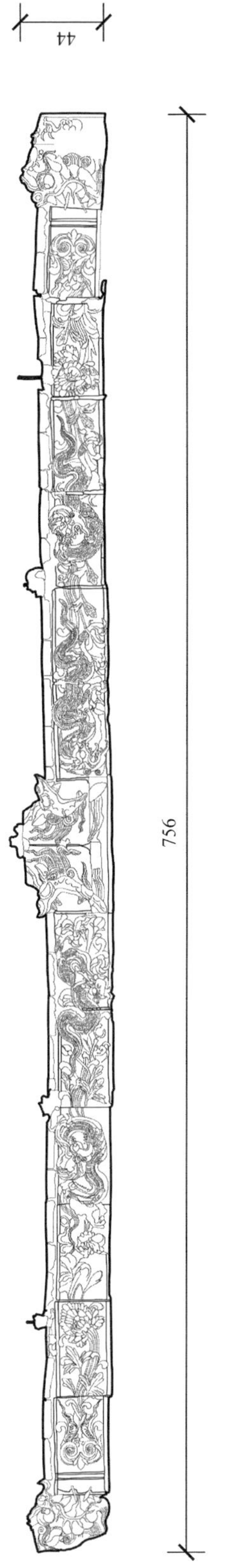

测图 47　府底玉皇庙大殿正脊大样图

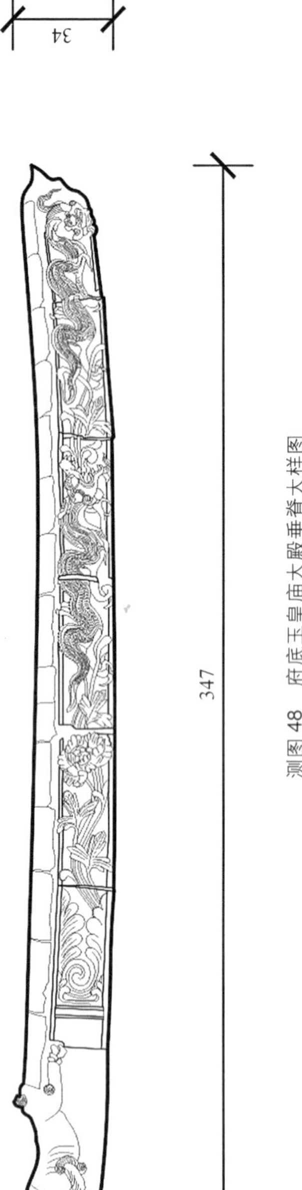

测图 48　府底玉皇庙大殿垂脊大样图

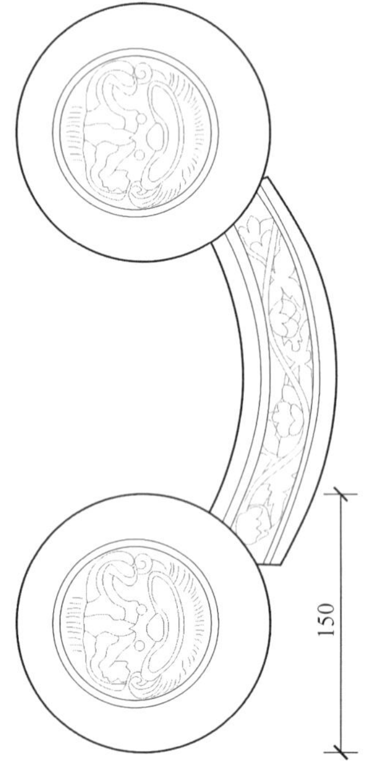

测图 49　府底玉皇庙大殿瓦件大样图

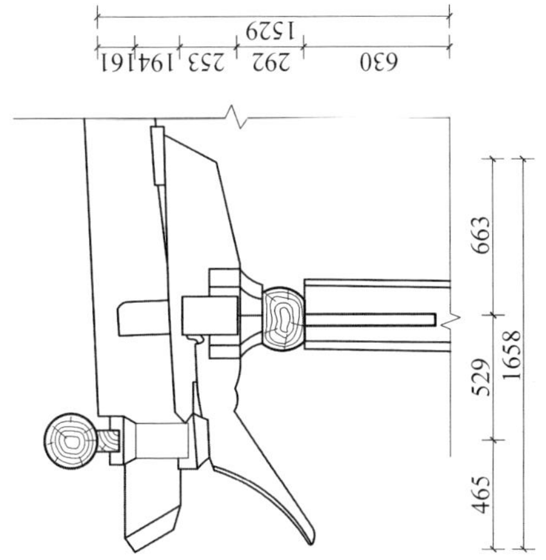

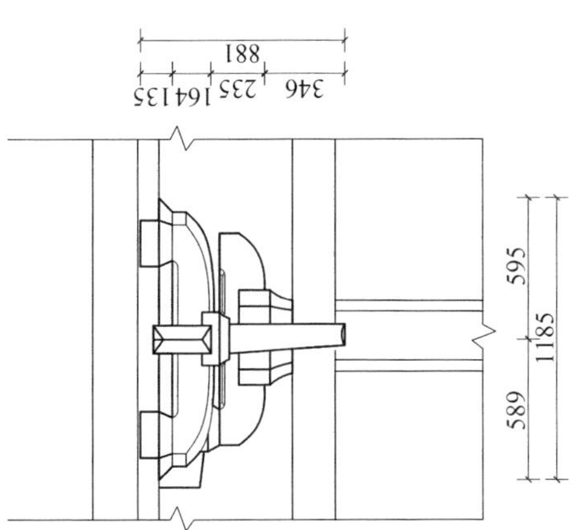

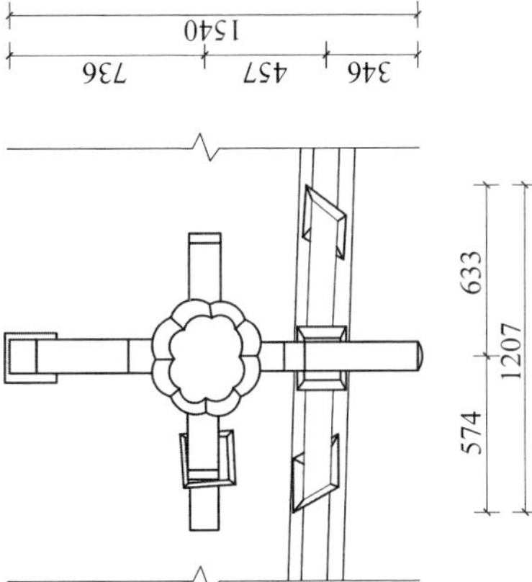

测图50　府底王皇庙大殿前檐西侧第一朵斗栱大样图

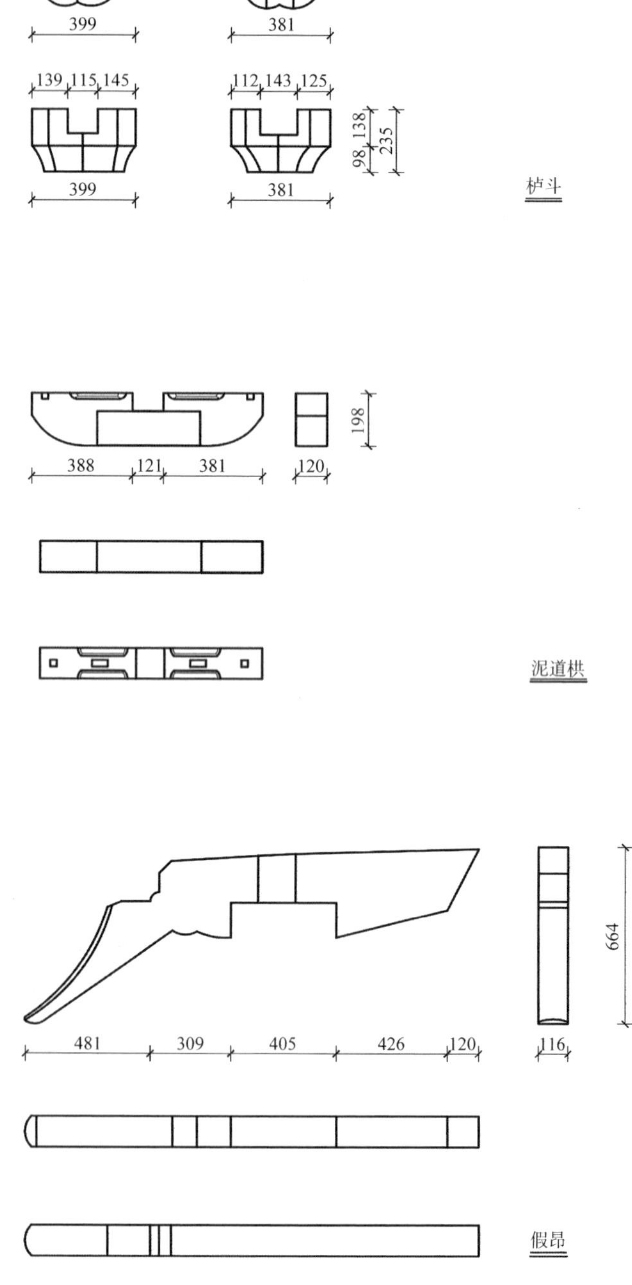

测图 51　府底玉皇庙大殿前檐西侧第一朵斗栱分件图

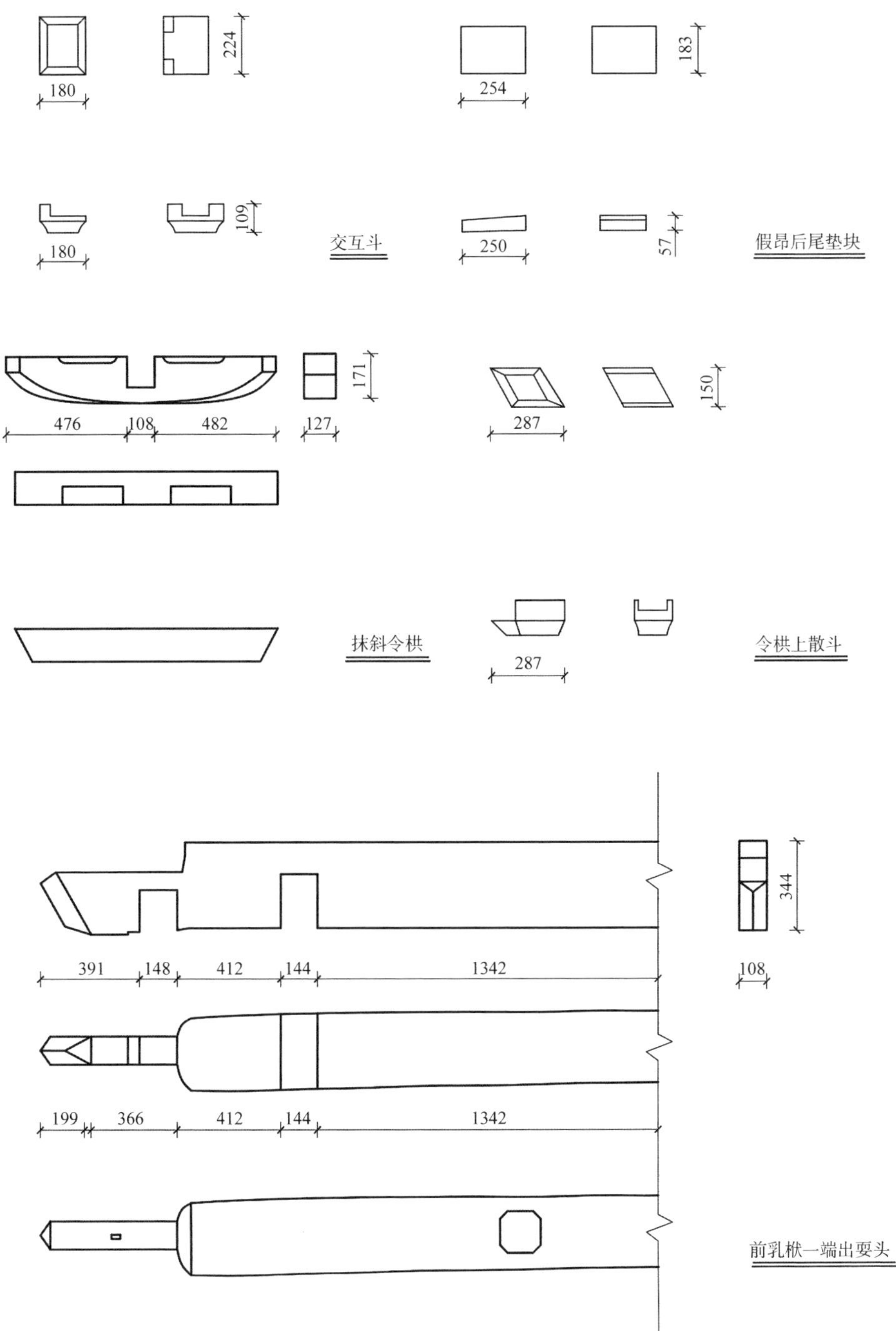
180
224
254
183
180
109
交互斗
250
57
假昂后尾垫块
476
108
482
127
171
287
150
抹斜令栱
287
令栱上散斗
391
148
412
144
1342
344
108
199
366
412
144
1342
前乳栿一端出耍头

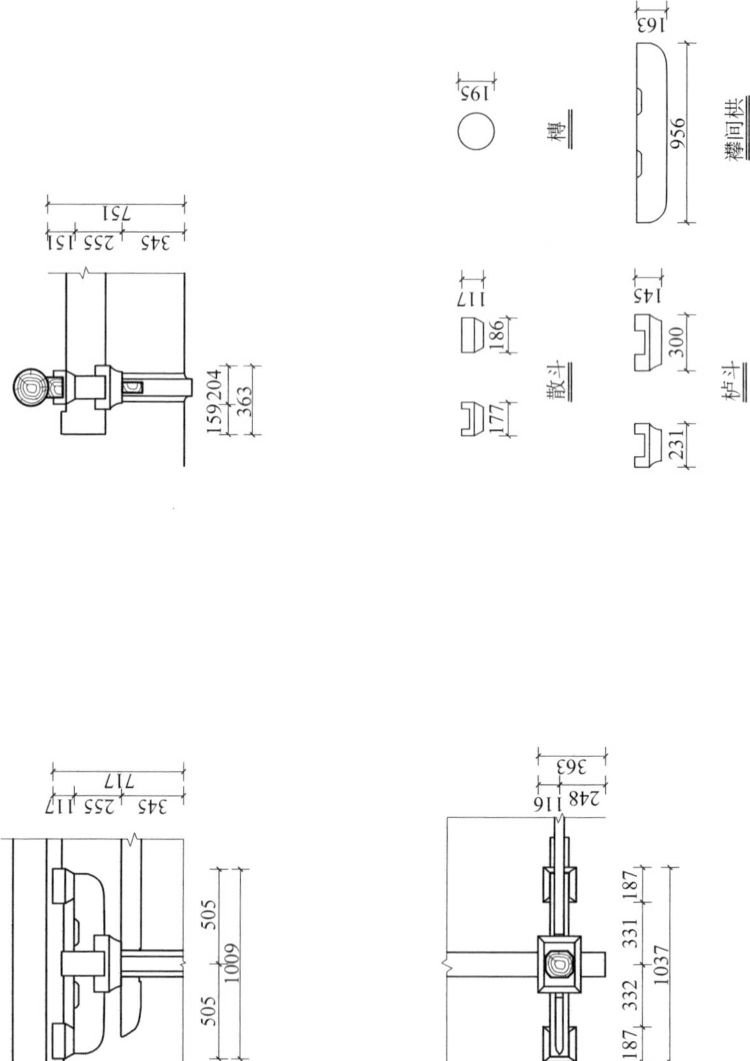

测图52 府底玉皇庙大殿西侧第一缝梁架下平槫下节点大样及分件图

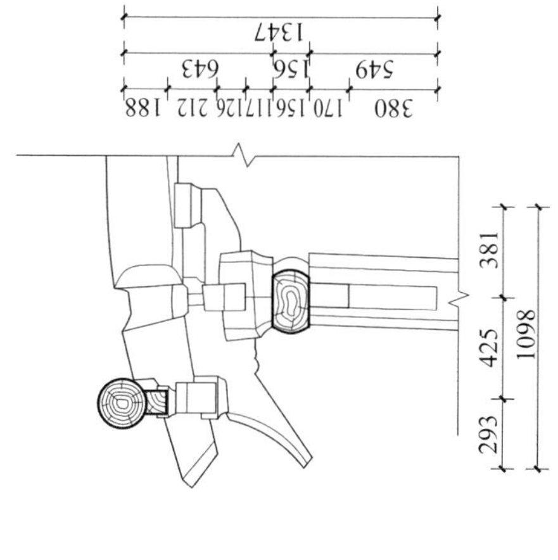

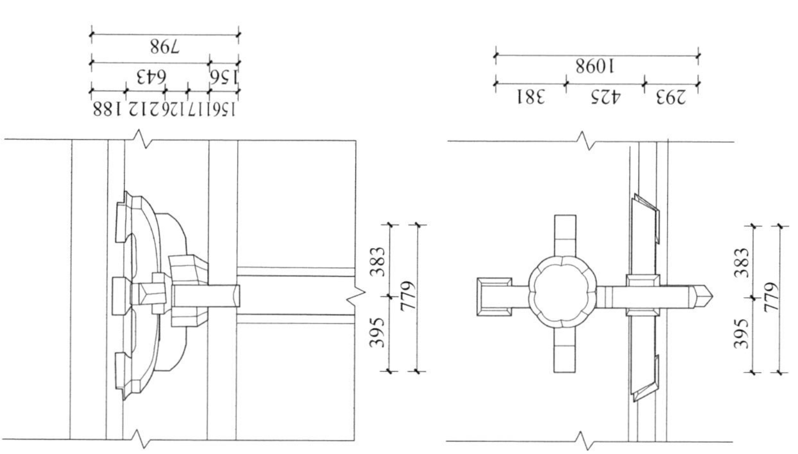

测图53　府底王皇庙大殿前檐西侧第二朵斗栱大样图

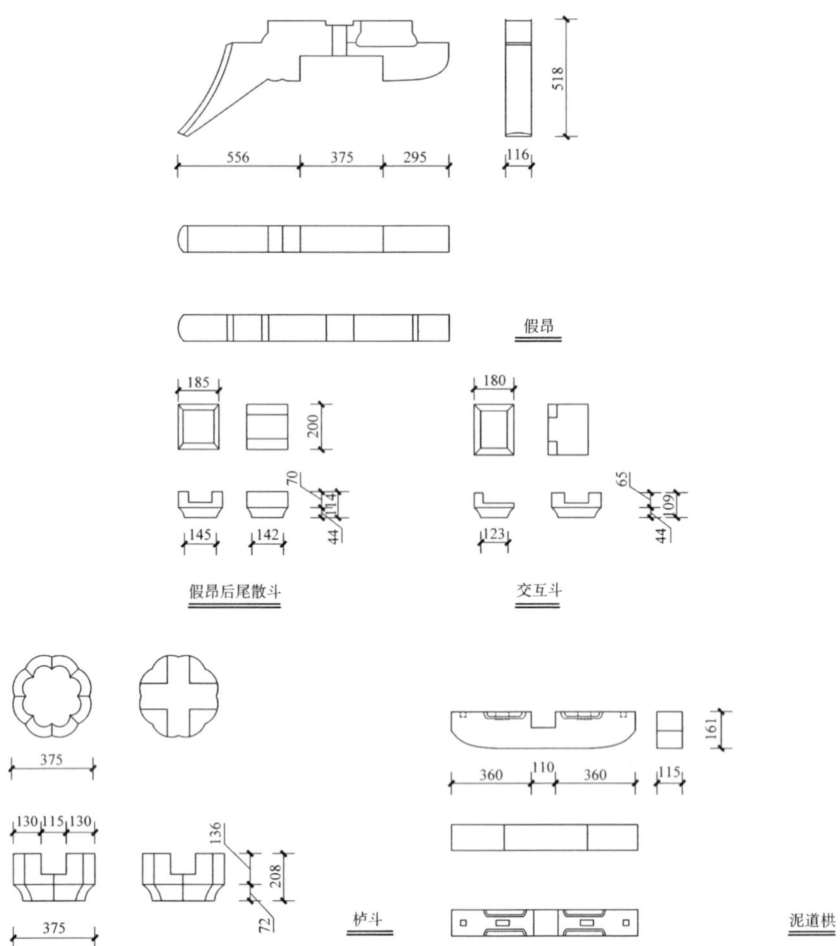

测图 54　府底玉皇庙大殿前檐西侧第二朵斗栱分件图

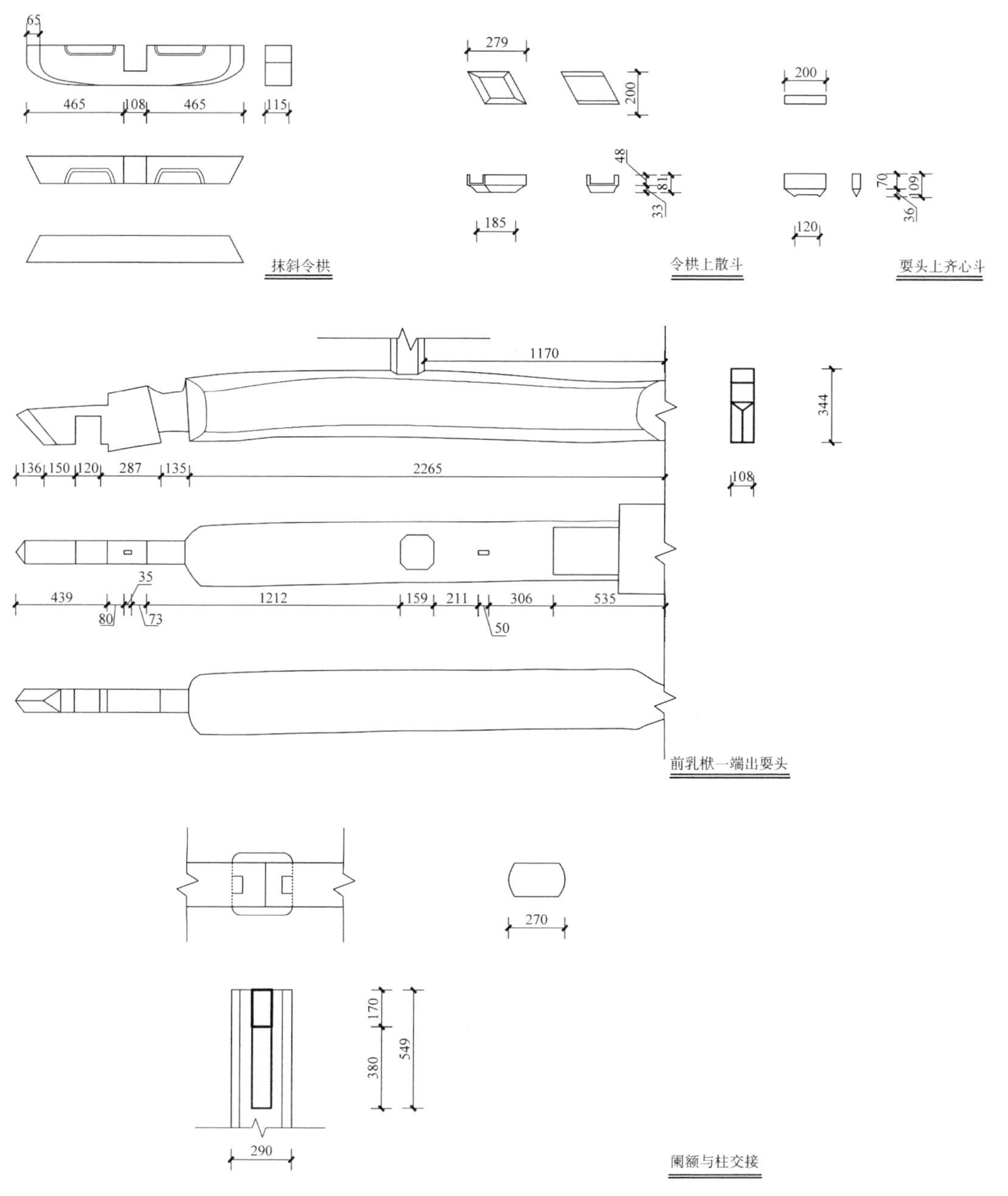
65
465
108
465
115
抹斜令栱
279
200
185
48
81
33
令栱上散斗
200
120
70
109
36
耍头上齐心斗
1170
344
136
150
120
287
135
2265
108
439
80
35
73
1212
159
211
50
306
535
前乳栿一端出耍头
270
170
380
549
290
阑额与柱交接

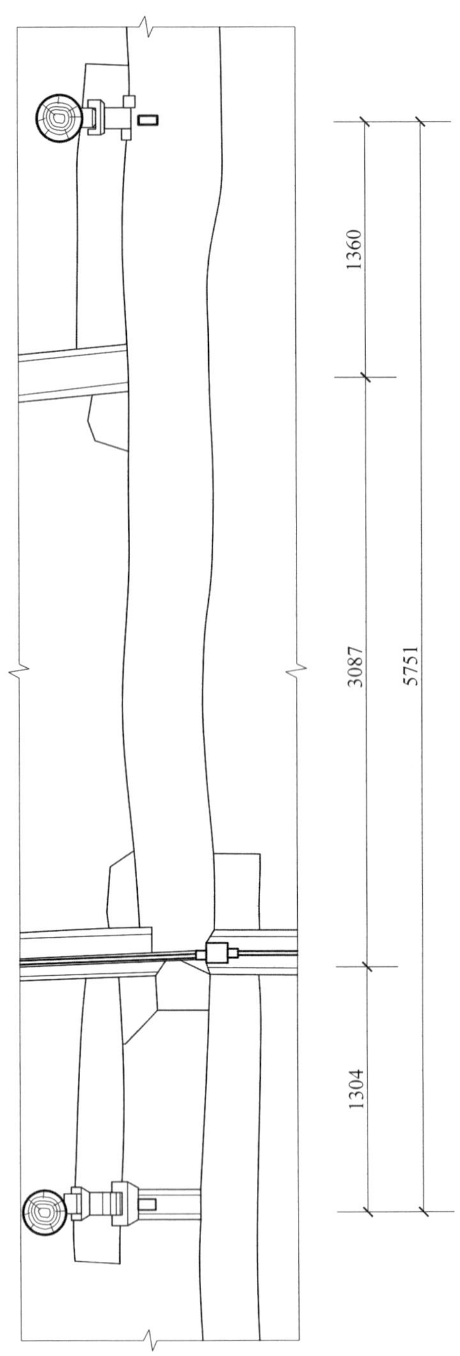

测图55 府底玉皇庙大殿西侧第二缝梁架下平槫下节点大样图

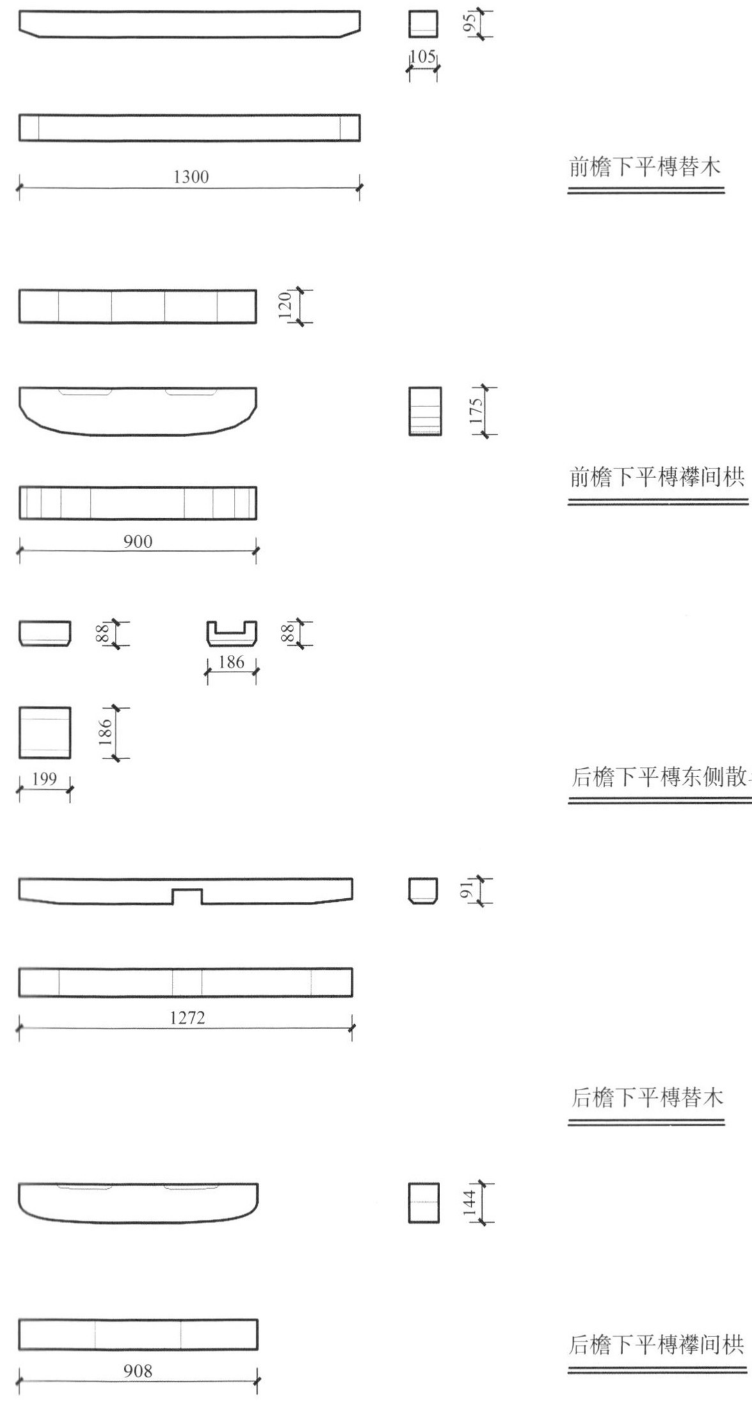

二缝梁架下平槫下节点分件图

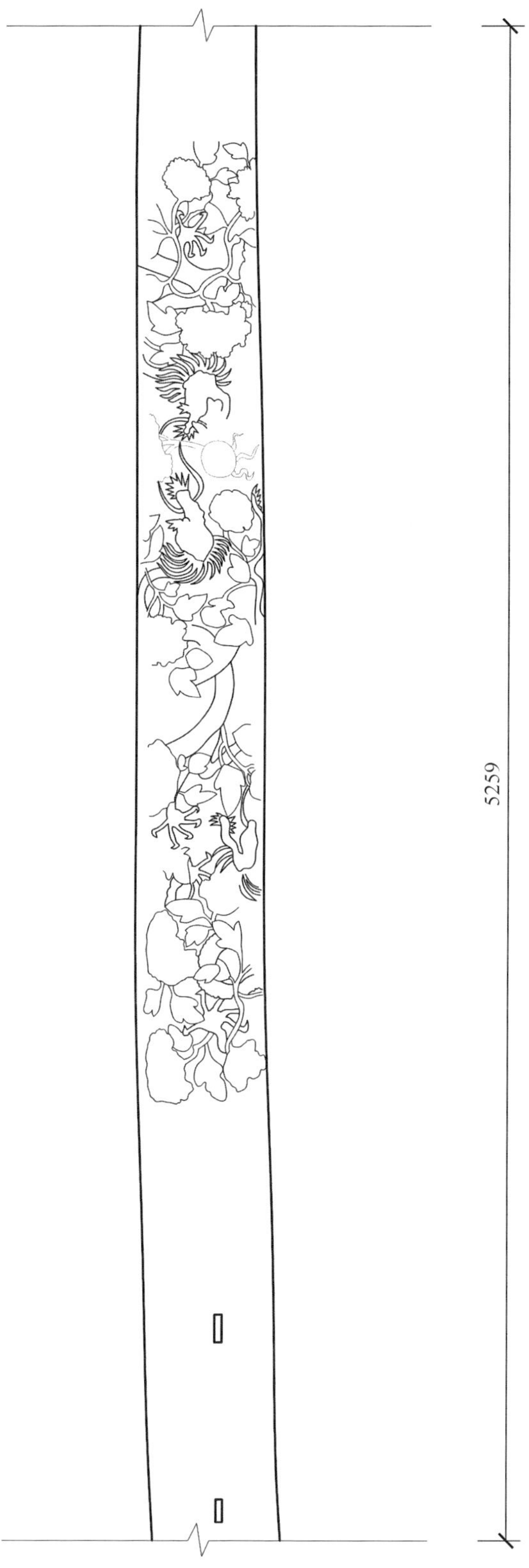

测图 57　府底玉皇庙大殿西侧第二缝大梁梁底彩画大样图

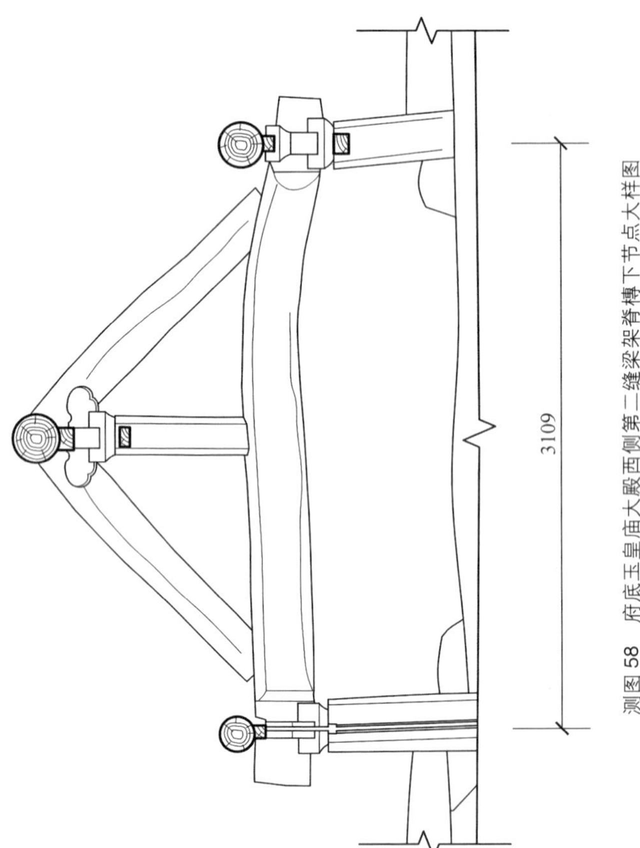

测图 58　府底玉皇庙大殿西侧第二缝梁架脊槫下节点大样图

测图 64　府底玉皇庙大殿西侧第三缝大梁梁底彩画大样图

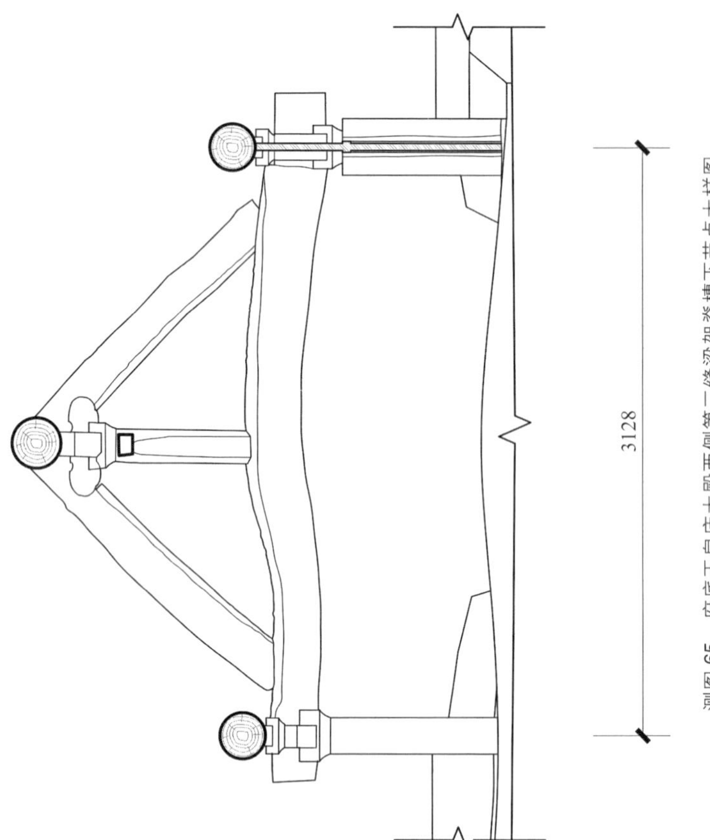

测图 65 府底玉皇庙大殿西侧第三缝梁架脊槫下节点大样图

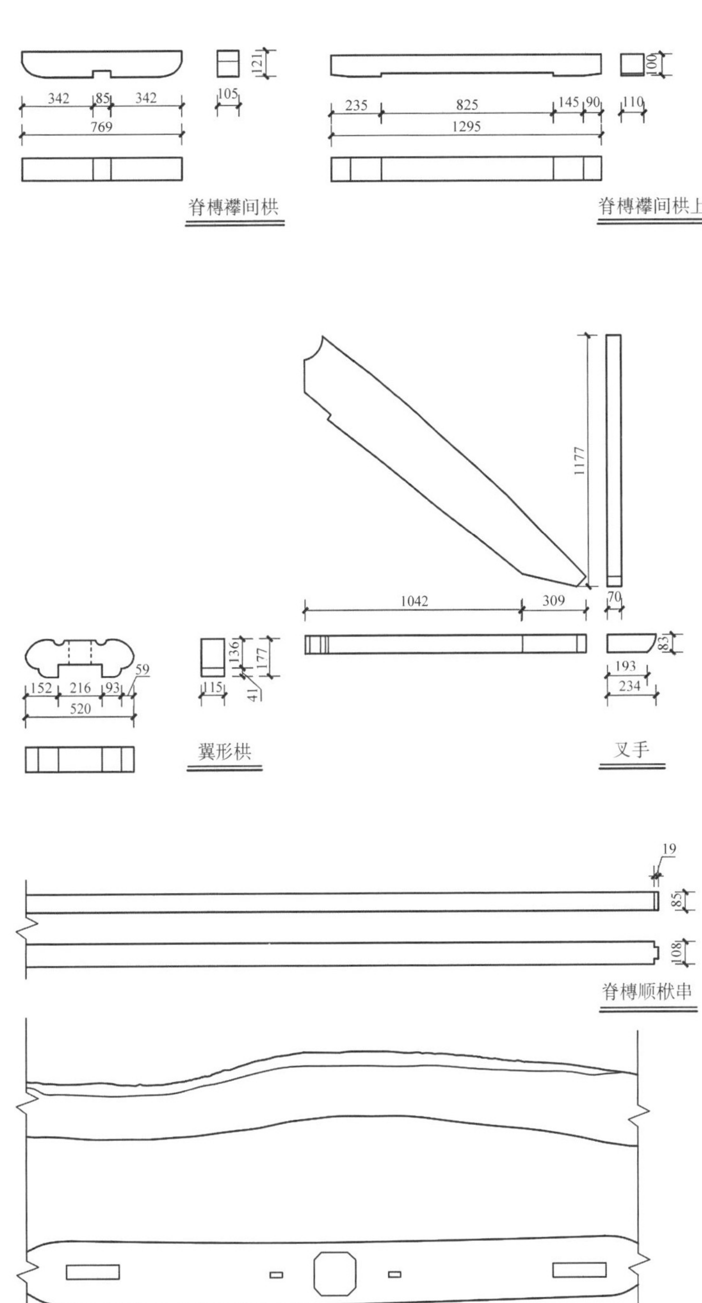

平梁

架脊槫下节点分件图

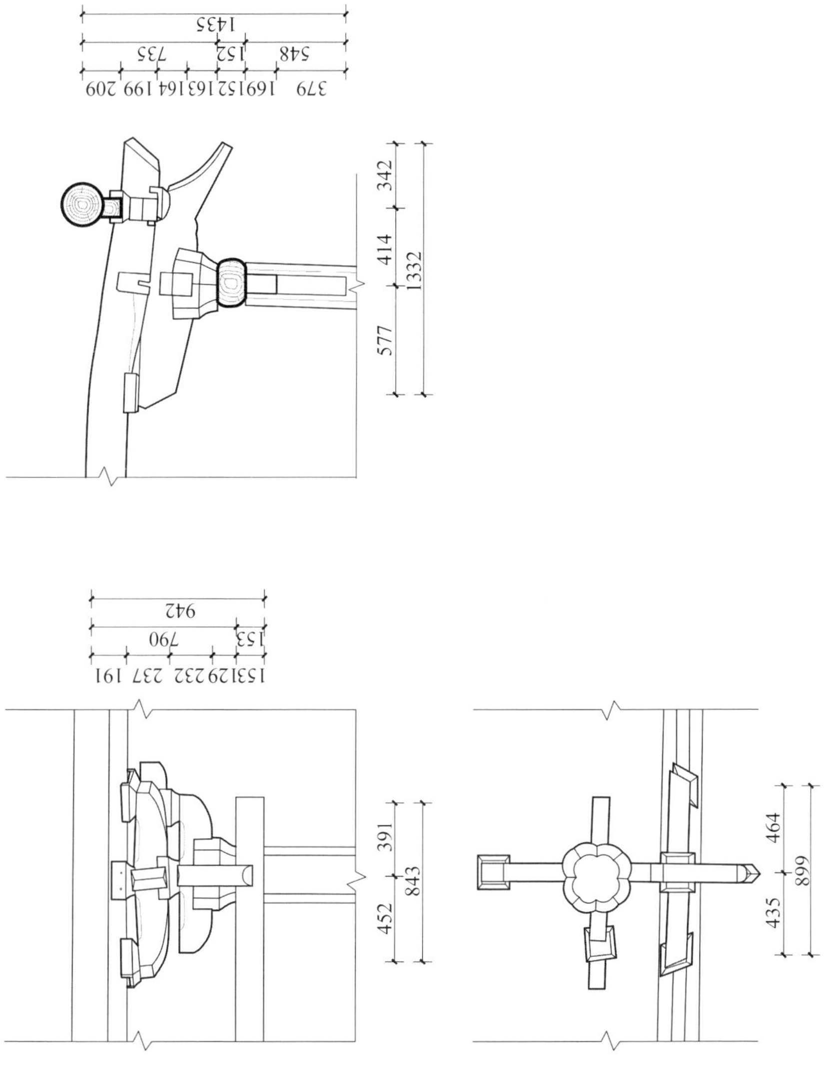

测图67　府底玉皇庙大殿前檐西侧第四朵斗拱大样图

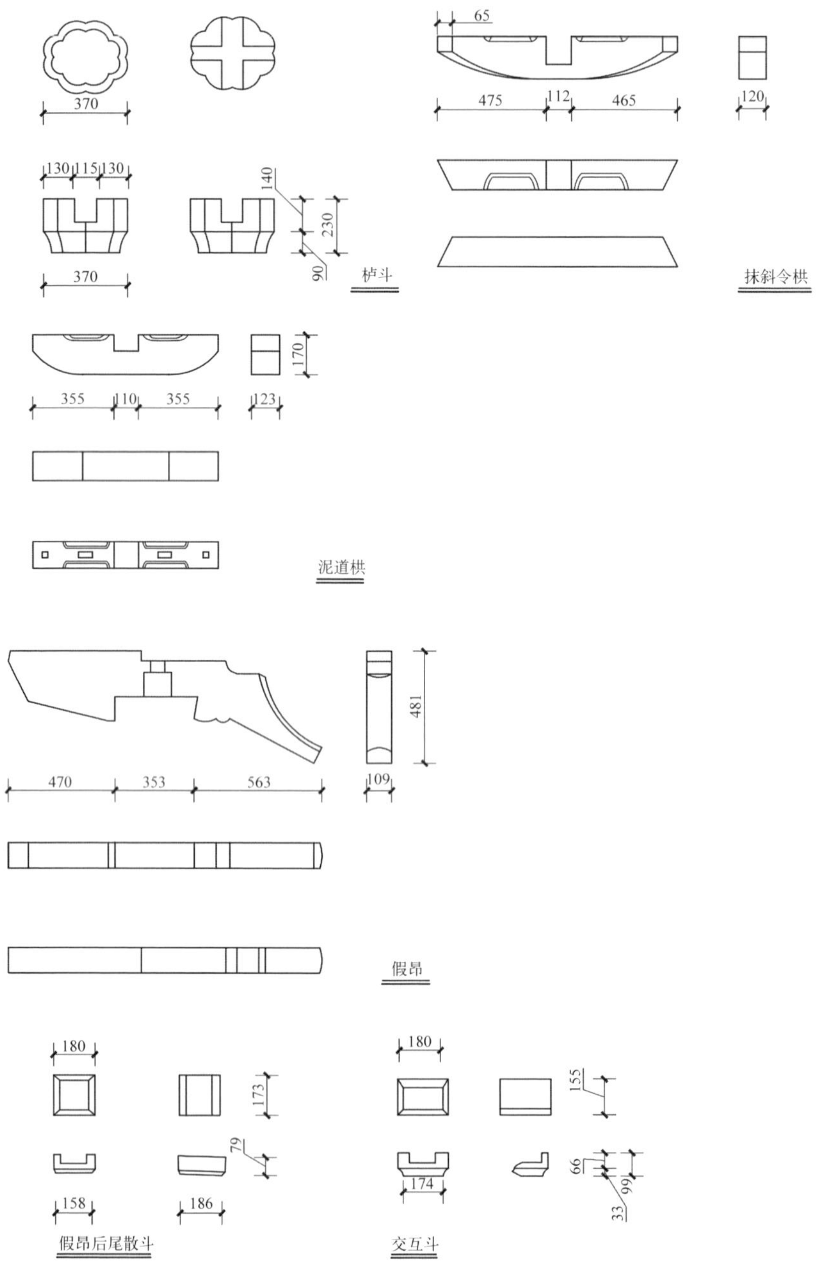

测图 68　府底玉皇庙大殿前檐西侧第四朵斗栱分件图

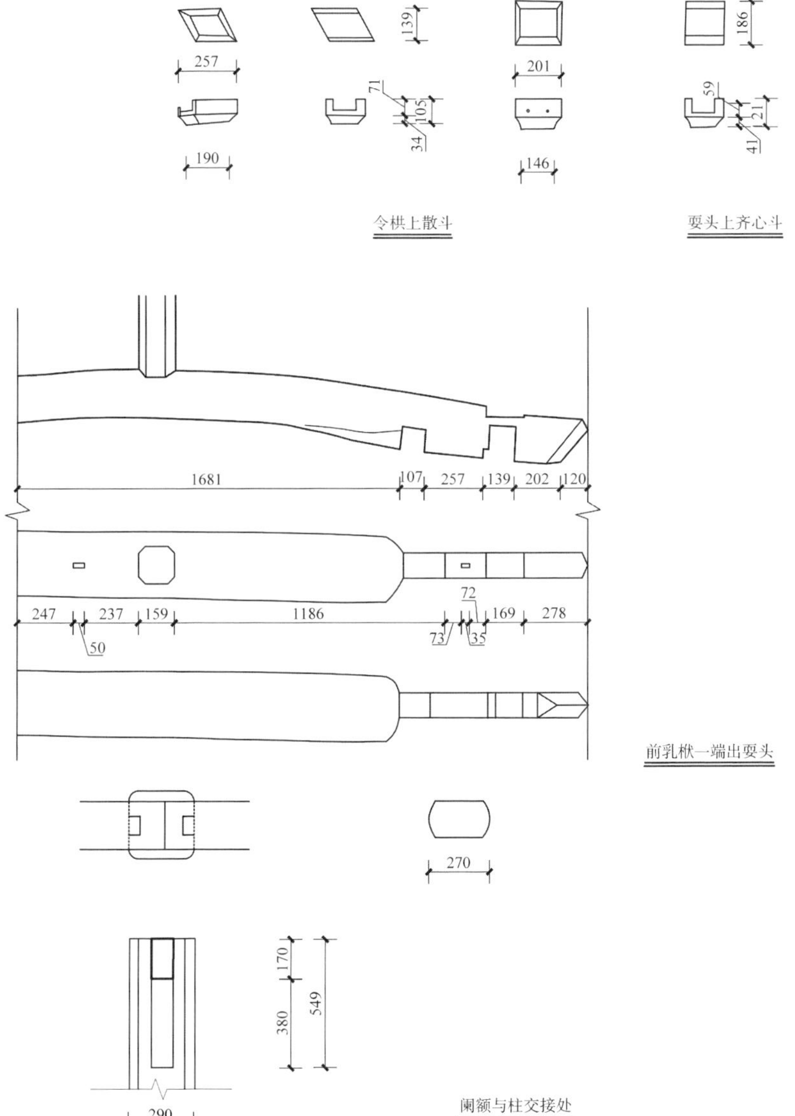
257
190
139
71
105
34
201
146
186
59
121
41
令栱上散斗
耍头上齐心斗
1681
107
257
139
202
120
247
237
159
1186
72
169
278
50
73
35
前乳栿一端出耍头
270
170
380
549
290
阑额与柱交接处

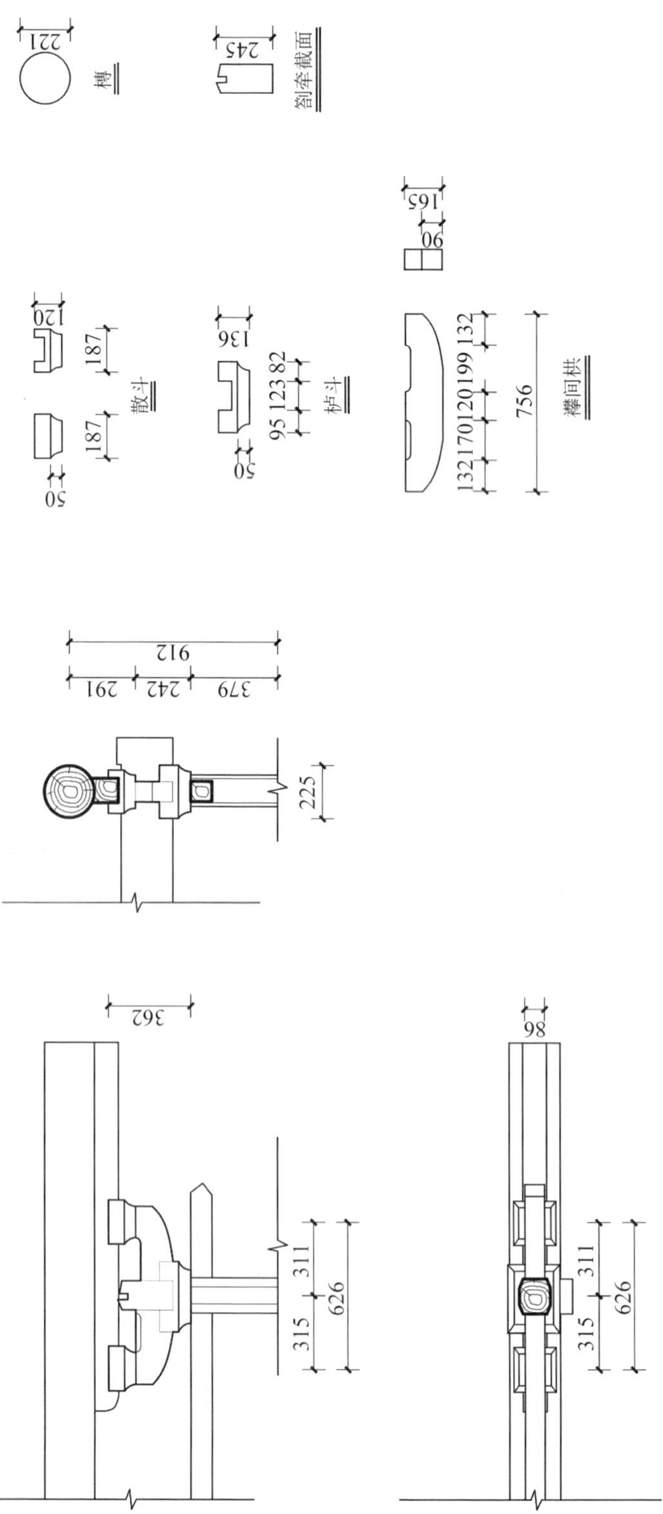

测图69　府底玉皇庙大殿西侧第四缝梁架下平槫下节点大样及分件图

附录3

复原图

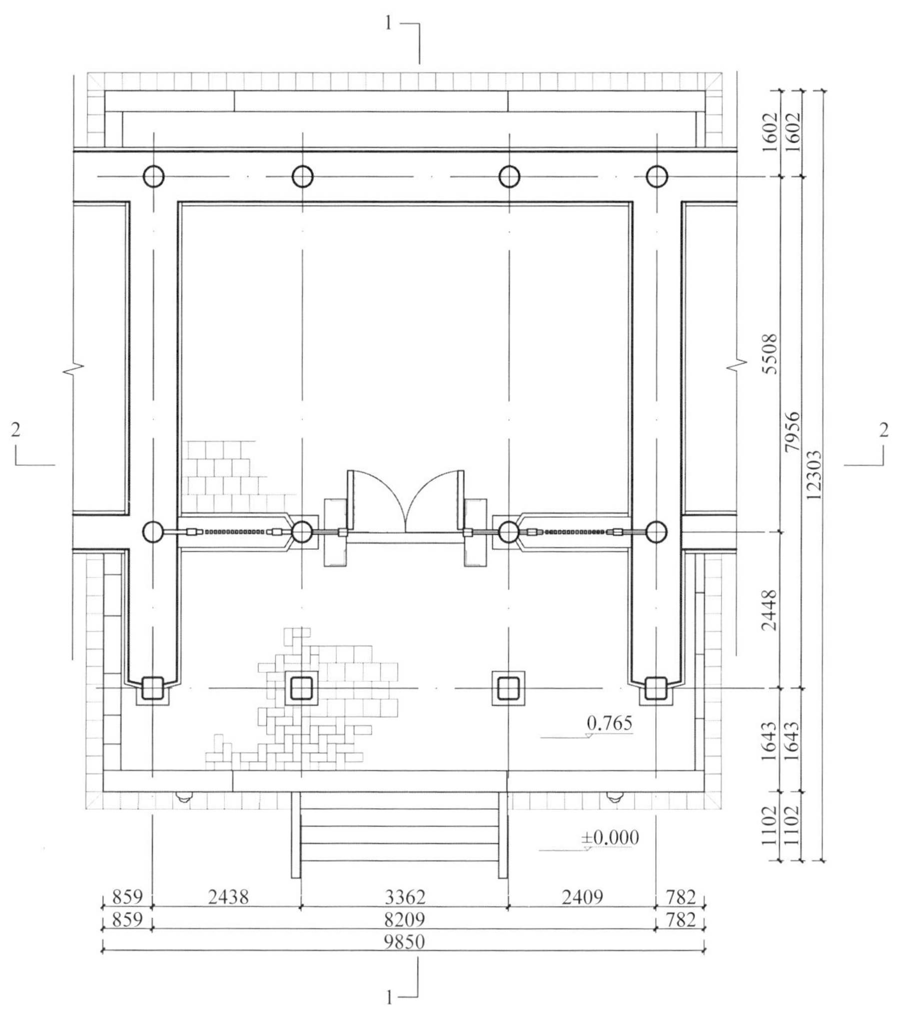

复原图 01　府底玉皇庙大殿平面复原图

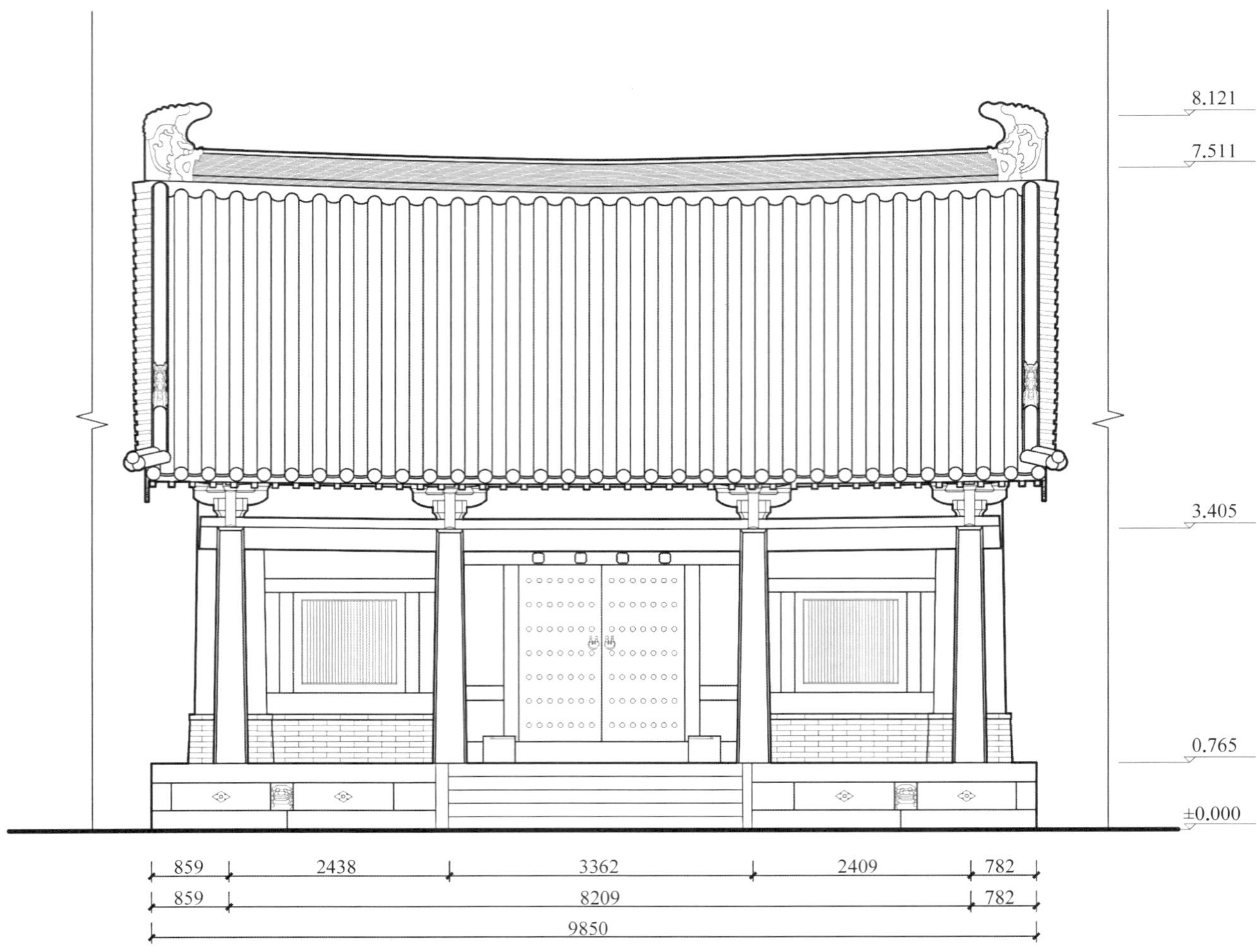

复原图 02　府底玉皇庙大殿正立面复原图

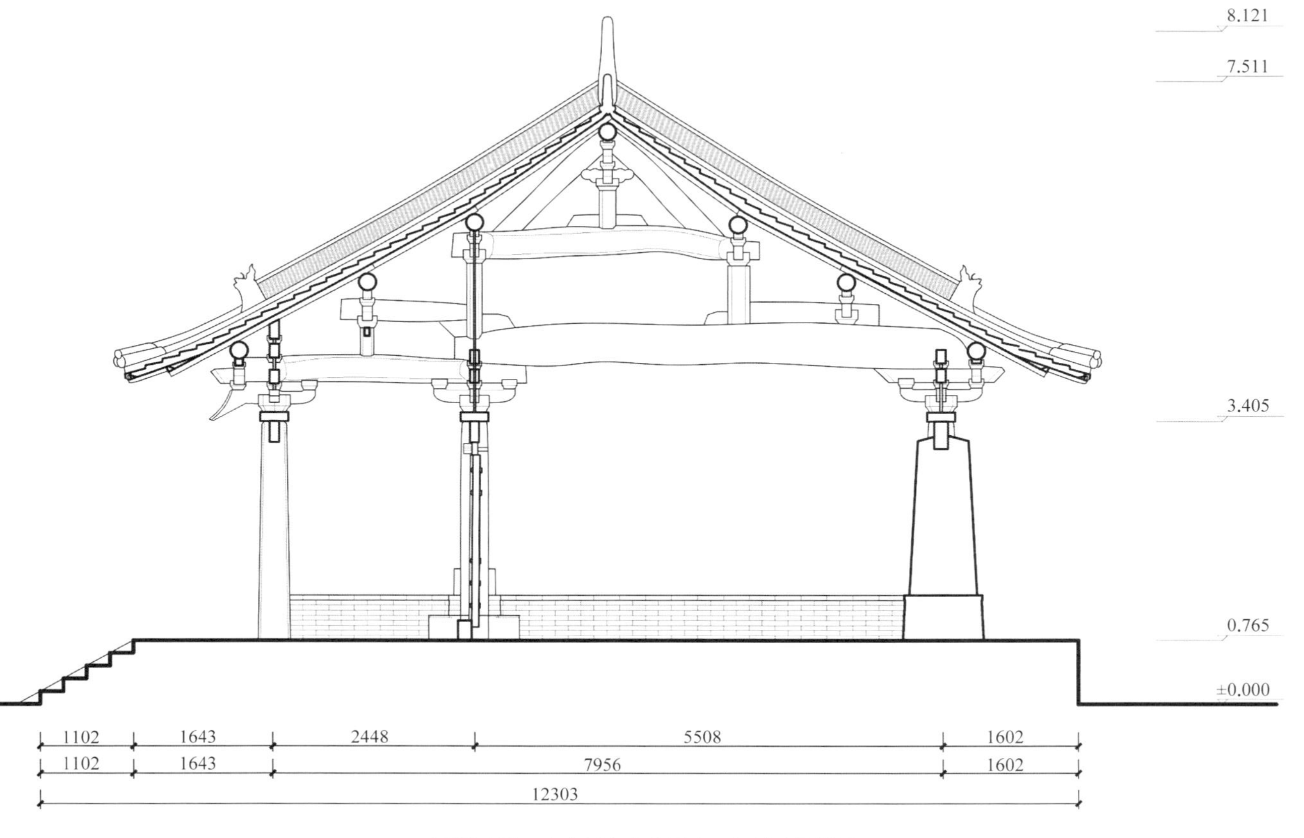

复原图 03　府底玉皇庙大殿 1—1 剖面复原图

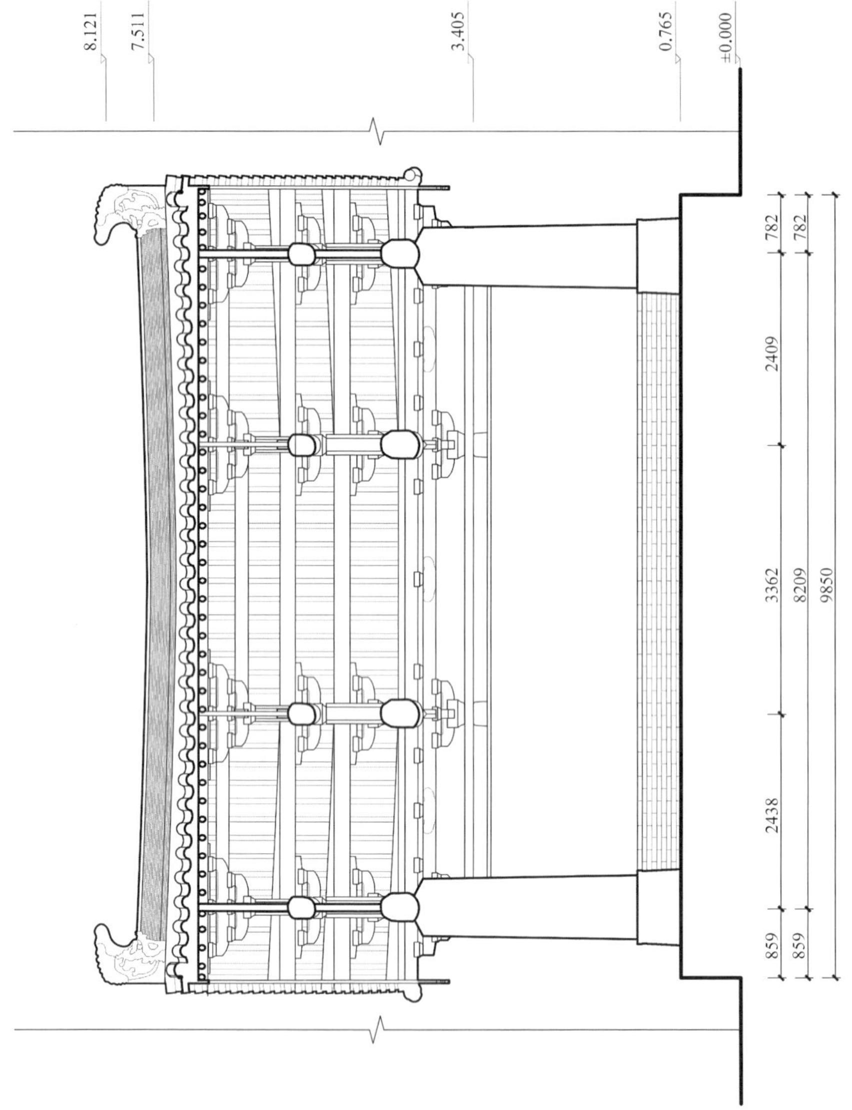

复原图 04　府底玉皇庙大殿 2—2 剖面复原图

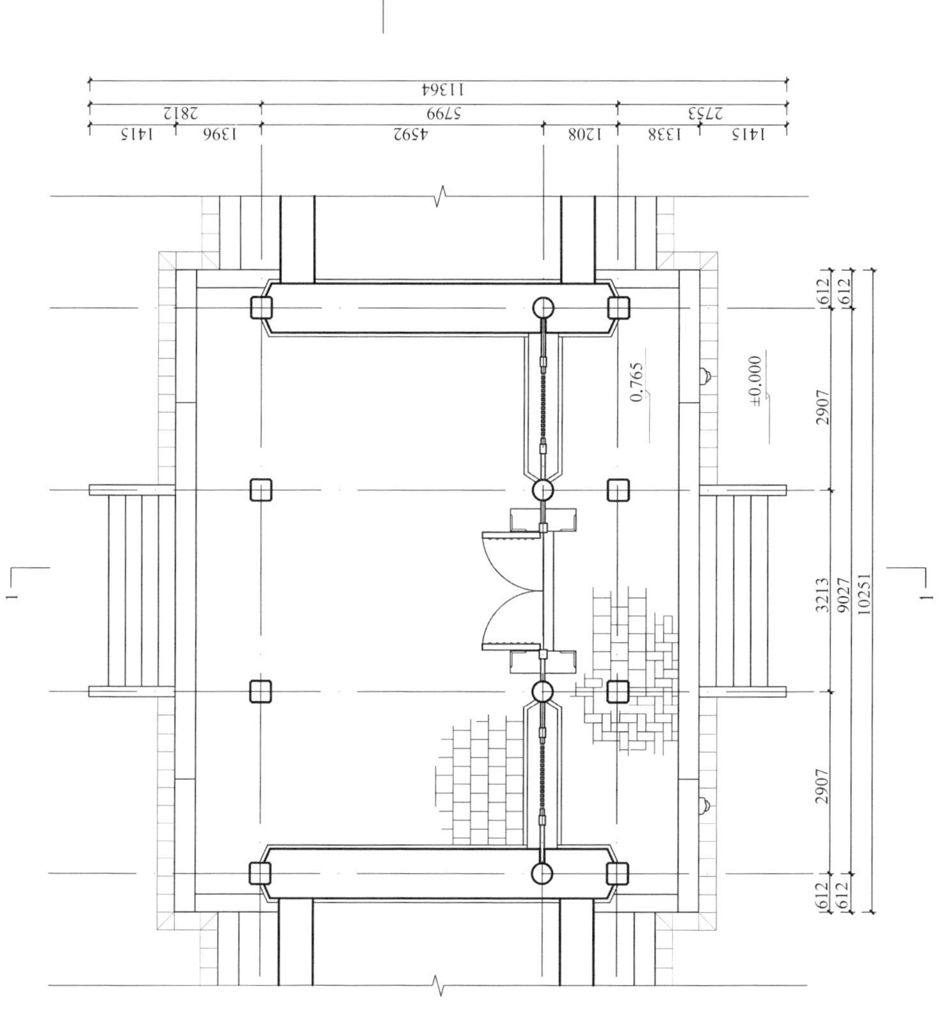

复原图05　府底玉皇庙山门平面复原图

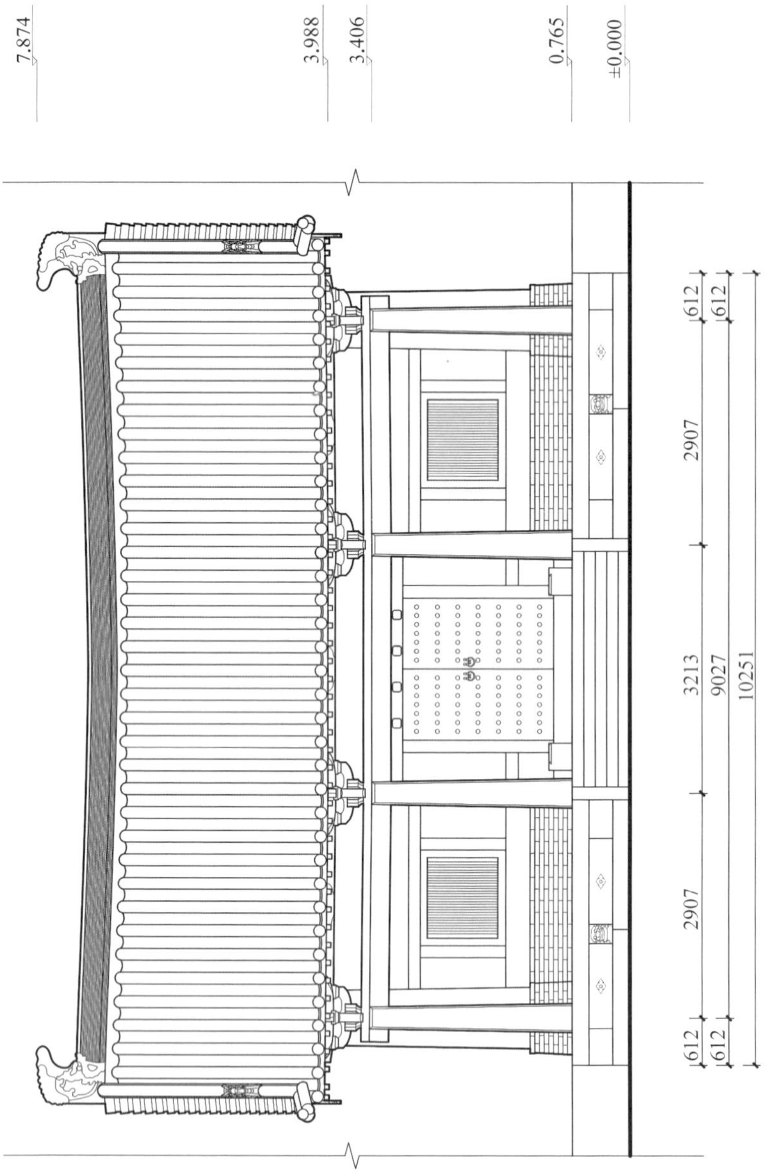

复原图 06 府底玉皇庙山门正立面复原图

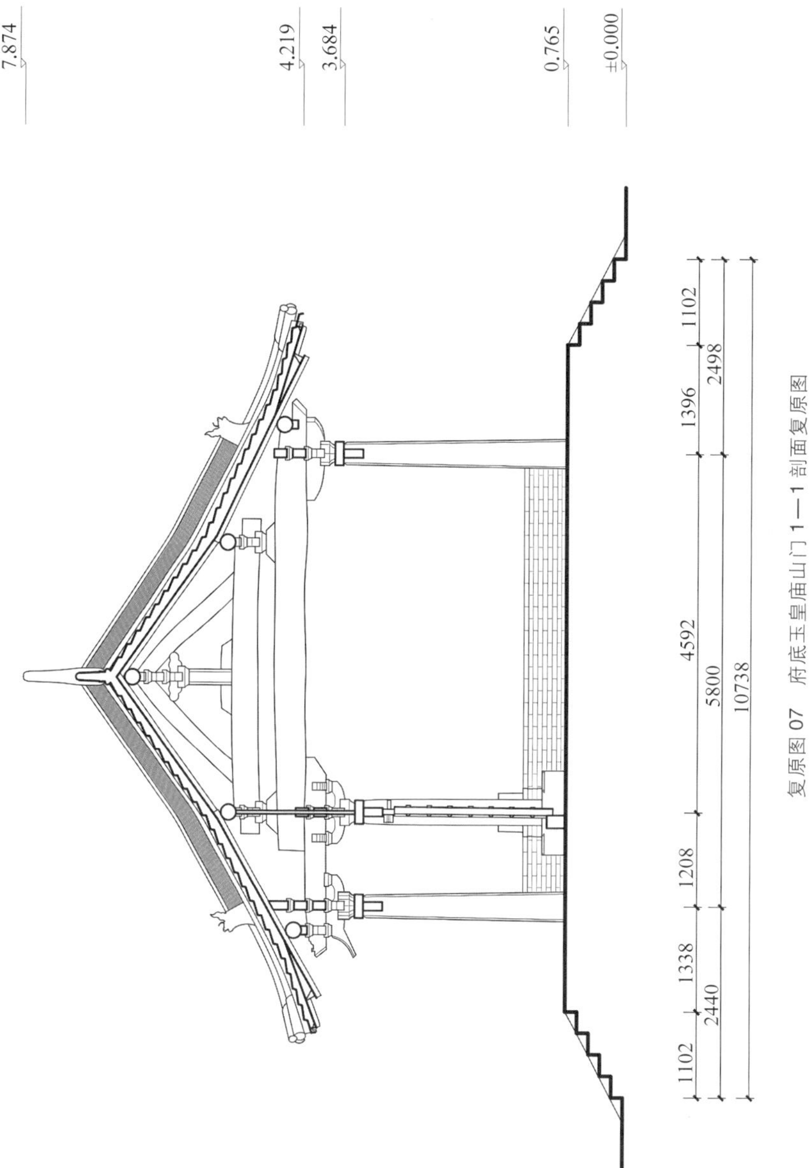

复原图07　府底玉皇庙山门1—1剖面复原图

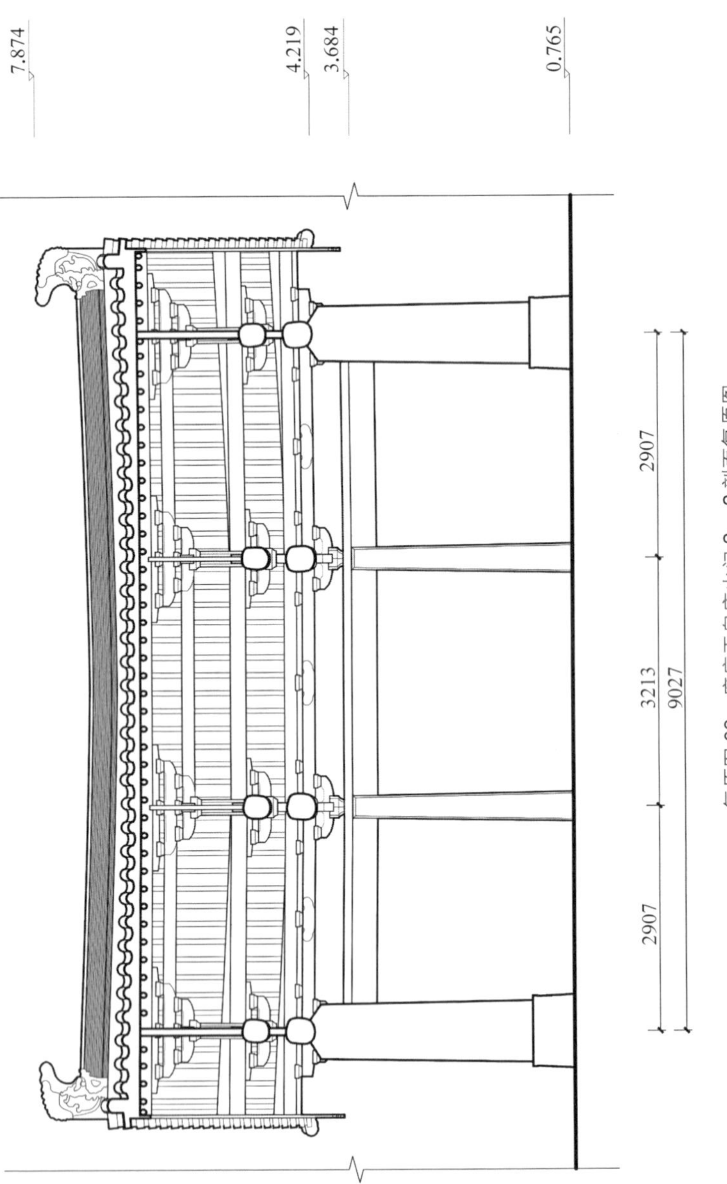

复原图 08　府底玉皇庙山门 2—2 剖面复原图

附录4

三维扫描切片

切片 01　府底玉皇庙总平面三维扫描点云切片

切片 02 府底玉皇庙北立面三维扫描点云切片

切片 03 府底玉皇庙西院纵剖面三维扫描点云切片

切片 04　府底玉皇庙山门平面三维扫描点云切片

切片 05　府底玉皇庙山门及其东西朵楼南立面三维扫描点云切片

切片 06　府底玉皇庙山门及其东西朵楼北立面三维扫描点云切片

切片 07　府底玉皇庙西楼东立面三维扫描点云切片

切片 08　府底玉皇庙东楼西立面三维扫描点云切片

切片09　府底王皇庙西厢房东立面三维扫描点云切片

切片 10 府底玉皇庙大殿平面三维扫描点云切片

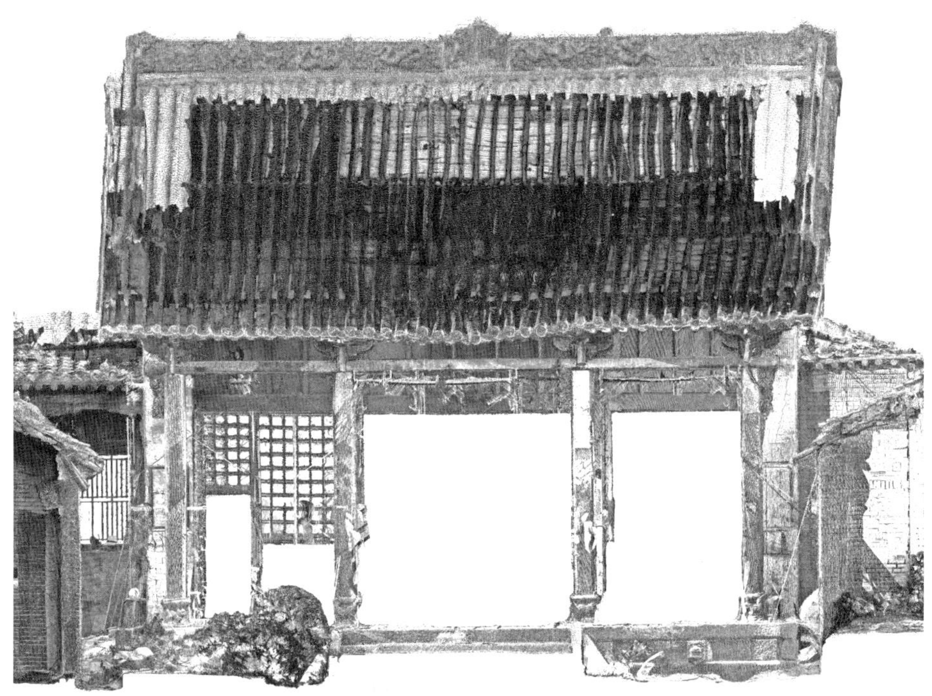

切片 11　府底玉皇庙南立面三维扫描点云切片

切片 12　府底玉皇庙大殿东立面三维扫描点云切片

切片 13 府底玉皇庙大殿第二缝梁架剖面三维扫描点云切片

切片 14 府底玉皇庙大殿第三缝梁架三维扫描点云切片

切片 15　府底玉皇庙大殿纵剖面三维扫描点云切片

切片 16　府底玉皇庙东院平面三维扫描点云切片

切片 17　府底玉皇庙东院南门房横剖面三维扫描点云切片

附录5

摄影建模正射影像

正射影像 01　府底村全貌

正射影像 02　院落北立面

正射影像 03　院落墀子南立面

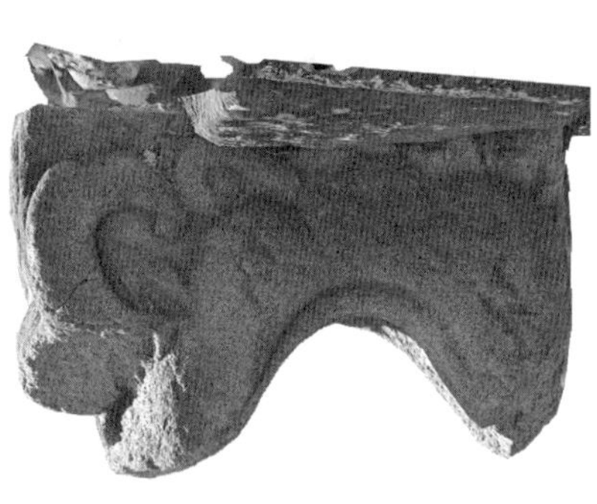

正射影像 05　墀子兽头西立面大样

正射影像 04　墀子兽头南立面大样

正射影像06　西楼、西厢房东立面

正射影像 07 东楼、东厢房西立面

正射影像 08　大殿南立面

正射影像 09　大殿台基南立面

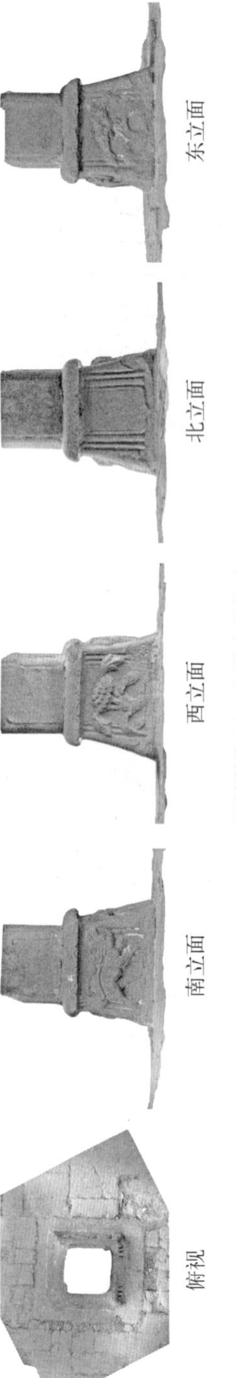

正射影像 10　大殿 3 号柱础

正射影像 11　大殿 2 号斗栱南立面

正射影像 12　大殿第二缝梁架乳栿

正射影像 13　大殿第二缝梁架平梁

正射影像 14　大殿 3 号斗栱西立面

正射影像 15　大殿第三缝梁架前檐下平槫襻间

正射影像 16　大殿第三缝梁架平梁

正射影像 17　大殿 4 号斗栱南立面

正射影像 18　大殿 4 号斗栱西立面

正射影像19　大殿第二缝梁架四椽栿彩画

正射影像20　大殿第三缝梁架四椽栿彩画

正射影像21　大殿正脊北立面

附录6

树种鉴定结果

取样时间	送检编号	样本取样编号	取　样　位　置	树种鉴定结果
6月9日	检1	001YH02F01PL	第二缝平梁上皮	杨属
6月9日	检2	002YH02F03SZ	第二缝脊槫正下蜀柱北外皮	柳属
6月9日	检3	004YH02F04PJG	第二缝脊槫下襻间栱北侧	榆属
6月9日	检4	005YH02F02CS	第二缝北叉手北上皮	杨属
6月9日	检5	009YH02F01SJC	第二缝顺脊串北侧	杨属
6月9日	检6	011YH02F05LD	第二缝后檐上平槫下蜀柱上栌斗	杨属
6月9日	检7	012YH02F13SD	第二缝后檐上平槫下襻间栱上东散斗	杨属
6月9日	检8	013YH02F04PJG	第二缝后檐上平槫下襻间栱南侧栱眼	杨属
6月9日	检9	014YH02F05TM	第二缝后檐上平槫下替木南外皮	杨属
6月9日	检10	015YH02F02CF	第二缝后檐上平槫下蜀柱东侧横枋南外皮	杨属
6月9日	检11	016YH02F04SZ	第二缝后檐上平槫下蜀柱东外皮	榆属
6月9日	检12	017YH02F05T	第二缝后檐上平槫南外皮	无法鉴定
6月9日	检13	018YH02F02HT	第二缝后檐上平槫下合楷南外皮	杨属
6月9日	检14	019YH02F01SCF	第二缝四椽栿东外皮	松属双维管束亚属（硬木松）
6月11日	检15	020YH02F01PPF	第二缝普拍枋西侧北外皮	桑属
6月11日	检16	021YH02F01LD	第二缝前檐栌斗斗欹北外皮	杨属
6月11日	检17	023YH02F01A	第二缝前檐昂后尾底皮	杨属

（续表）

取样时间	送检编号	样本取样编号	取　样　位　置	树种鉴定结果
6月11日	检18	024YH02F01NDG	第二缝前檐泥道栱东侧北外皮	杨属
6月11日	检19	025YH02F05SD	第二缝昂身后尾上斗东面外皮	桑属
6月11日	检20	026YH02F01RF	第二缝乳栿东外皮	杨属
6月11日	检21	027YH02F01JHD	第二缝前檐昂上交互斗东北外皮	榆属
6月11日	检22	028YH02F01LG	第二缝前檐令栱东北外皮	杨属
6月11日	检23	030YH02F01ST	第二缝前檐耍头东北外皮	枣属
6月11日	检24	031YH02F01TM	第二缝前檐替木	杨属
6月11日	检25	032YH02F01T	西次间檐槫东北端头	杨属
6月11日	检26	033YH02F01SZ	第二缝下平槫下蜀柱南外皮	榆属
6月11日	检27	034YH02F01CF	西次间前檐下平槫下串枋南外皮	杨属
6月11日	检28	036YH02F02LD	第二缝前檐下平槫下栌斗南外皮	杨属
6月11日	检29	037YH02F01ZQ	第二缝前檐下平槫下劄牵近西外皮	杨属
6月11日	检30	038YH02F01PJLG	第二缝前檐下平槫下捧节令栱东南外皮	杨属
6月11日	检31	040YH02F02TM	第二缝前檐下平槫下替木南外皮	杨属
6月11日	检32	041YH02F02T	西次间前檐下平槫南外皮	杨属
6月11日	检33	042YH02F01PJLG	第二缝前檐下平槫捧节令栱西北外皮	杨属
6月11日	检34	045YH02F03LD	第二缝前檐上平槫下蜀柱上栌斗斗耳南外皮	杨属
6月11日	检35	048YH02F03TM	第二缝上平槫下替木	杨属
6月11日	检36	049YH02F02CF	第二缝前檐下平槫下串枋上皮	杨属
6月11日	检37	052YH02F04CF	第二缝后檐下平槫下串枋	杨属
6月11日	检38	053YH02F06LD	第二缝后檐下平槫下栌斗东南角	杨属

（续表）

取样时间	送检编号	样本取样编号	取 样 位 置	树种鉴定结果
6月11日	检39	054YH02F05PJG	第二缝后檐下平槫襻间栱东北端头	杨属
6月11日	检40	055YH02F15SD	第二缝后檐下平槫下襻间上散斗	杨属
6月11日	检41	056YH02F14SD	第二缝后檐下平槫下襻间上西散斗东北	杨属
6月11日	检42	057YH02F02HT	第二缝后檐下平槫下西北合楷	杨属
6月11日	检43	058YH02F06TM	第二缝后檐下平槫襻间替木底皮	杨属
6月11日	检44	059YH02F06TM	第二缝后檐下平槫北外皮	杨属
6月11日	检45	060YH02F07T	第二缝后檐檐槫南外皮	榆属
6月9日	检46	061YH03F01PL	第三缝平梁西外皮	杨属
6月11日	检47	063YH03F01ZQ	第三缝前檐劄牵上皮	杨属
6月11日	检48	064YH03F01SCF	第三缝四椽栿上皮	杨属
6月11日	检49	065YH03F02Z	第三缝前檐内柱西南外皮	榆属
6月11日	检50	001FSM03F02LD	第三缝后檐栌斗	松属双维管束亚属（硬木松）
6月11日	检51	002FSM03F02ND	第三缝后檐泥道栱下皮	杨属
6月11日	检52	003FSM03F02TM	第三缝后檐替木	松属双维管束亚属（硬木松）
6月12日	检53	004FSM02F01DL	第二缝大梁	杨属
6月12日	检54	005FSM03F02DL	第三缝大梁	杨属
6月13日	检55	006FSM01F01LD	第一缝前檐栌斗东	松属双维管束亚属（硬木松）
6月13日	检56	007FSM01F01ND	第一缝前檐泥道栱	松属双维管束亚属（硬木松）
6月13日	检57	008FSM01F01SF	第一缝前檐泥道栱上素枋	松属双维管束亚属（硬木松）
6月13日	检58	009FSM01F01JA	第一缝前檐假昂	杨属

（续表）

取样时间	送检编号	样本取样编号	取　样　位　置	树种鉴定结果
6 月 13 日	检 59	010FSM01F01JH	第一缝前檐第一跳交互斗	杨属
6 月 13 日	检 60	012FSM01F01LG	第一缝前檐令栱	松属双维管束亚属（硬木松）
6 月 13 日	检 61	013FSM01F01ZQ	第一缝前檐耍头后尾（劄牵）	松属双维管束亚属（硬木松）
6 月 13 日	检 62	014FSM01F01PP	第一缝前檐普拍枋	松属双维管束亚属（硬木松）
6 月 13 日	检 63	015FSM02F02ZQ	第二缝前檐耍头后尾（劄牵）西皮	松属双维管束亚属（硬木松）

附录7
文献史料汇编

1. 府底玉皇庙文献史料

府底玉皇庙未见载于方志,与之历史沿革直接相关的文献史料主要为庙内的碑刻、建筑题记,现按年代早晚顺序收录如下(碑文保留原繁/异体字)。

(1) 山门一层版门西门板背上明崇祯元年(1628)重修题记

崇禎元秊秋季月重修門,僧人郭滿修,木匠蘇明寅,鉄匠申公太。

(2) 西厢房北墙清乾隆九年(1744)《昊天上帝庙碑记》

碑头:

上帝廟碑記

碑身:见碑刻01。

(3) 大殿明间脊槫下顺脊串下皮清乾隆五十四年(1789)重修题记

旹大清乾隆五十四年歲次己酉重修玉皇正殿参間東西□殿□間□□□□□吉□□□□□□□□□□□□維首……住持修法,木□□□□□□,石匠□□□,泥水匠成□仝建补福保安永垂□□為計耳。

(注:省略号处系因字迹不清,无法辨识字数)

(4) 西楼二层脊槫下顺脊串下皮清光绪十九年(1893)西楼重修题记

大清光绪拾九年歲在癸巳補修西樓弍間,擇於八月初拾日吉時上樑,大吉大利,祈保合村人等平安。仝維首□□信、□□□、□旺、□□根,社首常四狗、□六姐、李□、□二榮、劉薦立、董鳳則、□□□、□縫孩,住持僧新年,木石泥王朝半、李印、王朝文仝建,祈福保安永垂不朽降福祿禎祥,是為長久永遠之記耳,風調雨順。

種悳毓福

昊天上帝廟碑記
長平之東北府下里焉距城四十余里居建寧鎮之東隅昔□邑□□□顯慶間□□□□□□開元而即廢以故府下之名至今猶相□云村之東北艮方地形高爽有
上帝北廟大約創於元至明神宗而一新怀宗又一新如今我國朝丙辰□□□迄今□十余載凤雨剝落日即侵頽住持僧目擊心愴志欲修葺而心甚难之乃謀于村衆善人信
士各□心願隨其力量捐資助理不拘多寡雖曰所施此微而積少成聚所謂太山不让土壤河海不擇細流故能成其高大者也所以残□者補之朽壞者易之雖不能恢弘古製
美其伦□□煥新猷以成大觀因而乃彩画金装黝垩□□亦是以□凤雨而□□□□昔□一□□□樓成帝命下召李長間□□乃□文人天上亦罕予何人斯迺敢應此任耶
况七十老叟素不能文乃因僧衆之請不得□□序其巔末而已既□□□□□古凤□□使歌以祀神其詞曰倚歟至尊居□蒼□□四海共八荒帝命監察綸綍煌神功普照
析毫芒善之所積有吉祥不善所積有餘殃生成禹彙□汪洋何分此界與彼疆欲□之德中心藏歲時伏臘集中唐於築洒掃薦牛羊式陳桂酒奠椒漿考鍾伐鼓聲鏘鏘以享以
祀發輝光神阴騭时雨暘
恩贡进士候选教谕鄉飲大宥人寅□□
欽授管理縣東北二十二里建寧鎮樂正代
天宣化伏讀
聖諭兼講廣□□察善惡紀載薄集
秦殿瑛薰沐頓首
敬撰
松 敢 人 秦澤 敬纂
凤 雲 人 秦益觀 書丹

玉皇上帝金装社公議每一口人出銀二錢開光餘艮式及五錢刻碑備用
維首七人刘漢公□□條
馮亮銀三錢
牛建梓檁七條
藴起川銀八錢
王延□銀三錢
牛扆□銀三錢
李子明銀三錢
捐□花名開列于左
染宇大殿□頭金
候德禎装高禖神像補修
染宇三門□
牛汴侹建柱樓金装二仙
神像楊树一顆

邵明儀銀式兩
牛辰鍾□□□
牛□□□□□
牛振國銀□□
候得祿銀□□
門環一付
連深
董韋
馮天成
牛四位
牛文光
張九錫

董盛章柒宇東西行廊
董□□銀式兩式錢
藴雲龍檁七條
馮鶴亭銀七兩式錢

藴子元
連聚春
牛還
王通
張九鼎
張世因
牛洪
劉宣
牛国
張愷
李桂
藴騰龍
八人各五錢
三人各銀四錢
谷三斗

聖水寺僧
乾隆九年八月初一日勒石

照遇徒普廣
刘漢相
牛扆鉽
牛林
武成各
董□
連昌春
連小二
李寬洪
□□和
董琇
董琯
李子章

孫通智通□
董国延
十九人各三錢
牛緯
牛錫
秦琯
牛□□
牛□
牛文通
李寿□
董玺
池君玉
牛玺

通□
常伏春
藴祿
藴增
藴禎
張□
張文富
張九佑
張九□
張梅
張熄
牛旭
牛辰鈺

寄住府底村
牛枝
牛正
王公
牛思□
王禎
連振甫
□□正
董洪瑞
段国□
董元章
梁小孩
張賢
以上三十四人各二錢

玉皇廟統化合村善士重修碑記

候得福 牛印 李潤洪 常子福 董增 董通拴 段五則 □□印 王士春 董見章 牛建佐 以上十一□各一錢

張子萬 張倫 □守全 □富 李振□ 李進才 李見 □子山 □□甫 □□和 邵明礼 張洪德

張文明 張素 張文煥 張法愷 牛□国 張万 張子雲 牛淘 張福 王進忠 張文龍 馮洪

馮合舉 段鉄珠 段瑞甫 段瑞德 段□ 段坤 秦祥 董成章 王珮生 王祥 董欽 董能草

崔谷秀 董言 董長春 富二莽 武成標 董治 董小樂 董双□ 董八斤 王□松 連茹 郭連 郭起星

崔文成 董便 牛竹 牛文貞 牛宣 牛廷右 牛必 刘太 牛朝国 牛文山 牛進国 牛□ 牛文課

張法 牛治家 郭明 牛淳 藴子寬 牛文瑞 周德 牛文臣 李万 李浩方 李浩義 牛□ 以上七十二人各艮一錢

牛小蘭 王趙則 張雍乾 張門常氏 李門李氏 董門王氏 董門魏氏 馮門連氏 蘇門張氏 李門賈氏 刘門申氏 牛門郝氏 以上三人各錢四十

善女九共收來米二石二斗

王文完工
玉工王世成列

重修玉皇廟關帝廟創建戲房騾屋碑記

且事之不能獨為者必備功於衆人而功之不能驟成者必遷延夫歲月此理與勢有必然也如府底村東有玉皇廟一區中有　關帝廟一院由來已久摧殘益甚自同治年间陸緒興工重修　諸神殿宇彩畫舞樓其兩處東西廂房數十餘間無不闕者補之廢者修之又於玉皇廟之左創建戲房騾屋一院鳩工庀材兩村之精力既竭樂善好施四方之仁人相助数十年来始得工程告竣焕然聿新謹將善士姓名佈施勒碑刻石永垂不朽雲爾

郭庄社　捐錢八千文　冯庄社　捐錢二千文　（東陳文溝）三教堂　捐錢一千五百文　關昌未　捐錢一千五百文　（復）二合公　捐錢一千文　（東庄）聚興爐　捐錢一千文　□盛窑　捐錢一千文

（東牛皮掌）趙德昇　捐錢七千文　東庙上　大　社　馬　庄　賀公義　義順成　□盛泉

（建安）南大社　小川社　（郝家）三教堂　（蘇村）天順窑　同生利　（東陳文溝）義盛店　同□號

禮義三社　各捐錢五千文　两溝社　西堯社　天興炉　同志隆　（薄鎮）俊興隆　隆興□

蘇庄社　南頭社　（寺胡）三教堂　（五家河）老君社　各捐錢一千五百文　聚存窑　（荒窩）復盛永　郝元□

桃山頭　各捐錢四千文　（城）宋丙文　各捐錢二千文　程家河　各捐錢一千五百文　苟家社　捐錢一千二百文　敬興炉　各捐錢一千文　（城裡）王家榮　各捐錢一千文　郝双興

蘇村社　（裡）袁　福　張家社　（蘇庄）發盛窑　魏圪娘　沙河會館　順成炉　各捐錢五百文

（黑土坡）老君社　庄河社　河家社　（蘇村）運興窑　楊庄社　聚順店　協泰昌　捐錢六百文

禮義舖行　東溝村　各捐錢二千文　小庄村　安順炉　（楊家河）曹貞固　合成店　（桃山□頭）趙林則

北大社　吳家社　中庄社　大庄社　趙德順　公興店　王銀昌

四聖會　各捐錢三千文　楊家河　馬領上　張安順　趙不里　發興店　李喜太

安樂庄　捐錢兩千五百文　三盛協　各捐錢一千五百文　牛家河　各捐錢一千五百文　（郝家）公　孩　各捐錢一千文　（蘇村）張斗孩　各捐錢一千文　復義炉　各捐錢一千文　郭鎖宇　各捐錢三百文

共入佈施錢一百三十三千七百文

三社維首　牛体仁　張三和　董振良　李肥孩　董群香　張懷生　梁懷拴　牛丑則　董運來

劉仁和　牛發拴　董安泰　李祥孩　張維拴　蘇連春　牛安根　董時來　張其發　合　社　人　等　仝　立

大清光緒三十年暑月上浣　陵川縣儒學生員宋兆祥撰　陵川縣儒學生員宋清源書丹　主持　新年徒孫天順　玉工　張振朝風□

(5) 东院南门房东三间脊槫下顺脊串下皮清光绪二十五年(1899)创建厂棚题记

旹大清光緒貳拾伍年清和月旬三日,創修廠棚七間,天開黄道吉時上樑,主人東西村三社□□首□□□、□□□統領匠師,三社尚禄協力合作,自□之後保東西兩村人等平安永垂不朽,以是為計云耳。

(6) 大殿前廊下东次间清光绪三十年(1904)《重修玉皇庙关帝庙创建戏房骡屋碑记》

见碑刻 02。

2. 府底奶奶庙文献史料

(1) 奶奶庙殿内东墙内嵌乾隆三十四年(1769)碑

山西澤州府高平縣上都豊溢鄉府下里
菩薩廟碑記
嘗聞修理殿宇屬原善念究厥所由必
有所自今鄉中
菩薩至靈至聖福報顯然澤配人□有求必
應普濟厗迷不惟本鄉於此即四郊黎
庶亦衆求藥許願是以動念與工極易
無難雖一蕞爾之區人果祭祀虔誠
神必來格求享詎非為萬世人所瞻仰也哉
陵邑庠生徐世用書
村中施主開列於左
拔上
高媒聖會錢拾式仟收四鄉里佈施錢式拾
柒仟
藾門王氏同子□藾瑄太施地基一間
藾太
藾雲龍
池海龍
刘荣
侯萬全
張文和
侯萬贵
□□元
李□德
□德海
藾飛龍
藾□宣
維首仝具
張門秦氏
秦門藾氏
侯門秦氏
石匠王洪
乾隆叁拾肆年伍月初九日
立

碑刻 03

3. 府底佛音寺文献史料

(1) 佛音寺大殿正立面东次间清光绪二十三年(1897)《重修复兴寺募化小引》

见碑刻 04。

重修復興寺募化小引

從來事在人為有非常之事必得非常之人古述澤州府高平县□□
不忍遂其湮沒自央中說合推於三官廟僧人厚禮照承其禪師□□□□□□□□□□□□□□□□□本里善主□□□□□□□□□□□□□□□□□□□□□□□□□
□力非夙慧有緣者曷克至此禪師素具□善每設及與工師嘗□不□任及工程皆□□□□於予曰我□善可述但不□四方諸書子之□貲足矣余雖陋□不□□□□□□□□
董春雨領捐列復廣鼎新号捐錢一千文碭篤慎昌捐錢一千文

商邑合盛永捐錢六千文
將邑張應時捐錢三千文
碭義聚典
宝元店
恒太店
邑合盛乾
隆源永
恒盛德
春和典
敬逢源各捐錢二千文
邑三太永
廣吳淦泉
曾　塘
福昌永
隆太号
太和号
廣太豐
廣太祥
東鼎與号
各捐錢一千文

何子鳴
刘秋浦
東惠來号
□□福與号
單邑莊鳳昌
□□協聚公
瑞增康
京怡和莊
太容范礼記
漢口大成号
丹陽謙吉莊
清江晋太義
楊州礼　記
京口裕和莊
鎮江荣昇莊
板閘祥茂莊
商邑裕隆昌
碭景新長
邑福順昌
各捐錢一千文

春隆店
隆順店
養源店
双和德
義義長
鴻來号
荣昌和
景太隆
洪隆與
南德隆
邑東德隆
各捐錢一千文
蘇良玉領捐列后
老義聚宮
君正與号
寨鼎與号
黄謝在田
堽晋申韶
集黃雲亭
各捐錢□□文

焦　銘領捐刻后
□□姬狗姐捐錢五千九百文
終與天全店
姬萬李永太　各捐錢三千文
黄堽仁太來捐錢二千九百文
亳全盛行捐錢二千文
州永與行捐錢□千三百文
郭庄連如意捐錢二千文
任居全
□有昌
郭庄郭連喜捐錢二千文
郭庄辛　鑑捐錢一千二百文
單立順與
恒慶公
邑誠茂合
黃崔喜盛
堽黃曰群
王與傳
集孫　兆
郭庄涉新財
各捐錢一千文

常秀化捐錢七百文
崔中立
趙景順　各捐錢三百文
□會館捐錢五千文
三　社捐銀十兩
瑞與板店捐錢五千文
約　社捐錢五千文
大　社
双與炉
敬與炉
天與炉各捐錢三千文
双聚炉
元與炉
福與窑各捐錢一千文
和盛永
天順窑各捐錢一千五百文

□□五大社捐錢五千文
□□東大社捐錢二千文
□□西大社捐錢一千文
□□大　社捐錢二千文
庄河申忠正捐錢一千文
桃大　社捐錢三千文
五全堂
山恒與太　各捐錢三千文
双盛和
頭昌順和　各捐錢五百文
小三聖堂
聚與湧　各捐錢一千文
川張謹玉
刘金山各捐錢五百文
同與香坊
村侯斌科捐錢二百文
牛家河大　社捐錢一千文
高邑郜　旺捐錢二千文
建北大社
寗南大社
鎮旺聖會捐錢二千文

□□老君社　捐錢五千文
□□□□□
□□土地殿捐錢六千文
□□老君社捐錢□千文
□□崑元□
河西玉順店
和義會　館捐錢三千文
集□順□捐錢一千文
郝家村郝和□捐錢一千文
暢和堂捐錢五百文
方　捐錢二千文
張□姐捐錢一千文
張金和
善張增明各捐錢五百文
張三明
王□□
□□□□□文
村張□□
護同生□
同順和　各捐錢五百文
義盛裕
邑魁盛永

□□□□□□□□
□□□□□□□□
護群盛祠
金□玉捐錢四□□
邑文盛□
□□□
□□□
□□□　各捐錢一千文
義昌德
家秀昌仁
竟成義
全與廠各捐錢□百文
同合廠
趙協大
董春雨捐錢二千文
郭學礼
姬增智
王聚義　各捐錢三百文
郭存良
申五和
庄申五祥

□□□
□□□
□□□
□□□
□□□
□□□
□□□
□□□
□□□
□□□
□□□
郭福與
申跟林
瑞龍□
申來安
申　□
郭長松
陳來香
郭辛卯各捐錢五百文
連如意
刘長貴
楊順則
焦忙則
申春孩捐錢五百文

□□□
□□□
□□□
□□□
刘□□
申□□
□□□
申□□
申許則捐錢□百文
□接□
□□明
郭小全
□□順
義和店捐錢五百文
刘運法
刘珠珠
刘萬有
郭德和
申良亭各捐錢三百文
淵根華
申東貴
申金有
郭恒昌
刘□恒捐錢三百文

維首　申良海　蘇□發　牛　煖　牛　旺　董長聚　石木它張
郭　傑　姬榮順　張　德　張　德　梁昌狗

住持僧厚禮　徒素笙　管　孫德剛仝立石
義書牛胡則
丹秦廣新　玉工　李景元勒石

以上共入佈施錢二百伍十貳千捌百文
郭庄村萬年郭毓椿　撰文並書
大清光緒二十三年　歲次丁酉　仲春月　中浣日　西軌村雨菴張步雲

(2) 佛音寺大殿正立面西次间清光绪二十三年(1897)碑

见碑刻05。

□東□
郭□□
郭徐成
郭加秩
郭長珠
郭影長
主 郭守仁
王廣智
焦 銘
步治業
各捐錢一千文
申志孝
申良知
各捐錢五百文
郭振堂
郭 琮
村 陳元喜
各捐錢三百文
王家 韓振魁
□河 大 社
各捐錢二千文
東 東大社
西堯 西大社
蘇村 具盛炉捐钱三百文

□□□
□□□
郭長□
郭 □
郭 素
郭 端
主 郭 瑛
郭毓貴
郭永立
韓成松
郭 鏞
□均恒
各捐錢五百文
張永聚
郭寶山
韓 智
村 韓鳳林
各捐錢三百文
北社 存義堂捐錢三十千文
聚順丁店捐錢十五千文
張聚美捐錢一千文
郭庄 申 墳捐錢五千文

村 □□□
□□□
□□□
郭□發
各捐錢三百文
蘇 東大社捐錢三千文
蘇□發捐錢二千文
西大社
源□店
三聚成
各捐錢二千文
庄 郭松年
蘇討吃
趙得福
蘇肇紀
蘇運孩
村 蘇旺則
各捐錢一千文
西山□□ 老君社捐錢八千文
吴宝聚炉捐錢二千文
庄 自□窰捐錢一千文
□ 公裕店捐錢一千五百文
□大東 魏秀和捐錢一千文

大清光緒二十三年 歲次丁酉 仲春月 中浣日

□□□
□□□
□□□
□□□
□□□
□□□
□□□
庄 王 則
連義□
連法貴
趙□明
連喜明
蘇廣泰
連五姐
王影孩
春驢則
村 蘇金孩
各捐錢五百文
以上共入佈施錢叁百二十一千六百文
河 大 社
家村 河東太捐錢五百文
□□ 大 社捐錢一千文
□□ 鳳義店捐錢二千文

□□□
各捐錢五百文
瑞興志捐錢五千文
三順□
張肥孩
張起發
牛□成
府 牛補根
牛跟孩
各捐錢四千文
牛 煖
底 申春孩
張 德
邵小丑
牛貴枝
牛二榮
村 各捐錢三千文
邵立成捐錢一千文
大 社捐錢五千文
大 社捐錢二千文
大 社捐錢一千文
□□□□□□□□ 公義釘店捐錢三千文

西韓村雨巷張步雲書

張□□
張□□
侯二胡
張存則
府 張小豬
刘秦拴
侯枝湧
李狗孩
李玉林
蘇黑驢
各捐錢二千文
李肥孩
底 張維拴
常忙則
刘仁和
牛二紅
各捐钱二千五百文
常四狗捐錢一千五百文
村 張生孩捐錢一千五百文
兩碑通共入來佈施錢五百七十四千四百文
三大社捐錢五十千文

□□□
李□孩
侯□□
張和則
府 池江則
池洛則
李刘貴
邵安國
張蜜則
張成興
張穩成
底 刘隨林
刘海玉
姬長春
刘年保
張黑則
村 張三和
各捐錢一千五百文
楊庄 茶廣新捐錢五千文
□□ 牛胡成捐錢五千文

□□山
□洛則
□池□
□六姐
府 牛如孩
牛小秩
刘□孩
牛小有
牛全法
刘扎根
牛建仁
底 刘長平
牛法魁
牛治□
牛長女
牛治順
村 牛起洪
各捐錢一千五百文
維首
蘇黑驢
張肥孩
牛跟孩
牛法三

張二驢
刘存業
□穩恭
□玉順
府 □昌孩
牛黑□
李家生
牛王圪塔
牛□□
李玉平
牛春孩
底 崔□菊
郝无錫
牛來林
常二秋
牛金林
村 牛金洪
牛拴牢
各捐錢一千文
張維拴 牛二榮
牛捕根 張貴林
刘仁和 張存則
張起發 牛槐秀
住持僧后禮 徒□笙素管 □剛

□□□
牛松保
趙松成
侯楊保
府 牛老肥
牛成安
趙金□
□□□
申□□
申永祿
底 張東枝
張良和
刘拴牛
牛金孩
魏福具
牛捕順
村 邵長則
李來穩
各捐錢五百文
董時來
邵慶孩
牛長女
張小貴

府 □□□
□□□
張□□
底 張□□
張成□ 各捐錢三百文
西 董長□
連王則
董□文 各捐錢三千文
姬仁和
王張孩
董小蛮
府 馮逢孩
董福□
董平孩
董運成 各捐錢二千文
董安泰
梁昌狗
底 董羣香
各捐錢二千五百文
李祥孩 張三和 牛二紅
董羣香 李肥孩 牛六姐
董運成 張法魁 董具太
連丑則 常銀錘 馮逢孩
仝立
玉工馬德運勒石

□□□
□□□
□□□
□□□
□□□
□□□
董□則
董金平
秦長則
底 董寅卯
董鳳則
各捐錢一千文
馮蛆則
董運來
董義泰
村 董 銘
各捐錢五百文
牛景孩捐錢三百文

碑刻 05

(3) 大殿明间脊槫下顺脊串下皮清光绪十一年(1885)重修题记

旹□□光緒拾壹年歲次乙酉,重修復興寺正殿三間、東西耳樓四間。五月初四日天開黄道上樑。募化僧人后禮,眾笙管,協同里下維首蘇莊村□羣發、郭□□。郭莊村□□□、□□,府底村□□統領匠師,三班石木瓮張義,仝力合作,自建之後保合里平安永遠不朽,是為計耳。

(4) 大殿北楼掉落顺脊串下皮中华人民共和国(1991)重修题记

旹中华人民共和國公元一九九一年□□二月十二日兴工动土创修北楼二间……

4. 府底三官庙文献史料

(1) 三官庙大殿顺脊串下皮题记

……石木瓮匠□□江、董□□、□□□,仝□□□□萬載,闔村均安,永遠不朽,此為之記耳。

5. 府底三教堂文献史料

(1) 三教堂大殿内嵌康熙十七年(1678)《三教堂碑记》

三教堂碑記　維
山西澤州高平縣府下里府底
眾信人等因□
佛前資運不急発心輸資用價銀
買到地名老墓処上地伍亩柒
分價銀柒兩伍錢倚托善廟□
為記耳　今將施財人等開刻于後

藕守明銀壹兩伍錢
董汝旺銀叁錢
董汝河銀弍兩
梁汝修銀貳錢
董九□銀叁錢
董九思銀叁錢
李自新銀貳錢
王起秀銀叁錢
馬得增銀貳錢
段自立銀壹錢半
王崇資銀壹錢半
王崇印銀壹錢半
王建華銀壹錢
袁奉祿銀壹錢
連一俊銀壹錢
連守魁銀壹錢
董九福
董九禄
董九禛 共銀伍錢
董九祥

馮從仁壹錢
董九□壹錢
董九□壹錢
董九德壹錢
董九吉四錢
董九亭四錢
連守荣四錢
段明荣四錢
連□通四錢
梁汝成四錢
梁汝□四錢
梁汝法四錢
秦万忠四錢
秦三佘四錢
王崇法四錢
段明江四錢
李具旺四錢
連□今四錢
張国□四錢
申徐則四錢

牛從富沐手書
玉工郭朝春刊
□餘□布施銀捌錢捌分補修東行廟使用
康熙拾柒年五月二十七日維首人　董汝旺　藕守明　梁汝修　董汝河　仝立
住持僧　通道　□□　福來

碑刻 06

(2）三教堂大殿内嵌《重□戏楼碑》

重□戲樓碑

西府底村本社

三教堂前舊有戲樓因地勢浅狭闔村人等公議重修並補修

騾屋玆將

神堂阁庙戲楼騾屋一統彩画装修自

道光十六年開工至二十一年功果完成共計一切花費

錢貳伯捌拾弍仟捌百十八文所費之錢係闔村每年按

地畒收穀六年以來共收穀石錢叁伯伍拾壹仟貳百三

十七文又收香資佈施錢玖仟文除花費净餘錢柒拾柒

仟四百十九文于本年十月擇吉

謝土敬神献戲三天酧客一應使費俱另有花賬惟祈

神□□□□□□□□□□□不□佈施□□□□□□□

此部分碑文砌于墙内不可见

碑刻 07

(3）大殿顺脊串下皮清光绪十一年(1885)重修题记

□□□□□(光緒)貳拾伍年歲次□□(己亥)桃月朔□□日,補修三教堂三楹。吉時。首事人闔社□□□統領匠師,三班石木宅王禮元,□□□□自建之後保□□□□平安永垂不朽……

附录8

访谈实录

<table>
<tr><td colspan="3">府底村社会访谈记录 01</td></tr>
<tr><td>访谈人：张剑葳</td><td>录音：铁莹</td><td>访谈稿整理：铁莹</td></tr>
<tr><td>访谈时间：2019.6.10</td><td>访谈地点：玉皇庙</td><td>访谈方式：面谈</td></tr>
<tr><td colspan="3">访谈主题：府底玉皇庙格局等建筑信息</td></tr>
<tr><td colspan="3">受访者基本情况</td></tr>
<tr><td>姓氏(名)：牛(善农)</td><td>年龄：61 岁</td><td>性别：男</td></tr>
<tr><td colspan="3">成长经历：出生在府底村，信仰佛教，常去玉皇庙和后山的庙，且 1967—1970 年在府底玉皇庙上学。</td></tr>
<tr><td>访谈要点</td><td colspan="2">玉皇庙格局
东西两侧格局基本对称，目前东侧东配楼南一层平房为新修。
正殿东边和东厢房外曾有学生厕所。
山门次间两柱间有石狮子，高度比挂灯笼的位置还高。小学移到山下后，石狮子丢失。
建筑功能
山门及东西配楼用途：小学存续期间，用作老师宿舍。
庙内山门西侧青砖楼梯北跨部分为新建。山门西侧一层曾用作小学老师宿舍，山门东侧一二层均做过老师宿舍。当时受访人七年级，在校学生 30 多个。多位老师。两位老师住在楼上，多位老师住在西侧楼下。
东西配楼也有老师住宿。
山门明间东西两侧：当时均无砖墙，可穿行。明间进入山门正中有影壁。
正殿、东西厢：用作书房。
东院：集体种地，生产队使用。现在联产承包，包产到户。</td></tr>
</table>

<table>
<tr><td colspan="4">府底村社会访谈记录 02</td></tr>
<tr><td colspan="2">访谈人：张剑葳</td><td>录音：杨佳帆</td><td>访谈稿整理：刘云聪</td></tr>
<tr><td colspan="2">访谈时间：2019.6.13</td><td>访谈地点：佛音寺</td><td>访谈方式：面谈</td></tr>
<tr><td colspan="4">访谈主题：佛音寺历史、玉皇庙风俗</td></tr>
<tr><td colspan="4">受访者基本情况</td></tr>
<tr><td colspan="2">姓氏：苏</td><td>年龄：62 岁</td><td>性别：男</td></tr>
<tr><td colspan="4">成长经历：临汾人，二三十年前搬来这个村，家在东边院落。</td></tr>
<tr><td>访谈要点</td><td colspan="3">佛音寺（复兴寺）
二三十年前就是这个面貌，寺内有神像。
一年前清华来这里做过调查。
玉皇庙
村里只有在玉皇庙有庙会。每年正月十五、七月初七早上会去玉皇庙烧香。15 岁小孩到正月十五会去庙里烧香，叫作“运十五”。</td></tr>
</table>

<table>
<tr><td colspan="4">府底村社会访谈记录 03</td></tr>
<tr><td colspan="2">访谈人：张剑葳</td><td>录音：杨佳帆</td><td>访谈稿整理：侯柯宇</td></tr>
<tr><td colspan="2">访谈时间：2019.6.13</td><td>访谈地点：佛音寺</td><td>访谈方式：面谈</td></tr>
<tr><td colspan="4">访谈主题：佛音寺历史，以前情况</td></tr>
<tr><td colspan="4">受访者基本情况</td></tr>
<tr><td colspan="2">姓氏：刘</td><td>年龄：62 岁</td><td>性别：男</td></tr>
<tr><td colspan="4">成长经历：是佛音寺的主人，祖上修庙，他姥姥在的时候就住在佛音寺里。后来寺庙被大队征用作仓库，改革开放后又归还给他。</td></tr>
<tr><td>访谈要点</td><td colspan="3">佛音寺所属权
是刘大爷姥姥的房子，现在属于他，他本人居住在佛音寺西边的房子里，已经 20 多年没有在佛音寺居住过了。</td></tr>
</table>

（续表）

<table>
<tr><td rowspan="14">访谈要点</td><td>佛音寺</td></tr>
<tr><td>具体房子年代刘大爷不了解。</td></tr>
<tr><td>佛音寺是府底村集资修缮的，修好后分给了刘大爷家，他们在正殿也住过。</td></tr>
<tr><td>新中国成立后东西配殿分给刘大爷一家居住，后来刘大爷的外姥姥（舅舅的妈妈）分家一人一半，东洼是刘大爷的，南洼和西洼是舅舅的。原本院落有西厢房还有一个楼，五年前拆的。</td></tr>
<tr><td>后殿曾是大队库房，土地证在大队那里。后殿原来前面是廊子，为加大库房面积被加了墙体。</td></tr>
<tr><td>前殿曾用来养牲口。</td></tr>
<tr><td>七月初七村里的人会来庙里祭拜，但不是参加庙会。</td></tr>
<tr><td>佛音寺附属文物</td></tr>
<tr><td>以前有钟台，现在没有了。刘大爷没有见过钟。</td></tr>
<tr><td>曾有两个青石狮子，大炼钢铁时被捣成炼砂石炼铁。</td></tr>
<tr><td>殿内无塑像，但是刘大爷记得有过佛爷挂像。</td></tr>
<tr><td>三教堂所属权</td></tr>
<tr><td>原本属于刘大爷姥姥家，后来收入大队充公，也用作粮仓。</td></tr>
</table>

<table>
<tr><td colspan="4">府底村社会访谈记录 04</td></tr>
<tr><td colspan="2">访谈人：张剑葳</td><td>录音：杨佳帆</td><td>访谈稿整理：杨佳帆</td></tr>
<tr><td colspan="2">访谈时间：2019.6.13</td><td>访谈地点：三教堂</td><td>访谈方式：面谈</td></tr>
<tr><td colspan="4">访谈主题：三教堂历史</td></tr>
<tr><td colspan="4">受访者基本情况</td></tr>
<tr><td colspan="2">姓氏：董</td><td>年龄：81 岁</td><td>性别：男</td></tr>
<tr><td colspan="4">成长经历：—</td></tr>
<tr><td>访谈要点</td><td colspan="3">三教堂历史
小时候就有三教堂的房子，现在南边的建筑是戏台，后来在 1959—1960 年左右被封住，封住之前用来唱戏。</td></tr>
</table>

<table>
<tr><td colspan="3">府底村社会访谈记录 05</td></tr>
<tr><td>访谈人：张剑葳</td><td>录音：杨佳帆</td><td>访谈稿整理：杨佳帆</td></tr>
<tr><td>访谈时间：2019.6.13</td><td>访谈地点：三教堂</td><td>访谈方式：面谈</td></tr>
<tr><td colspan="3">访谈主题：三教堂历史</td></tr>
<tr><td colspan="3">受访者基本情况</td></tr>
<tr><td>姓氏：董</td><td>年龄：68 岁</td><td>性别：男</td></tr>
<tr><td colspan="3">成长经历：当过兵，回来大概 40 多年。</td></tr>
<tr><td>访谈要点</td><td colspan="2">三教堂历史
三教堂和戏台之间原来就是空地。
三教堂在这 40 年间没有被修缮过。
三教堂附属文物
有两块碑刻，一块就在墙里镶嵌着；一块被垒在东侧外墙里，得拆开才能看到。
风俗
正月十五早晨烧香。七月初七再去一遍。
人物：村里男女。
次序：玉皇庙—奶奶庙—佛音寺—三教堂—回家。
活动：就在门口烧香不进去。玉皇庙会进去烧香。
村中姓氏
村中大姓：董、张。
姬姓—西尧村。
郝姓—庄河村。
赵姓—府底村。</td></tr>
</table>

<table>
<tr><td colspan="3">府底村社会访谈记录 06</td></tr>
<tr><td>访谈人：张剑葳</td><td>录音：杨佳帆</td><td>访谈稿整理：杨佳帆</td></tr>
<tr><td>访谈时间：2019.6.13</td><td>访谈地点：小卖部</td><td>访谈方式：面谈</td></tr>
<tr><td colspan="3">访谈主题：村内古建</td></tr>
</table>

（续表）

受访者基本情况		
姓氏：张	年龄：65 岁	性别：男
成长经历：籍贯在高平，来村内 30 年了，不了解古建，一个人住。		
访谈要点	无。	

府底村社会访谈记录 07		
访谈人：张剑葳	录音：杨佳帆	访谈稿整理：杨佳帆
访谈时间：2019.6.13	访谈地点：三官庙	访谈方式：面谈
访谈主题：三官庙、玉皇庙过去的使用情况		
受访者基本情况		
姓氏（名）：张（清虎）	年龄：75 岁	性别：男
成长经历：8—9 岁在三官庙上小学，是第一班学生，15 岁后在玉皇庙上高年级。		
访谈要点	**三官庙使用情况** 整个建筑群被用作小学教室，为一至四年级学生上学的地方，后来所有学生都到玉皇庙上学。 原来内部有玉皇老爷像，后来被搬出来了。 七月十五会来三官庙敬老爷。 **玉皇庙使用情况** 记不太清楚，起初为五年级以上及初中上学的地方，后来建了山下小学后，失去了学校功能。后来山下小学也荒废，大家到镇上上学。 以前玉皇庙戏台会唱戏。 **村中姓氏** 村中大姓：张、牛、董。	

<table>
<tr><td colspan="3">府底村社会访谈记录 08</td></tr>
<tr><td>访谈人：张剑葳</td><td>录音：杨佳帆</td><td>访谈稿整理：杨佳帆</td></tr>
<tr><td>访谈时间：2019.6.13</td><td>访谈地点：三官庙</td><td>访谈方式：面谈</td></tr>
<tr><td colspan="3">访谈主题：奶奶庙、玉皇庙过去的使用情况</td></tr>
<tr><td colspan="3">受访者基本情况</td></tr>
<tr><td>姓氏(名)：张</td><td>年龄：73 岁</td><td>性别：女</td></tr>
<tr><td colspan="3">成长经历：8—9 岁在三官庙上小学，是第一班学生，15 岁后在玉皇庙上高年级。</td></tr>
<tr><td>访谈要点</td><td colspan="2">奶奶庙使用情况
20 世纪 60 年代被用作小队铺，记录工分。
内部有奶奶像。
玉皇庙
正殿被改作教室，三官庙是五年级以下上学的地方，后来大家都到玉皇庙上学。</td></tr>
</table>

<table>
<tr><td colspan="3">府底村社会访谈记录 09</td></tr>
<tr><td>访谈人：冯燕、张雅婕、宋阳</td><td>录音：张雅婕</td><td>访谈稿整理：宋阳</td></tr>
<tr><td>访谈时间：2019.6.14</td><td>访谈地点：府底村支部</td><td>访谈方式：面谈</td></tr>
<tr><td colspan="3">访谈主题：村落本身、村内各庙情况</td></tr>
<tr><td colspan="3">受访者基本情况</td></tr>
<tr><td>姓氏(名)：傅</td><td>年龄：56 岁</td><td>性别：男</td></tr>
<tr><td colspan="3">成长经历：府底村副村支书，有儿子在高平市务工。</td></tr>
<tr><td>访谈要点</td><td colspan="2">玉皇庙
六七年前的大火是因为孩子们玩耍点燃了喂牲口的草料导致的，火烧了大概 5 个小时，消防车来灭的火。</td></tr>
</table>

（续表）

<table>
<tr><td>访谈要点</td><td>太公庙
就一个殿，以前是两层，“文革”的时候被破坏成现在这样，没有人收拾。
供奉的是姜太公，现在还有人去烧香。
古民居
分地主房时所得，不是现在住户祖上的房子。
府底村
府底的名称是以前这里要做“府”才有的，但后来没做成。
村的中心以前在三官庙。
村里有木匠，但不会修建筑。
陵川宝应寺
宝应寺不错，府底村的人也会去祭拜。</td></tr>
</table>

<table>
<tr><td colspan="3">府底村社会访谈记录 10</td></tr>
<tr><td>访谈人：冯燕、张雅婕、宋阳</td><td>录音：张雅婕</td><td>访谈稿整理：宋阳</td></tr>
<tr><td>访谈时间：2019.6.14</td><td>访谈地点：太公庙</td><td>访谈方式：面谈</td></tr>
<tr><td colspan="3">访谈主题：府底村情况、玉皇庙情况</td></tr>
<tr><td colspan="3">受访者基本情况</td></tr>
<tr><td>姓氏（名）：刘</td><td>年龄：54 岁</td><td>性别：男</td></tr>
<tr><td colspan="3">成长经历：家住在太公庙北侧。</td></tr>
<tr><td>访谈要点</td><td colspan="2">府底村
村中大姓：董、张、刘、牛是大姓。
玉皇庙
村里人烧香是有庙都烧，玉皇庙是第一处要去烧香的地方。在玉皇庙烧香是正殿及庙内东西南北都烧，男左女右（男西女东）。玉皇庙（20 世纪）60 年代以后没有修过，以前是否修过不清楚。</td></tr>
</table>

<table>
<tr><td colspan="3">府底村社会访谈记录 11</td></tr>
<tr><td>访谈人：冯燕、张雅婕、宋阳</td><td>录音：张雅婕</td><td>访谈稿整理：宋阳</td></tr>
<tr><td>访谈时间：2019.6.14</td><td>访谈地点：府底村</td><td>访谈方式：面谈</td></tr>
<tr><td colspan="3">访谈主题：府底村情况、玉皇庙情况</td></tr>
<tr><td colspan="3">受访者基本情况</td></tr>
<tr><td>姓氏(名)：牛</td><td>年龄：85 岁</td><td>性别：男</td></tr>
<tr><td colspan="3">成长经历：—</td></tr>
<tr><td>访谈要点</td><td colspan="2">府底村
从(20 世纪)30 年代至今村里没有修过庙。
庙会在七月十五，村里会举行唱戏等活动，以前在玉皇庙里。新中国成立前村子很大，附近的居民都来赶会，河南那边的人也会来玉皇庙看戏。
玉皇庙
以前庙里有塑像，正殿供奉玉皇大帝，东厢房是药王殿。戏台没有改动过，六月初六唱戏。玉皇庙是村里最重要的庙，打牛爷爷记事起就没修过。
太公庙
殿原来两层，供的都是姜太公，没有塑像。
菩萨塔
原来是砖塔，塔上还有铃铛。以前主要用来求雨，塔上有佛爷。“文革”时塔被毁。</td></tr>
</table>

<table>
<tr><td colspan="3">府底村社会访谈记录 12</td></tr>
<tr><td>访谈人：冯燕、张雅婕、宋阳</td><td>录音：张雅婕</td><td>访谈稿整理：宋阳</td></tr>
<tr><td>访谈时间：2019.6.14</td><td>访谈地点：府底村</td><td>访谈方式：面谈</td></tr>
<tr><td colspan="3">访谈主题：府底村情况、玉皇庙情况</td></tr>
</table>

（续表）

受访者基本情况		
姓氏(名)：李	年龄：82 岁	性别：女
成长经历：府底村人。		
访谈要点	**玉皇庙** 没有改动过。西边是奶奶殿。正殿供玉皇大帝，两侧耳殿内共有 8 尊塑像。“文革”时庙里的神像被毁。 **菩萨塔** 原来跟电线杆差不多高，每层有四个小门。塔的平面呈圆形，塔上有雕刻，塔里供有菩萨。以前只有塔没有庙。	

府底村社会访谈记录 13		
访谈人：魏雨淙、蒲萍	录音：蒲萍	访谈稿整理：刘云聪
访谈时间：2019.6.16	访谈地点：府底村小学	访谈方式：面谈
访谈主题：玉皇庙像设和作为小学的历史		
受访者基本情况		
姓氏(名)：苏	年龄：75 岁	性别：男
成长经历：府底村人，在这里上过小学。		
访谈要点	**玉皇庙像设** 正殿像设：玉皇大帝和山东老爷，旁边有两个站神，有丈把高（2—3 米），大约供奉有五六个老爷，有大老爷和小老爷。玉皇大帝是坐着的，大老爷都是坐像，只有站神是站着的。坐像和站像都有墩（台基）。文武百官都是站着的，台基是一个像一个。当时在玉皇庙收公粮，苏爷爷才六七岁（20 世纪 50 年代左右）上到屋顶上。 东耳房：菩萨像设，不确定是什么菩萨，很漂亮。	

（续表）

<table>
<tr><td>访谈要点</td><td>西耳房：奶奶庙，观音菩萨，应当是送子观音，小孩子都很怕，因为会管理小孩。东西耳房的形象都是女子形象。
东厢房像设：三个像设，八条胳膊的药王老爷和两个六条胳膊的王爷（似乎是牛马王爷）。药王老爷的像设是苏爷爷和其他学生扒的。
西厢房像设：不记得了，毁得早，共产党过来后就扒了。
西厢房原本中间有一段一丈高的“花墙”，就是墙上有一些雕刻。台阶两旁有狮子，算上东西两侧，一共三组台阶，但中间的台阶已经看不到了。
南侧的东西楼：其他村民说是祈雨用的，但苏爷爷记不清楚了。
东院：学校之前是住人的，住和尚。靠近南侧是敞篷，敞篷下面有个石磨。做学校后石磨就搬走了，和尚在新中国成立后也去村子里还俗了。
山东老爷、小家老爷：都是祈雨的老爷。
玉皇庙沿革
1959—1960 年改作小学，做了十几年。后来被现在这个府底村小学替代了。原本小学在三官庙，后来改到玉皇庙，又从玉皇庙搬到了关帝庙，方方的小房子就是关帝庙，已经撤掉了。
后来小学改到了北边，2006 年重修回到关帝庙对面。
玉皇庙做小学时的情况
做小学前，楼到舞台这边东西两侧都是墙，东墙有个小门。小门做小学前就有，但和东院不通，是从小门出去再进入东院的大门。
舞台两侧的墙和旁边的两间以及梯子都是新垒的，两侧作为办公室，中间作为教室使用。
东西厢房北侧为扩大建筑面积，新设了围墙。
苏爷爷是玉皇庙时小学第二班的学生。
玉皇庙的附属文物
外面有一个两人合抱不住的钟，在苏爷爷上小学之前就毁了。</td></tr>
</table>

附录9

周边村落寺庙建筑概况

除调查府底村内庙宇外，课题组还对府底村周边村落现存寺庙建筑展开田野踏查，范围涵盖高平、陵川两县市的建南村、建北村、苏村、苏庄村、郭庄村、西头村、东头村、西尧村、东尧村、沙河村、李家河村、西沟村、吴家村、何家村、苟家村、北社村、荒窝村等十余座村庄（附图-0）。经调查，多数寺庙的建筑格局、单体建筑形制

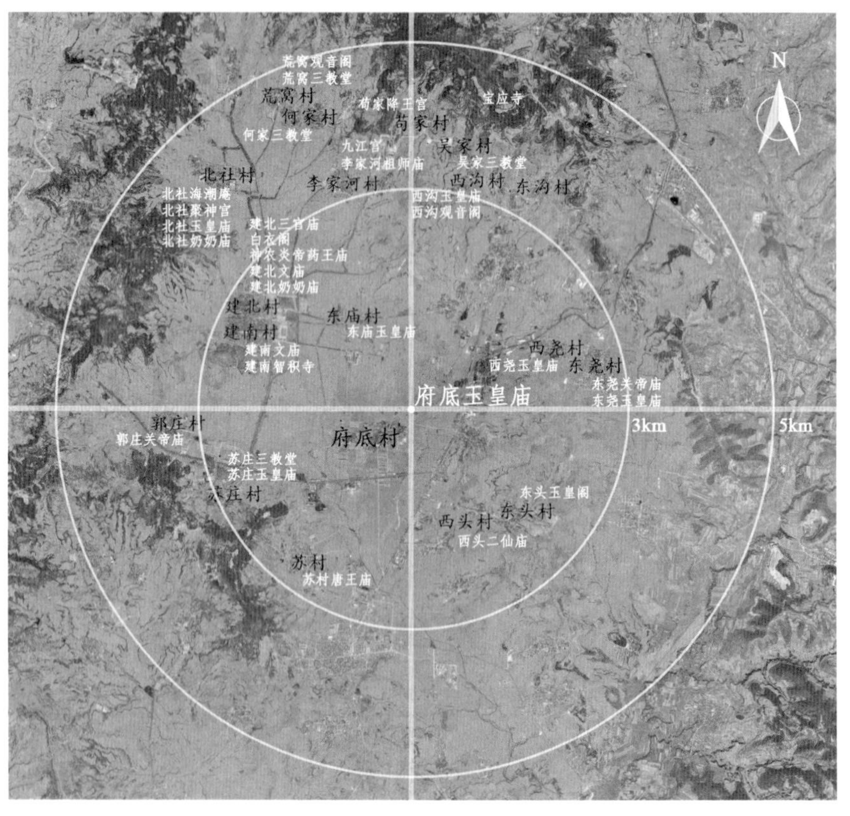

附图-0　调查周边村落寺庙建筑分布

年代皆在明清时期，但也存在建南文庙、建北文庙、建南智积寺大殿、西头二仙庙正殿、宝应寺大殿这样尚存不同比例早期遗构的庙宇。这批寺庙建筑是建筑考古、建筑史研究的重要史料，同时作为晋东南乡村社会重要的礼仪标识，它们为区域社会史研究在时间、空间上提供了新的线索。本章即是对调查所涉周边村落寺庙建筑营建历史、建筑形制的简要介绍。

附表-2　调查周边村落寺庙名录

所属县、乡	所属村庄	寺 庙 名 称	所属县、乡	所属村庄	寺 庙 名 称
高平县	建南村	建南文庙*	高平县	吴家村	吴家三教堂
		建南智积寺*		何家村	何家三教堂
	建北村	建北文庙*		苟家村	苟家降王宫
		建北奶奶庙		北社村	北社海潮庵
		建北关帝庙			北社聚神宫
		神农炎帝药王庙			北社玉皇庙
		白衣阁			北社奶奶庙
		建北三官庙		荒窝村	荒窝观音阁
	东庙村	东庙玉皇庙			荒窝三教堂
	苏庄村	苏庄玉皇庙	陵川县礼义镇	苏村村	苏村唐王庙
		苏庄三教堂		西头村	西头二仙庙*
	郭庄村	郭庄关帝庙		东头村	东头玉皇阁
	李家河村	李家河祖师庙		西尧村	西尧玉皇庙
		九江宫		东尧村	东尧关帝庙
	西沟村	西沟玉皇庙			东尧玉皇庙
		西沟观音阁		东沟村	宝应寺*

* 存在早期遗构或主体为早期建筑的寺庙。

(一) 建南村

(1) 建南文庙[1]

建南文庙地处建南村西部台地,坐北朝南,一进院落,中轴线上为大殿,院落两侧有东西厢房,西南为一院落,大殿东西两侧有耳房。除大殿尚存早期遗构外,其余均为晚期建筑。

大殿面阔五间,进深六椽,悬山顶(附图-1)。前檐斗栱布局疏朗,无补间铺作。前檐柱头铺作为五铺作双杪,计心单栱(附图-2)。后檐东稍间东侧、西稍间西侧柱头铺作部分残缺,其余柱头铺作皆四铺作单杪,足材华栱(附图-3)。梁架结构为六架椽屋前四椽栿后乳栿用三柱(附图-4)。大殿原构集中在前檐柱、内柱、前檐斗栱下半部、扶壁栱、后檐斗栱等处,年代在北宋中后期,前檐二跳华栱以上及内部梁架则主要是明清乃至近代修缮更替的产物。

附图-1 建南文庙大殿外观

附图-2 建南文庙大殿前檐斗栱

据明隆庆二年(1568)《建宁里重修文庙碑》记载,北宋理学家程颢任晋城令时,此庙受其影响而建,即所谓"程子乡校"。结合年代学研究,大殿原构年代虽在北宋,但相对较晚,为程颢主持创设的可能性较低,碑文记载更可能是后人的攀附之为。不过,此殿和同样存有北宋遗构的建北文庙大殿均是晋东南已

[1] 此殿调查情况详见刘云聪、彭明浩《山西建宁文庙北宋遗构与"程子乡校"问题》,《故宫博物院院刊》2023年第4期,页63—80。

知最早的文庙建筑遗存，两殿折射出北宋中后期泽州地区乡校系统的发达和教育环境的转变，亦是北宋中后期中央朝廷教育政策改革辐射至地方基层社会的缩影。

附图-3　建南文庙大殿后檐斗栱

附图-4　建南文庙大殿室内梁架

（2）建南智积寺

建筑现状

现为山西省文物保护单位，位于建南村东部，坐北朝南，二进院落。中轴线自南至北依次为山门、正殿、藏经阁。山门（附图-5）两侧有钟鼓楼，第一、二进院落两旁皆设厢房，正殿两侧有侧门，藏经阁两侧出朵楼。智积寺创建年代不详，在智积寺西北方向 7 km 的高平陈区镇开化寺，现存元至顺元年（1330）《皇元重修特赐舍利山开化禅院碑》碑阴的法眷明目中曾提及“高平县建宁智积寺比丘尼尚座福贵、福政”，可知至迟在元至顺年间该寺已存在。此外，寺内正殿前廊东墙内嵌清嘉庆十九年（1814）《补修智积寺碑引》，记载嘉庆十九年补葺智积寺并创建东角门之事。现存建筑中，除正殿尚存部分早期遗构外，其余皆为明清建筑。

正殿面阔三间，进深六椽，悬山顶，黄琉璃瓦屋面，前出廊，两山及后檐包砖（附图-6），后檐明间施彩绘砖雕仿木构门楼。前檐柱头铺作为五铺作双杪，计心重栱，里转五铺作双杪，第一跳计心单栱，上承一重素枋，第二跳托翼形栱，衬于劄牵下。扶壁为泥道单栱上承两重素枋，一层素枋上隐刻泥道慢栱。两跳华栱皆出锋，跳头施五边形交互斗，瓜子栱、慢栱、令栱两侧皆抹斜。耍头形制为《营造法式》爵头的变体，其中部斜杀弧线，上皮于鹊台后部先平再起凸。令栱、华栱、瓜子栱、泥道栱等栱件上栱眼皆窄而陡峭（附图-7）。前檐补间铺作亦为五铺作双杪。柱头铺作栌斗用方栌斗，补间铺作用瓜棱斗。

后檐不施补间铺作，柱头铺作为五铺作双杪，两跳华栱皆出锋，第一跳出锋较短，高足材，栱眼宽而缓和，第二跳出锋较长，高单材，不刻栱眼，作实拍栱直承耍头（附图-8）。耍头下部斜杀弧线，端头杀作直线，上皮为平面，上托替木承橑檐槫。扶壁做法为单材泥道单栱上承一层素枋。

附图-5　建南智积寺山门外观

附图-6　建南智积寺正殿外观

附图-7　建南智积寺正殿前檐斗栱

附图-8　建南智积寺正殿后檐

梁架部分，梁架结构为前劄牵后五椽栿用三柱。劄牵一端出头作耍头，一端入于前内柱。五椽栿一端架于前内柱上，一端架于后檐斗栱上，上皮置蜀柱、合楷承平梁。平梁上置叉手、蜀柱、合楷，叉手托槫，丁华抹颏栱与叉手深咬合（附图-10）。

附图-9 建南智积寺正殿后檐斗栱细部

附图-10 建南智积寺正殿室内梁架

藏经阁面阔五间，两坡顶，两山接朵楼，陶质筒瓦屋面，七架前出廊(附图-11)。明间脊枋下有清顺治十一年(1654)重修题记。

附图-11 建南智积寺藏经阁外观

正殿形制年代分析

结合晋东南地区建筑实例，从形制角度分析，前檐斗栱年代当在元代中后期至明代中前期。后檐斗栱有较明显的改动痕迹，从细部形制和交接关系看，一跳华栱及与之处于同一层的泥道栱，以及栌斗和部分散斗应为金代至元代中前期遗构，年代早于前檐斗栱。而交互斗及上部的实拍华栱、耍头等构件则可能是元代中后期至明代中前期改造的结果，与前檐斗栱的更换或在同时，也与室内梁架的改换有关，可能对应一次落架重修。在后期修缮过程中，为提高槫位，还在令栱上部使用垫块，为巩固结构，在一跳华栱下部加垫其他建筑上的栌斗(附图-9)。室内梁架节点做法较简单，五椽栿、平梁皆为粗加工的自然材，其年代应当在元明时期，或与前檐斗栱改换同时。

综上，正殿后檐斗栱尚存部分金代至元代中前期遗构，元代中后期至明代中前期大殿大修，改换前檐斗栱，可能同时整修了室内梁架及后檐斗栱上部，提升了建筑高度。

（二）建北村

(1) 建北文庙[1]

建北文庙位于建北村中部的广场上，坐北朝南，亦为一进院，中轴线自南至北依次为门楼、大殿。除大殿外，院内其他建筑皆为新建。

大殿面阔七间，进深八椽，悬山顶（附图-12）。前檐柱头铺作为五铺作双杪，计心重栱（附图-13）。后檐柱头铺作为四铺作单杪（附图-14）。大殿梁栿构件主要为稍作加工的自然弯材，梁架结构为八架椽屋前后乳栿用四柱（附图-15）。大殿大木作总体形制相对较晚，其斗栱、梁架等大木结构大约是元代中后期重修的产物。原构主要集中于后檐当中六组斗栱下半部，包括部分可见的栌斗、大多数泥道栱及其上多数散斗，以及与之同层的全部交互斗，年代在北宋中后期。此外，前檐及室内斗栱也有若干沿用北宋旧料的痕迹。大殿北宋原始格局为面阔五间，元代大修时改为七间，扩大平面，抬升梁架，提高了庙宇规制。

附图-12　建北文庙大殿外观

附图-13　建北文庙大殿前檐斗栱

庙内现存与大殿营造历史直接相关的碑刻三通，包括金崇庆元年（1212）碣、明正德十三年（1518）《重修宣圣庙记》碑、清乾隆三十一年（1766）《补修创建文庙内

[1] 此殿调查情况详见刘云聪、彭明浩《山西建宁文庙北宋遗构与“程子乡校”问题》，《故宫博物院院刊》2023年第4期，第63—80页。

外一切胜迹碑记》。和建南文庙类似，相关碑文亦称此庙为程颢任晋城令时所建乡间学馆，即所谓“程子乡校”。

附图-14　建北文庙大殿后檐斗栱

附图-15　建北文庙大殿室内梁架

(2) 建北奶奶庙

建北奶奶庙位于建北村东南部，坐南朝北，单体建筑。该庙为清代风格，硬山顶，面阔三间，五架前出廊，陶板瓦屋面，两山及后檐包砖(附图-16)。

附图-16　建北奶奶庙外观

(3) 建北关帝庙

建北关帝庙位于建北村中部，坐北朝南，一进院落，中轴线上为山门、正殿，院落两侧有厢房，正殿两侧有东西耳房，其中山门为近现代改造的砖房。该庙创建年代不详，据正殿前廊两侧山墙内嵌2001年《补修关帝庙胜迹碑记》记载，该庙在2001年重修。

正殿面阔三间，六架前出廊，悬山顶，筒瓦屋面，绿琉璃筒瓦剪边，琉璃屋脊(附图-17)。各柱皆用石柱，两山及

附图-17　建北关帝庙正殿外观

后檐包砖。前檐柱头科五踩双翘,出卷云状耍头,外拽厢栱上承挑檐枋以托撩檐檩,正心位置做法为正心瓜栱上承两层正头枋,一层、二层正心枋上皆隐刻正心瓜栱、正心万栱,二层隐刻正心万栱长于一层(附图-18)。里转五踩双翘,衬于单步梁下(附图-19)。不设平身科,但于各间两层正心枋的中部隐刻翼形栱,一层柱头枋隐刻翼形栱端头作卷云状,二层则作栱状。后檐木构封于墙内,不可见。单步梁一端伸作耍头,一端入于金柱。后部五架梁一端架于金柱,一端落于后檐柱。五架梁上置金瓜柱,承三架梁,三架梁上置叉手、脊瓜柱,叉手托脊檩,丁华抹颏栱与叉手深咬合。庙内像设已无存,殿内正壁挂关公画像以示意。从斗栱、梁架形制看,该殿大木构架形制年代应在明代中后期至清代前期。

附图-18　建北关帝庙正殿前檐柱头科

附图-19　建北关帝庙正殿前部梁架

(4) 神农炎帝药王庙

神农炎帝药王庙位于建北村西,坐西朝东,原为进深二院,现仅存正殿。创建年代不详,殿前有古槐一株。

正殿为清代建筑,面阔三间,五架前出廊,硬山顶,陶板瓦屋面,两山及后檐包砖,各柱皆用石柱(附图-20)。前檐不施斗栱,五架梁伸作龙状耍头。五架梁上置金瓜柱,

托三架梁,三架梁上置脊瓜柱、叉手,叉手托脊檩,丁华抹颏栱与叉手深咬合(附图-21)。

附图-20　神农炎帝药王庙外观

附图-21　神农炎帝药王庙室内梁架

(5) 白衣阁

白衣阁位于建北村中部,坐南朝北,为一单体建筑。白衣阁为清代建筑,面阔三间,五架前出廊,硬山顶,陶板瓦屋面,各柱皆用石柱,两山及后檐包砖(附图-22)。前檐不施斗栱,五架梁伸作麻叶云头。五架梁上置金瓜柱,托三架梁,三架梁上置脊瓜柱、叉手,叉手托脊檩,丁华抹颏栱与叉手深咬合(附图-23)。

附图-22　白衣阁外观

附图-23　白衣阁室内梁架

(6) 建北三官庙

建北三官庙位于建北村北部,坐北朝南,两进院落。中轴线上原建有山门、舞楼、三官殿、真武殿,两侧有耳殿、配殿、藏经楼、厢房、禅房、钟鼓楼等。现仅存三官殿及真武殿。据庙内真武殿前明隆庆三年(1569)《创建三官庙并真武殿记》记载,该庙创建于明隆庆三年(1569)。

三官殿，殿身面阔五间，五架无廊，为明隆庆创建时物，前有近现代加建的面阔三间的抱厦，抱厦两侧又有加砌的砖房，抱厦及殿身皆悬山顶，筒瓦屋面，绿琉璃剪边，琉璃屋脊（附图-24）。抱厦前檐不施斗栱，梁头伸出作龙状耍头。殿身两山及后檐包砖，前檐柱头科五踩双翘，后檐木构封于墙内，不可见。

附图-24 建北三官庙三官殿外观

附图-25 建北三官庙真武殿外观

真武殿，为三官庙主体建筑，大木构架基本为明隆庆创建时物。殿面阔五间，七架无廊，悬山顶，筒瓦屋面，绿琉璃剪边（附图-25）。正脊及垂脊亦以琉璃脊筒子砌成，但已大部缺失。前后檐及两山皆砖墙包砌，殿内各柱皆为石柱。前檐柱头科五踩双翘，出斜杀内凹蚂蚱头型耍头，外拽厢栱上承挑檐枋以托撩檐檩，正心位置做法为正心瓜栱上承正头枋，一层、二层正心枋上皆隐刻正心万栱，二层隐刻正心万栱长于一层。里转五踩双翘，衬于三架梁下。明间及两次间各施平身科一攒，平身科亦五踩双翘，在正心位置两侧，于大斗及头翘十八斗上各出两翘、一翘45°方向斜翘。平身科正心位置及两侧两道斜翘上耍头中，正心及两端耍头作斜杀内凹状蚂蚱头，中间斜栱上耍头作龙头。里拽五踩双翘，两侧出45°斜翘，外拽蚂蚱头后尾伸至里拽，与垂莲柱相连（附图-26）。两次间不施平身科，于一层柱头枋上隐刻翼形栱，上托槽升子承二层正心枋，对应位置亦隐刻翼形栱，呈“一斗三升”状（附图-27）。前檐斗栱及栱眼壁上尚存明清时期彩画。后檐斗栱封于砖墙内，不可见。梁架结构为：三架梁一端架于前檐柱头科，伸出作耍头，一端在前金柱承托的单翘上，衬于五架梁下（附图-28），五架梁另一端落于后檐柱头铺作上。五架梁上置金瓜柱，承三架梁，三架梁上置叉手、脊瓜柱，脊瓜柱两侧置角背，叉手托脊檩，丁华抹颏栱与叉手深咬合(附图-29)。

附图-26　建北三官庙真武殿前檐斗栱

附图-27　建北三官庙真武殿西次间隐刻翼形栱

附图-28　建北三官庙真武殿梁架前部

附图-29　建北三官庙真武殿梁架后部

(三) 东庙村

(1) 东庙玉皇庙

东庙玉皇庙位于东庙村北部，坐北朝南，两进院落。中轴线自南至北为山门、中殿、后殿，院落两侧设有东西厢房、朵楼、朵殿。庙内现存清同治六年(1867)禁约碑1块。

山门木构保存较为完整，形制较复杂，以下简要概述其基本形制。

山门兼作戏台，面阔三间，七架前出廊，悬山顶，筒瓦屋面，绿琉璃脊饰，两山包砖(附图-30)。前下金檩下方亦以砖墙包金柱，分隔出前廊和后部的双层戏台空间。前檐明间施平身科一攒，前檐柱头科及平身科皆五踩重翘(附图-31)。其中明间柱头科两侧出45°斜翘，耍头中间施斜杀内凹蚂蚱头，两侧依次为龙头、云头，其余柱头科、平身科仅施斜杀内凹蚂蚱头。后檐则为五架梁出作云头。从木构形制分析，山门现存木构应是元末至明代中期所建。

附图-30 东庙玉皇庙山门外观

附图-31 东庙玉皇庙山门斗栱

（四）苏村

（1）苏村唐王庙

苏村唐王庙位于苏村东北的高地，坐北朝南，一进院落。中轴线自南至北为山门、正殿，山门两侧设朵楼，院落两侧有东西厢房、东西楼，正殿两侧出朵楼。庙内现存清嘉庆三年（1798）《重修唐太宗庙碑记》、公元1984年《重修唐太宗庙舞台碑记》两块碑。据碑文记载，苏村唐太宗庙肇创于金皇统九年（1149），万历三十一年（1603）迁至今址。该庙曾于清乾隆五十八年（1793）、公元1984年重修。

山门面阔三间，五架无廊，悬山顶，陶板瓦屋面，两山包砖（附图-32）。前后檐各间皆施平身科一攒。前后檐柱头科及后檐平身科皆三踩单昂，昂身作琴面，高五边形昂嘴，昂身自大斗平出，不施扒腮，耍头作卷云状，正心位置做法为正心瓜栱上承一层正头枋，枋上隐刻正心万栱（附图-33）。前檐平身科则为三踩单翘，两侧出45°斜翘，耍头做法为龙头居中，两侧为花卉头，再外两侧为卷云头。前后檐斗栱细部形制还有一些相异之处：前檐平身科所出单翘及两侧斜翘，各攒斗栱之正心瓜栱、隐刻正心万栱、厢栱栱头皆刻卷瓣，后檐则无此做法；前檐平身科大斗作讹角方形,后檐则皆用方形大斗(附图-34)。从木构形制分析,山门现存木构当主要为万历迁庙时所建。

附图-32 苏村唐王庙山门外观

附图-33 苏村唐王庙山门前檐斗栱

附图-34 苏村唐王庙山门后檐斗栱

附图-35 苏村唐王庙正殿外观

大殿面阔三间,七架前出廊,悬山顶,筒板瓦屋面,绿琉璃瓦剪边,琉璃屋脊,两山及后檐包砖(附图-35)。前檐柱头科及平身科皆五踩单翘单昂,正心位置皆为正心瓜栱上承两重正心枋,一层枋上隐刻正心万栱,外拽瓜栱、厢栱皆抹斜。不同之处在于:柱头科不出斜翘,平身科两侧出45°斜翘;柱头科用方形大斗,平身科大斗作圆形;柱头科耍头作龙头,平身科耍头做法为龙头居中,两侧各出三重花卉头;柱头科外拽瓜栱、外拽厢栱正面刻花卉纹,平身科则不刻(附图-36)。梁架做法为:单步梁一端出作耍头,一端入于金柱上大斗中;五架梁一端在单步梁上,一端落于后檐柱,其上置金瓜柱,托三架梁,三架梁上置叉手、脊瓜柱,叉手托于脊檩两侧，丁华抹颏栱与叉手深咬合（附图-37）。从木构形制分析，正殿主体构架仍主要为万历迁建时的构造。

附图-36 苏村唐王庙正殿前檐斗栱

附图-37 苏村唐王庙正殿室内梁架

（五）苏庄村

（1）苏庄玉皇庙

苏庄玉皇庙位于苏庄村东，坐北朝南。根据庙内清代残碑记载“告成于顺治元年七月”，又民国九年（1920）重修碑云“庙宇之由来，始建于清初明末之时”，可知其创建年代为顺治元年（1644）。另据清光绪十年（1884）碑、民国碑记载，该庙曾于光绪、民国年间重修，现存建筑为清代风格。寺庙坐北朝南，中轴线建有山门、中殿、玉皇殿，两侧有耳殿、配殿。

玉皇殿面阔三间，六架前出廊，悬山顶，筒板瓦屋面，绿琉璃瓦剪边，琉璃屋脊，两山及后檐包砖（附图-38）。前檐斗栱三踩，柱头科为三踩单昂，用方形大斗，正心位置为正心瓜栱上承正心枋，外拽厢栱抹斜，出龙型耍头（附图-39）。平身科三踩单翘，用瓜棱大斗，出45°斜翘，耍头作卷草形。值得注意的是，明间两侧柱头科昂端头处昂嘴较薄，且与昂身相接处有缝隙，两次间外侧柱头科则是明清常见的高五边形昂嘴，则明间两侧昂头是后世用早期构件补葺所致（附图-40）。梁架做法为单步梁一端出耍头，另一端入金柱；四架梁一端在金柱平板枋上，另一端入后金柱，其上做法不明。殿内置木质基座，供奉玉帝塑像等五尊坐像与六尊站像，彩绘明丽鲜艳。

院内有残碑两座，其一应为清初创建碑，纪年信息残缺，另一为民国九年(1920)重修碑，以及保存较完整的光绪十年(1884)重修碑。

(2) 苏庄三教堂

苏庄三教堂位于苏庄村西，坐北朝南。根据院内碑文记载，该庙为明天顺年间(1457—1464)创建，天启五年(1625)金妆塑像，万历三十五年(1607)、崇祯十四年(1641)、康熙三十年(1691)重修，又殿内脊檩下方顺脊串上有道光十三年(1833)、公元2006年重修题记，记载了清代以来的历史沿革。寺庙坐北朝南，中轴线上有南殿、正殿，两侧为配殿、耳房。

正殿明清风格，面阔三间，六架前出廊，悬山顶，筒瓦屋面，两山及后檐包砖(附图-41)。建筑平板枋截面为长方形，短边作弧线，下施月梁型额枋。前檐斗栱三踩，柱头科为三踩单昂，用方形大斗，正心位置为正心瓜栱上承正心枋，昂上承五边形十八斗，上出云型耍头；平身科为三踩单翘，出45°斜翘，耍头为《营造法式》爵头

附图-38　苏庄玉皇庙大殿外观

附图-39　苏庄玉皇庙正殿前檐斗栱

附图-40　苏庄玉皇庙明间东侧柱头科

附图-41　苏庄三教堂正殿外观

的晚期变体。梁架做法为：单步梁一端出作耍头，另一端入金柱，金柱与后檐柱间搭五架梁，五架梁上置金瓜柱，托三架梁，承托上金枋、上金檩。三架梁上置叉手、脊瓜柱、丁华抹颏栱以托脊枋、脊檩。

院内有碑三方，即崇祯十四年（1641）《重修三教堂序》，天启五年（1625）金妆塑像碑与康熙三十年（1691）《重修三教堂碑文记》。有题记三则，应为2006年重修梁架时据原墨迹题写，分别为：

康熙二（当作“三”）十年岁次辛未孟东乙酉之吉重修三教堂信官兹函施地基地七间修正殿弟子连景贵连景德率男连文炳连文祯连文祥孙勃勤胜功忠心同力大吉大利永远传流立为记耳

大清道光十三年至十四年春月重修正殿北九楹南殿东西角楼七楹西对殿六楹大院风墙信士三班社首在社人等虔诚修理住持僧广弘木匠姬世昌苏敬里石匠靳友恭泥水匠成玉镜修造一心永垂不朽立为记耳祈保阖社四季平安

时中华人民共和国公元二〇〇六年农历丙戌年岁次四月中旬动工善信施资连志光率领工苏书成苏旺则苏天兴泥水匠姬高才姬国明苏学文木匠苏新虎苏贵平绘画韩东华岳增富显艺维修三教堂各殿复修马王殿钟楼创修福门彩绘塑圣像焕然一新祈保平安立记

（六）郭庄村

（1）郭庄关帝庙

郭庄关帝庙位于山西省晋城市高平市建宁乡郭庄村中，坐北朝南。一进院落，中轴线上有山门、正殿，两侧为配殿、耳房。根据庙内碑文记载，明万历七年（1579）、万历四十六年（1618），清顺治十二年（1655）、顺治十四年（1657）、乾隆三十五年（1770）、乾隆四十七年（1782）、乾隆五十一年（1786）、光绪元年（1875）屡有修缮，现存建筑为明清风格。

正殿,面阔五间,进深九檩,前出四檩卷棚,悬山顶,筒瓦屋面,作琉璃剪边,施琉璃屋脊(附图-42)。平板枋截面为长方形,短边作弧线,下施月梁花卉型额枋。前檐斗栱三踩单昂,用方形大斗,正心位置为正心瓜栱上承两层正心枋,第一层枋上隐刻正心万栱;外拽厢栱抹斜,出卷云要头,无平身科。

附图-42　郭庄关帝庙正殿

院内有碑十一方,分别为:明万历九年(1581)《重修关王祠记》(背后有捐赠碑)、万历四十一年(1613)碑、顺治十二年(1655)《□用入社碑记》、顺治十四年(1657)《□资碑记》、乾隆十二年(1747)《□邑东北四十里郭庄村碑记》、乾隆三十五年(1770)万善同归碑记、乾隆四十年(1775)碑、乾隆五十一年(1786)《特授高平县正堂加三级纪录五次毛为恳除积弊以纾民力事》、道光二十三年(1843)《重修诸神庙碑记》与民国十一年(1922)《补修各庙碑记》。

(七)西头村

(1)西头二仙庙

西头二仙庙位于西头村内南部的一块高地上,坐北朝南,一进院落。中轴线自南至北为山门、正殿,山门兼作倒座戏台,两侧出朵殿,院落两侧原皆有厢房,现仅存东厢房,正殿两侧设朵殿。据正殿东墙内嵌金崇庆元年(1212)碑碣,该庙乃金明昌二年(1193)村人由于祈雨灵验慰神而创建,另据庙内康熙三十七年

(1698)重修碑,该庙于康熙三十七年重修。2012 年该庙再次重修,2020 年庙内重新塑像。除正殿尚存部分早期遗构外,山门、朵殿、厢房等配属建筑皆为清代重修后的面貌。

正殿面阔三间,进深四椽,悬山顶,陶质筒板瓦屋面,前出廊,两山及后檐包砖(附图-43)。前檐明间两檐柱皆石柱,无收分,下接分段的高石础。柱间不施阑额,柱头上施通长的大额,额上置斗栱。不设补间铺作,前檐柱头铺作为四铺作单昂,昂身作琴面,昂底刻三道蝉肚纹以模拟华头子,昂面微有起棱。昂里转作华栱头,托平盘斗衬于劄牵下。劄牵出头作龙头状耍头,令栱托替木承橑檐槫。令栱、替木两侧皆抹斜(附图-44、附图-45)。扶壁已大部遭破坏,从西侧柱头铺作残状推测,原始做法应为足材泥道栱上承素枋。梁架结构为前劄牵后三椽栿用三柱。劄牵另一端伸入内柱栌斗上,端头斜杀内凹,并刻卷云纹。三椽栿上置蜀柱承平梁,平梁上置叉手、蜀柱,叉手托于脊槫两侧,不施丁华抹颏栱(附图-46)。正殿前

附图-43　西头二仙庙正殿外观

附图-44　西头二仙庙前檐明间东侧柱头铺作

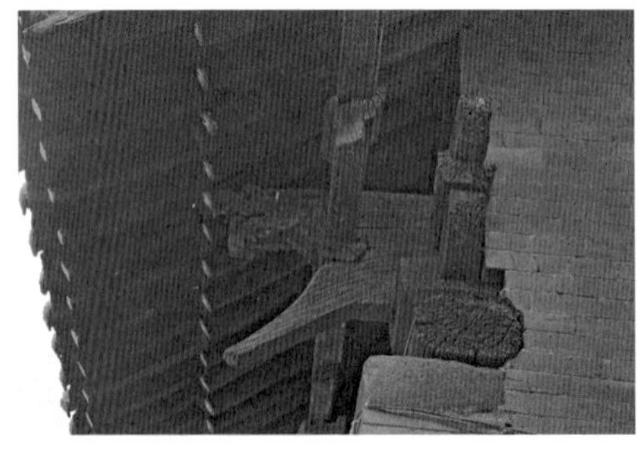

附图-45　西头二仙庙前檐东次间东侧柱头铺作

附图-46　西头二仙庙室内梁架

檐斗栱除劄牵所出耍头外，基本仍保存金代至元代中前期形制特征，可能为金代原构。而室内梁架则是晚期重修的产物。

（八）东头村

（1）东头玉皇阁

东头玉皇阁位于东头村东部，为一座面阔三间的二层楼阁，悬山顶。玉皇阁两侧有面阔两间的二层朵楼，硬山顶，西朵楼已经倒塌，东朵楼尚存（附图-47）。玉皇阁一、二层前部皆出廊，两山及后檐包砖，板瓦屋面，不施斗栱，二层挑尖梁出作卷云耍头（附图-48）。一层前廊东、西侧内嵌乾隆三十一年（1766）碑碣两块，记载乾隆三十年（1765）创建玉皇阁之事，结合建筑形制判断，玉皇阁即是乾隆创建时物。

附图-47　东头玉皇阁外观

附图-48　东头玉皇阁二层抱头梁

（九）西尧村

（1）西尧玉皇庙

西尧玉皇庙位于西尧村村南，坐北朝南，一进院落。中轴线上建有舞楼、正殿，两侧有配殿。创建年代不详，庙内有西尧村重修土地庙殿宇碑一通，无纪年。现存主院落建筑为清代风格。此外，玉皇庙西南侧有观音殿一座，面阔三间，进深四椽，悬山顶,陶质板瓦屋面,具有一定早期特征[1]。

正殿台基石质,上砌条砖铺地,面阔三间,六架前出廊,悬山顶,筒瓦屋面。台基上立线脚方石柱,殿身内使用减柱做法;正立面施大额枋、平板枋,大额枋木雕卷草花卉,平板枋断面大致呈长方形,截面两侧作弧线。大殿斗栱保存完好,柱头科三踩单昂,昂身、耍头作卷云状,正心瓜栱与厢栱刻卷云卷草纹;次间平身科三踩出45°斜翘出跳方向施龙形耍头,翘作龙尾,与耍头合为完整龙形,斜栱方向出卷云耍头;明间平身科三踩出斜翘出跳方向作龙尾耍头,翘作龙头,龙口大张,与耍头合为完整龙形,斜翘向作卷草纹耍头(附图-49)。

附图-49　西尧玉皇庙大殿斗栱

(一〇) 东尧村

(1) 东尧关帝庙

东尧关帝庙位于东尧村东南,坐北朝南,一进院落,中轴线上自南至北为门屋、正殿,院落两侧有配殿,正殿两侧设朵楼。庙内碑刻已无存,东配殿脊枋下有公元2018年重修题记。

正殿面阔三间,六架前出廊,悬山顶,陶筒瓦屋面,两山及后檐包砖(附图-50)。前檐柱为砂石打造线脚石柱,柱间施月梁花卉型额枋,柱头上施平板枋,置栌斗,前檐双步梁一端出栌斗作抱头梁,另一端入于金柱上栌斗内。五架梁一端架于双步梁上部的柁墩上,一端架于后檐柱上,其上置金瓜柱,金瓜柱上置襻间平板枋,上置栌斗托三架梁,三架梁上设叉手、脊瓜柱,脊瓜柱上置襻间平板枋,枋上设栌斗

[1]　关于此殿详细情况,将另有专题论文陈述。

托丁华抹颏栱，丁华抹颏栱与叉手深咬合，叉手托于脊檩两侧（附图-51）。结合木构形制判断，现存正殿年代在明清时期。

附图-50　东尧关帝庙正殿外观

附图-51　东尧关帝庙正殿室内梁架

（2）东尧玉皇庙

东尧玉皇庙位于东尧村东部，坐北朝南，一进院落，中轴线上自南至北为戏楼、正殿，正殿东西有朵楼，院落两侧设配殿（附图-52）。戏楼系近现代重建。

附图-52　东尧玉皇庙院内

正殿面阔五间，七架前出廊，悬山顶，两山及后檐包砖，筒板瓦屋面，黄琉璃屋脊（附图-53）。前檐不设平身科，柱头科作五踩单翘单昂，耍头作卷云头，正心位置为正心瓜栱实拍承正心枋（附图-54）。梁架结构为：七架梁上立金瓜柱承三架梁，三架梁上置叉手、脊瓜柱，叉手托于脊檩两侧，丁华抹颏与叉手深咬合。

庙内现存清乾隆五十六年（1791）《禁约碑》、同治十二年（1873）《创修玉皇观戏楼配房重修二仙庙戏楼序》，中华民国二十六年（1937）《补修净水池碑记》。据同治碑，该庙曾于清同治年间创建戏台及配房。从建筑形制看，玉皇庙现存正殿及东西配殿年代在清代中后期。

附图-53　东尧玉皇庙正殿外观

附图-54　东尧玉皇庙正殿前檐斗栱

(一一) 东沟村

(1) 宝应寺

建筑现状

宝应寺位于东沟村北关岭山，坐北朝南，一进院落。中轴线上建有山门、正殿，左右有朵殿、僧楼。根据寺庙成化十三年(1477)碑文记载，为元延祐年间(1314—1320)佛心护国大禅师安闲创建，明清历有修葺。现存元代正殿，其余配属建筑为明清风格(附图-55)。

附图-55　宝应寺大殿正立面

正殿台基石质，面阔五间，进深八椽，南面前出檐廊，悬山顶，筒瓦屋面。台基上立线脚方形石柱，柱础素平，略突出地面(附图-56)。柱上施阑额普拍枋，普拍枋出头，断面大体呈长方形，短边为弧线。阑额作月梁型，下方雕刻龙形雀替，应为明清时修缮更换。

宝应寺斗栱保存完好，前檐铺作布局疏朗，角柱柱头为四铺作单昂。扶壁做法为泥道单栱上承柱头枋，第一跳为足材假昂，下皮刻单瓣蝉肚平出华头子，昂身做琴面，不起棱，昂嘴扁平。昂上置交互斗，耍头与抹斜令栱垂直相交于交互斗内，耍头为足材龙头,令栱两端散斗承托通替木,上承橑檐槫。角柱栌斗为方形栌斗,斗欹斜杀曲线不出锋(附图-57)。两次间柱头铺作为四铺作单昂,扶壁、华头子、昂做法与角柱铺作相同。在泥道两侧,于栌斗上出一跳45°方向出峰斜栱。垂直建筑正立面方向耍头做足材龙形,两端耍头为爵头,中间耍头作出峰斜栱,二者均为单材(附图-58)。明间柱头铺作做法与次间基本相同,仅斜栱两端耍头作曲线变形爵头(附图-59)。明、次间柱头铺作栌斗作八瓣莲花斗,斗欹斜杀曲线不出锋。各柱头间不施补间铺作,仅东次间普拍枋与柱头枋上施翼形栱(附图-60)。前檐斗栱及檐槫上隐约尚存明清彩画,后檐斗栱作法不明。

附图-56　宝应寺大殿柱础

附图-57　宝应寺大殿角柱柱头铺作

附图-58　宝应寺大殿次间柱头铺作

附图-59　宝应寺大殿明间柱头铺作

附图-60　宝应寺大殿翼形栱

大殿梁架形式为六架椽屋前劄牵后乳栿衬三椽栿用四柱。大殿内柱高于檐柱，前檐柱耍头后尾为劄牵，搭在内柱栌斗上，劄牵上承木垫块承三椽栿（附图-61）。后檐内柱上承大额，额上置栌斗、栱，上承后檐乳栿衬大梁（附图-62）。乳栿上设蜀柱、单材襻间，蜀柱上做缴背，襻间上替木承下平槫。劄牵与襻间栱相交，起进深方向的拉接作用。此外，蜀柱上有顺栿串，在水平方向连系各榀梁架。大殿后檐乳栿与缴背入砖墙，其形制不明。

附图-61　宝应寺大殿前檐劄牵

附图-62　宝应寺大殿大额

殿内大梁选用自然材，上承栌斗替木承下平槫。三椽栿上承蜀柱，蜀柱与上平槫下栌斗以缴背相连。蜀柱上承栌斗，平梁与单材襻间十字相交于栌斗内，襻间上承替木承上平槫。蜀柱上端平行于殿身方向设顺脊串。平梁做法与大梁大致相同，中立蜀柱，上置斗，托襻间栱与枋承托脊槫，叉手捧于脊槫两侧，与丁华抹颏栱深咬合（附图-63）。明间脊槫顺脊串下皮有清道光元年（1821）重修题记：“时大清道光元年岁次辛巳七月己酉□□池里合社维首人□等同主持僧□□重修大殿五楹东西耳楼六楹

附图-63　宝应寺大殿梁架

木匠张广□郭□城瓦匠闫□□□石匠□小□□□仝建福泽绵绵永垂不朽是为志”（附图-64、附图-65）。

附图-64　宝应寺大殿脊槫题记细部1

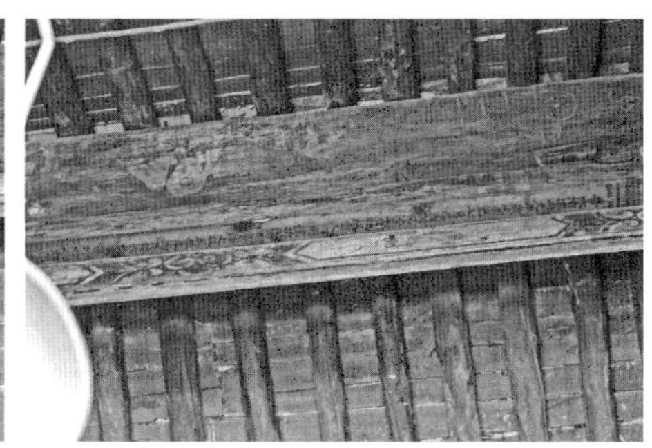

附图-65　宝应寺大殿脊槫题记细部2

殿顶做筒瓦屋面，前檐檐口有龙纹瓦当，单层盆唇，各檐头筒瓦上设瓦钉。正脊及垂脊以陶制脊筒子砌成，雕刻双龙戏珠图样。前檐当心间施格子门，次、梢间置格子窗。院内有石碑三通，分别为明成化十三年（1477）《重修宝应寺记》、正德元年（1506）《重修宝应寺记》及一年代不明捐赠碑。

宝应寺大殿形制年代分析

大殿廊柱与檐柱用砂石石柱，柱身纤细，无明显收分、侧脚及升起，石柱直接落地，无露明柱础，为明清时期做法；后檐内柱木制，无明显收分，亦非原构。后檐及山面柱封于砖墙内，不可见，无法判断年代。大殿前檐普拍枋较厚，截面两侧为弧线，属于晚期形制；阑额隐刻月梁，下以龙形雀替承托，为较晚做法。大殿前檐很可能经明清修缮一同更换。

斗栱方面，大殿后檐斗栱封于砖墙内不可见，情况不明。根据构件交接关系和构件形制分析，前檐斗栱各类构件皆为原构。大殿前檐明间、次间柱头铺作栌斗用莲瓣斗，该做法在晋东南地区最早出现于定宗二年（1247）的上董峰万寿宫三圣殿，于元代以后逐渐流行。昂作琴面假昂，昂头斜杀曲线与下皮在端头相切，是为金代中后期至元末明初的典型特征之一。从形制组合角度来看，大殿斗栱年代在元代。

梁架部分，大殿前廊劄牵、后檐乳栿与平梁加工较为平直，三椽栿以自然材顺势略做加工，应为原构。后檐内柱上作自然材大额，仅在底皮略做加工，颇具元代风格。殿内所用其他构件，从交接角度来看，绝大部分为原构，从襻间等节点做法来看，符合本地区元代建筑特征。

屋面部分，正脊和垂脊用脊筒子，正立面均施龙纹瓦当，形象较为刻板。屋面整体应为晚期更换的产物。

综上所述，除内檐柱外，陵川宝应寺绝大部分木构为原构，时代为元代。柱网体系与普拍枋、阑额为明清时期更换，可能同时对建筑高度进行了提升。

（一二）李家河村

（1）李家河祖师庙

李家河祖师庙位于李家河村南，坐北朝南，现存建筑皆为清代风格。一进院落，中轴线上建有山门、正殿，两侧建有耳楼、配殿、厢房，其中西耳楼、东配殿塌毁。创建年代不详，据正殿内碑文记载，该庙曾于清康熙七年（1668）重修。此外，正殿明间脊枋下有民国五年（1916）重修题记，记载当年重修正殿及东西耳楼之事。正殿前还有清光绪九年（1883）立社约碑。

山门面阔三间，五架无廊，悬山顶，近现代被改为仓库，前后檐及两山包砖，板瓦屋面（附图-66）。前檐、后檐柱头科皆三踩单昂，不施平身科，昂身为琴面昂，昂面起棱，五边形昂嘴，底皮刻蝉肚纹状华头子（附图-67、附图-68）。前檐耍头作云头，后檐耍头作斜杀内凹状蚂蚱头，上承挑檐枋、挑檐檩。正心位置做法为正心瓜栱上承两层正头枋，一层正心枋上皆隐刻正心万栱。梁架做法为：五架梁上置金瓜柱，托三架梁，三架梁上置叉手、脊瓜柱，叉手托于脊檩两侧，丁华抹颏栱与叉手深咬合（附图-69）。

正殿面阔三间，六檩前出廊，悬山顶，两山及后檐包砖，筒瓦屋面（附图-70）。柱头科三踩单昂，昂细部形制与山门基本相同，唯当中两柱头科昂嘴处作卷瓣，以示对前檐明间的强调，出龙状耍头，上承挑檐枋、挑檐檩，正心位置做法为正心瓜栱上承两层正头枋，两层正心枋上皆隐刻正心万栱，第二层上隐刻正心万栱长于一层。不设平身科（附图-71）。梁架做法为：单步梁一端出作龙状耍头，一端入于金柱。五架梁一端在金柱，一端在后檐柱上，其上置金瓜柱，托三架梁，三架梁上置叉手、脊瓜柱，叉手托于脊檩两侧，丁华抹颏栱与叉手深咬合（附图-72）。殿内尚存晚期帐龛一座，像设已无存（附图-73）。从斗栱形制分析，正殿及山门主体构架年代应在明万历至清康熙年间。

附图-66　李家河祖师庙山门外观

附图-67　李家河祖师庙前檐斗栱

附图-68　李家河祖师庙后檐斗栱

附图-69　李家河祖师庙山门梁架

附图-70　李家河祖师庙正殿外观

附图-71　李家河祖师庙正殿柱头科

附图-72　李家河祖师庙正殿梁架

附图-73　李家河祖师庙正殿内帐龛

(2) 九江宫

九江宫位于李家河村村南，坐北朝南，现存建筑皆为清代风格。一进院落，中轴线上建有山门、正殿，两侧建有耳楼、配殿、厢房，其中西耳楼、东配殿塌毁。创建年代不详，据正殿内碑文记载，该庙曾于清康熙七年(1668)重修。此外，正殿明间脊枋下有民国五年(1916)重修题记，记载当年重修正殿及东西耳楼之事。正殿前还有清光绪九年(1883)立社约碑。

附图-74　九江宫正殿外观

山门面阔三间，五架无廊，悬山顶，近现代被改为仓库，前后檐及两山包砖，板瓦屋面(附图-74)。前檐、后檐柱头科皆三踩单昂，不施平身科，昂身为琴面昂，昂面起棱，五边形昂嘴，底皮刻蝉肚纹状华头子(附图-75)。前檐耍头作云头，后檐耍头作斜杀内凹状蚂蚱头，上承挑檐枋、挑檐檩。正心位置做法为正心瓜栱上承两层正头枋，一层正心枋上皆隐刻正心万栱。梁架做法为：五架梁上置金瓜柱，托三架梁，三架梁上置叉手、脊瓜柱，叉手托于脊檩两侧，丁华抹颏栱与叉手深咬合(附图-76)。

附图-75 九江宫正殿前檐斗栱

附图-76 九江宫正殿室内梁架

(一三) 西沟村

(1) 西沟玉皇庙

西沟玉皇庙位于西沟村中，坐北朝南，一进院落。中轴线上现仅存正殿，院落两侧设配楼，正殿两侧有朵楼。庙内现存中华民国二十四年(1935)补塑塑像碑，正殿明间脊枋下皮存清嘉庆八年(1803)题记。据题记内容，该庙创建于清顺治十五年(1658)。

正殿面阔三间，六架前出廊，悬山顶，陶筒瓦屋面，两山及后檐包砖(附图-77)。前檐柱头科为三踩单昂，昂身作琴面，高五边形昂嘴，昂身自大斗口斜出，底皮刻两道蝉肚纹，正心位

附图-77 西沟玉皇庙正殿外观

置于正心瓜栱上承两道素枋，一层素枋隐刻正心万栱，明间两侧柱头科出龙状耍头，两次间则出云头，不设平身科斗栱（附图-78）。梁架做法为：单步梁一端出作耍头，一端入于金柱；五架梁一端在金柱上，一端落于后檐柱，其上置金瓜柱，托三架梁，三架梁上置叉手、脊瓜柱，叉手托于脊檩两侧，丁华抹颏栱与叉手深咬合（附图-79）。从现存木构形制看，该殿仍主要为清顺治年间创建的构造。

附图-78 西沟玉皇庙正殿前檐斗栱

附图-79 西沟玉皇庙正殿内部梁架

（2）西沟观音阁

西沟观音阁位于西沟村中，坐北朝南，一进院落。中轴线自南至北为门屋、正殿，院落两侧设厢房，正殿两边出朵殿。

附图-80 西沟观音阁外观

正殿面阔三间，五架无廊，悬山顶，板瓦屋面，周檐包砖（附图-80）。五架梁于前檐大斗出作卷云头（附图-81）。梁架做法为：五架梁上置金瓜柱、大斗托三架梁，三架梁上置脊瓜柱，丁华抹颏栱与叉手深咬合，叉手捧于脊檩两侧。正殿现存木构形制为明清风格（附图-82）。

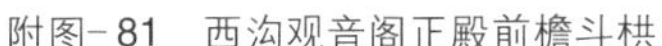

附图-81　西沟观音阁正殿前檐斗栱

附图-82　西沟观音阁正殿室内梁架

（一四）吴家村

（1）吴家三教堂

吴家三教堂位于吴家村中，坐北朝南，一进院落。中轴线上依次为门屋、正殿，院落两侧有厢房，正殿东西设朵楼。

正殿面阔三间，六架前出廊，悬山顶，板瓦屋面，两山及后檐包砖（附图-83）。前檐不设平身科，柱头科为三踩单昂，昂身自大斗斜出，底皮隐刻三道蝉肚纹，昂身作琴面，昂嘴为高五边形（附图-84）。明间两侧柱头科要头作龙头，两次间外侧柱头科要头作卷云头。正心位置做法为正心瓜栱上承正心枋。梁架做法为：双步梁一端出作耍头，一端入于金柱。五架梁一端落于金柱头，一端架在后檐柱上。五架梁上置金瓜柱，托三架梁，三架梁上置叉手、脊瓜柱，叉手托于脊檩两侧，丁华抹颏栱与叉手深咬合（附图-85）。

庙内现存清光绪三十四年（1908）《补修庙宇碑记》，记载光绪三十三年（1907）补修包括三教堂在内的村中诸庙之事。从木构形制看，现存正殿为清代建筑。

附图-83　吴家三教堂正殿

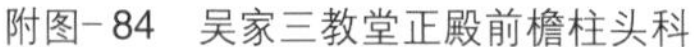

附图-84 吴家三教堂正殿前檐柱头科

附图-85 吴家三教堂正殿室内梁架

(一五) 何家村

(1) 何家三教堂

何家三教堂位于何家村中,坐北朝南,据碑文记载创建于元末明初,清康熙五十五年(1716)移建于村东,光绪十年(1884)重修,现存建筑为清代风格。一进院落布局,中轴线建有南殿、正殿,两侧为耳楼,东西有配房。

附图-86 何家三教堂院落内

正殿面阔三间,六架无廊,悬山顶,板瓦屋面,施陶制脊筒子,西侧屋檐椽子与望板塌陷(附图-86)。前檐挑尖梁出大斗作龙型耍头。该殿原设前廊,后在前廊处包砌砖墙。平板枋截面为长方形,短边作弧线,下方大额枋、雀替刻花卉纹样。梁架做法为:五架梁上置金瓜柱,托三架梁,三架梁上置叉手、脊瓜柱,叉手托于脊檩两侧,丁华抹颏栱与叉手深咬合。

大殿内现存清乾隆三十五年(1770)《劝栽桑以禁滥采序》、民国二十二年(1933)重修碑。

（一六）苟家村

（1）苟家降王宫

苟家降王宫位于苟家村西北角，坐北朝南。据庙内碑文记载，明崇祯十六年（1643）于玉帝殿后创建弥陀庵，现存建筑为清代风格。二进院落，中轴线上建有山门、中殿、正殿，两侧为耳殿、东西配殿、东西便门，山门外有戏台一座。

中殿面阔三间，六架前出廊，悬山顶，筒瓦屋面，檐头筒瓦用兽头瓦当，施单层盆唇。柱头科三踩单昂，昂身上卷起棱，施龙型耍头，外拽厢栱抹斜（附图-87）。不设平身科。梁架做法为：单步梁一端出作耍头，一端落金柱头。五架梁一端落于单步梁上瓜柱头，一端架在后檐柱上。五架梁上置金瓜柱，托三架梁，三架梁上置叉手、脊瓜柱，叉手托于脊檩两侧，丁华抹颏栱与叉手深咬合。

附图-87　苟家降王宫中殿外观

附图-88　苟家降王宫后殿外观

殿内陈玉帝像设，脊檩下顺栿串有“大清顺治庚寅□年七月二十五日丙子重修□立玉皇殿三间□□平安□□□□□□□□”题记。

后殿面阔三间，五架无廊，悬山顶，陶制筒瓦屋面（附图-88）。前檐斗栱为挑尖梁出大斗作卷云头。梁架做法为：五架梁上置金瓜柱，托三架梁，三架梁上置叉手、脊瓜柱，叉手托于脊檩两侧，丁华抹颏栱与叉手深咬合。殿内脊檩下顺栿串有“时□公元弍零壹壹年岁官辛卯年农历捌月初玖柒□□动土□堂重修弥陀庙正殿叁间东西耳房各式间农历玖月式拾式上梁大吉”题记。

庙内存明崇祯十六年（1643）重修碑、清道光十三年（1833）重修碑、清光绪三十四年（1908）《补修庙宇碑记》三方。

（一七）北社村

（1）北社海潮庵

北社海潮庵位于北社村中，坐北朝南，一进院落布局。创建年代不详，现存建筑为清代风格。中轴线上建有南殿、正殿，两侧为耳楼、配殿。

正殿砖砌，面阔三间，六架前出廊，悬山顶，板瓦屋面，屋脊使用陶制脊筒子（附图-89）。柱头科三踩单昂，施八瓣瓜棱大斗，昂身起棱，正心位置以正心瓜栱承正心枋，外拽厢栱抹斜，做龙型耍头。大殿平板枋断裂，原构平身科情况不明。梁架结构为：单步梁一端出作耍头，一端入金柱。五架梁一端落于金柱头，一端架在后檐柱上。五架梁上置金瓜柱，托三架梁，三架梁上置叉手、脊瓜柱，叉手托于脊檩两侧，丁华抹颏栱与叉手深咬合。

附图-89　北社海潮庵正殿外观

（2）北社聚神宫

北社聚神宫位于北社村中，坐北朝南，一进院落布局。创建年代不详，现存建筑为明清风格。中轴线上建有正殿，两侧有耳殿、配殿。

正殿面阔三间，六架前出廊，悬山顶，筒板瓦屋面（附图-90）。角柱柱头科五踩双昂，昂身起棱，大斗作方形，正心位置以正心瓜栱承双重正心枋，外拽瓜栱、厢栱抹斜，正心瓜栱不抹斜，施龙型耍头（附图-91）。建筑外立面包砌砖墙，其余形制不明。

附图-90　北社聚神宫正殿外观

附图-91　北社聚神宫正殿前檐斗栱

院内存清咸丰六年(1856)碑、民国三十二年(1943)《底上两村和合碑》两方。

(3) 北社玉皇庙

北社玉皇庙位于北社村中,坐北朝南,一进院落布局,创建年代不详,现存建筑为清代风格。中轴线上建有正殿、山门,两侧有厢房。

正殿面阔三间,六架前出廊,悬山顶,板瓦屋面,四面包砖(附图-92)。柱头科三踩单昂,昂身起棱,大斗作方形,正心位置仅存正心瓜栱,上部构件脱落,外拽厢栱抹斜,施云型耍头。建筑平板枋在各柱头处截断,平身科情况不明。梁架结构为:单步梁一端出作耍头,一端入金柱。五架梁一端落于金柱头,一端架在后檐柱上。五架梁上置金瓜柱,出卷草斗栱托三架梁、金枋、金檩与顺脊串,三架梁端头作云头,三架梁上置叉手、脊瓜柱,叉手做月梁型,托于脊檩两侧,丁华抹颏栱与叉手深咬合(附图-93)。

附图-92　北社玉皇庙正殿外观

附图-93　北社玉皇庙正殿室内梁架前部

正殿脊檩下顺栿串上书“大清康熙□十□年八月吉日社首□□英穣耀穣魅建造正殿叁间东西耳楼四间合村□□”题记。

(4) 北社奶奶庙

北社奶奶庙位于北社村中,坐北朝南,一进院落布局,创建年代不详,现存建筑为清代风格。中轴线上有南殿、正殿,两侧为耳殿、配殿。

附图-94 北社奶奶庙正殿外观

正殿面阔三间,六架前出廊,悬山顶,板瓦屋面,四周包砌砖墙(附图-94)。前檐斗栱为挑尖梁出大斗作云头,梁架结构为单步梁后尾入金柱,五架梁上置金瓜柱,托三架梁,三架梁上置叉手、脊瓜柱,叉手托于脊檩两侧,丁华抹颏栱与叉手深咬合。建筑平板枋截面约为正方形,侧边为弧形,刻月梁型大额枋,后檐形制不明。

(一八) 荒窝村

(1) 荒窝观音阁

荒窝观音阁位于荒窝村中,坐北朝南,创建年代不详,现存建筑为清代风格。一进院落,中轴线仅存正殿。

附图-95 荒窝观音阁正殿外观

正殿面阔三间,六架前出廊,悬山顶,筒板瓦屋面(附图-95)。前檐斗栱为挑尖梁出作耍头,明间施平身科两攒,次间一攒,柱头科出云型耍头,平身科出龙形耍头。建筑前廊与殿身立方形石柱,平板枋截面为长方形,刻月梁花卉型额枋,后檐形制不明。梁架结构为:单步梁前出耍头,后尾落于金柱头,五架梁上置金瓜柱,托三架梁,三架梁上置脊瓜柱,承脊枋、脊檩。

殿内存清嘉庆八年(1803)《创修观音阁记》碑一方。据碑文记载,正殿创建于乾隆三十四年(1769),另有公元2015年《重修观音阁碑记》碑一方。

(2)荒窝三教堂

荒窝三教堂位于荒窝村中,坐北朝南,创建年代不详,现存建筑为清代风格。一进院落,中轴线仅存正殿。

正殿面阔三间,六架前出廊,悬山顶,筒瓦屋面,琉璃剪边,琉璃屋脊(附图-96)。前檐斗栱为挑尖梁出大斗作云头,不设平身科。

院内有2015年《三教堂重塑金尊碑记》一方。

附图-96 荒窝三教堂正殿外观

图表索引

壹　现状及历史沿革

图 1-1　府底村古建筑分布图　4
图 1-2　玉皇庙平面正射影像　5
表 1-2　金石题刻　7

贰　单体建筑

图 2-1　山门 2008 年旧观　11
图 2-2　山门正立面　12
图 2-3　山门及其东西朵楼一层平面测图　12
图 2-4　山门及其东西朵楼南立面测图　13
图 2-5　山门及其东西朵楼 1—1 剖面测图　13
图 2-6　山门二层　14
图 2-7　山门前檐 2 号、3 号斗栱　15
图 2-8　山门后檐 5 号斗栱　15
图 2-9　山门后檐 8 号斗栱正视图　15
图 2-10　山门后檐 8 号斗栱侧视图　16
图 2-11　山门后檐 6 号或 7 号斗栱上栌斗　16
图 2-12　梁架前部劄牵　16
图 2-13　山门二层　17
图 2-14　山门版门正立面　17
图 2-15　山门版门背立面　18
图 2-16　大殿正立面　20
图 2-17　大殿平面测图　20
图 2-18　大殿正立面测图　21
图 2-19　大殿 2—2 剖面测图　21
图 2-20　台基中央兽头　22
图 2-21　大殿前檐东侧角柱柱础　22
图 2-22　大殿普拍枋　23
图 2-23　大殿前檐 1 号斗栱　23
图 2-24　大殿前檐 4 号斗栱　23
图 2-25　替木外贴“齐心斗”　23
图 2-26　泥道栱上素枋残件　23
图 2-27　前檐梁架现状　24
图 2-28　大殿梁架　24
图 2-29　平面兽面瓦当　26
图 2-30　凸起兽面瓦当　26
图 2-31　后檐瓦当滴水组合　26
图 2-32　正脊大样　27
图 2-33　第二缝梁架四椽栿底部彩画　28
图 2-34　前廊彩画做法　29
图 2-35　劄牵彩画　29
图 2-36　东配房外观　30
图 2-37　东楼外观　31
图 2-38　西楼外观　31
图 2-39　东厢房外观　32
图 2-40　东厢房室内梁架　32
图 2-41　西厢房外观　32
图 2-42　西厢房早期隔减墙　32
图 2-43　西耳房檐下　34
图 2-44　东耳房现状　34
图 2-45　东院北房外观　35
图 2-46　东院东房外观　35
图 2-47　东院南门房外观　36

表2－1 府底玉皇庙山门前檐斗栱材高、材厚 17
表2－2 府底玉皇庙大殿柱头铺作材广、厚 19

叁 年代研究

图3－1 山门前檐柱础石 39
图3－2 石掌村玉皇庙大殿明间补间铺作用八瓣瓜棱斗 40
图3－3 陵川崔府君庙山门台基 41
图3－4 高平开化寺大殿台基 41
图3－5 良户玉虚观后殿台基 41
图3－6 第二缝梁架乳栿与四椽栿交接关系 42
图3－7 第三缝梁架乳栿与四椽栿交接关系 42
图3－8 太子城城址所用兽面瓦当 44
图3－9 永裕陵出土滴水 44
图3－10 金陵东大殿出土滴水 44
图3－11 大宁路城址出土滴水 44
图3－12 大殿第二缝梁架大木作取样选材情况 48
图3－13 大殿第三缝梁架大木作取样选材情况 48
图3－14 大殿构件碳十四测年分布 51
图3－15 大殿主要构件年代分布图 52
表3－1 大殿、山门相异斗栱形制分析 45
表3－2 北京大学加速器质谱（AMS）碳十四测试报告 50

肆 复原研究

图4－1 可能营造尺与木构互证统计 61
图4－2 各营造尺可能数值—计算结果统计 65
图4－3 大殿前檐下平槫节点 68
图4－4 大殿后檐上平槫节点 68
图4－5 大殿平面复原图 69
图4－6 大殿前廊空间铺地做法 70
图4－7 铺地与柱顶石交接关系 70
图4－8 晋东南早期建筑“露龈砌”实例 71
图4－9 晋东南早期建筑实例中的抹角八棱柱做法 72
图4－10 南神头二仙庙大殿柱础 73
图4－11 石掌村玉皇庙大殿柱础 73
图4－12 郊底白玉宫正殿殿内明间补间位置翼形栱 74
图4－13 王曲成汤庙正殿前檐明间补间位置翼形栱 74
图4－14 南神头二仙庙殿身做法 75
图4－15 石掌村玉皇庙丁华抹颏 75
图4－16 复原参考瓦当盆唇组合 76
图4－17 金代崇礼太子城出土鸱吻 77
图4－18 大殿立面复原图 78
图4－19 大殿剖面复原图 79
图4－20 山门平面复原图 82
图4－21 山门立面复原图 84
图4－22 山门剖面复原图 85
表4－1 原构前檐斗栱构件数据表 58
表4－2 原构襻间斗栱构件数据表 59
表4－3 高为一材构件材高数值表 60
表4－4 高为一材构件尺寸表 60
表4－5 材等可能计算表 62
表4－6 营造尺与木构互证统计 64
表4－7 府底玉皇庙大殿平面尺度营造尺复原推算表 66
表4－8 大殿平面用尺 66
表4－9 晋东南地区“露龈砌”做法实例 71
表4－10 山门尺度复原表 81

伍 格局研究

图 5-1 泽州冶底岱庙平面示意图 90
图 5-2 课题组成员进行考古勘探 90
图 5-3 院落建筑遗迹勘探范围示意图 91
图 5-4 府城玉皇庙二山门梁架 92
图 5-5 冶底岱庙山门梁架 92
图 5-6 陵川武家湾村诸神观山门兼舞楼 92
图 5-7 陵川万章村大庙山门兼舞楼 92
图 5-8 高平王报二郎庙金代倒座戏台平面测图 93
图 5-9 高平中坪二仙宫平面测图 94
图 5-10 府底玉皇庙原始格局复原图一 94
图 5-11 府底玉皇庙原始格局复原图二 94
图 5-12 《重修玉皇庙关帝庙创建戏房骡屋碑记》中的助缘村社分布 98
表 5-1 晋东南乡村寺庙营建戏房、骡屋相关部分碑刻史料 96

陆 府底村内其他寺庙建筑

图 6-1 玉皇下庙外观 101
图 6-2 玉皇下庙旁涵洞 101
图 6-3 佛音寺前殿(中)及东配殿(左) 102
图 6-4 佛音寺正殿外观 102
图 6-5 佛音寺正殿柱头科斗栱 103
图 6-6 佛音寺正殿室内梁架 103
图 6-7 三官庙正殿前廊梁架 104
图 6-8 三官庙正殿室内梁架 104
图 6-9 三教堂正殿外观 105
图 6-10 三教堂正殿柱头科斗栱 105
图 6-11 三教堂正殿室内梁架 106
图 6-12 三教堂正殿山面彩绘 106
图 6-13 三教堂前戏台北立面 107
图 6-14 三教堂前戏台室内梁架 107
图 6-15 奶奶庙外观 108
图 6-16 奶奶庙屋内神台 108
图 6-17 北庙外观 109
图 6-18 北庙柱头科 109
图 6-19 土地庙遗址外观 110
图 6-20 土地庙遗址前砖砌小龛 110

附录

图版 1 府底玉皇庙与府底村关系 117
图版 2 府底玉皇庙俯视 118
图版 3 府底玉皇庙庙前道路 118
图版 4 府底玉皇庙庙前环境 119
图版 5 府底玉皇庙东北角 119
图版 6 府底玉皇庙北立面 120
图版 7 府底玉皇庙西北角 120
图版 8 府底玉皇庙西立面 121
图版 9 府底玉皇庙山门正立面(南立面) 121
图版 10 府底玉皇庙山门北立面 122
图版 11 府底玉皇庙山门俯视 122
图版 12 山门朵楼东立面 123
图版 13 山门东次间一层 123
图版 14 山门二层 123
图版 15 山门 1 号斗栱 123
图版 16 山门 2 号斗栱 123
图版 17 山门 3 号斗栱 124
图版 18 山门 4 号斗栱 124
图版 19 山门 5 号斗栱 124
图版 20 山门 5 号斗栱后尾 124
图版 21 山门 8 号斗栱 124
图版 22 山门 8 号斗栱后尾 124
图版 23 山门后檐掉落栌斗 125
图版 24 山门后檐掉落耍头 125
图版 25 山门后檐掉落构件(第一跳

后尾） 125
图版 26 山门后檐掉落构件（耍头+大梁） 125
图版 27 山门后檐掉落构件（栌斗） 125
图版 28 山门后檐掉落构件（驼峰上栌斗） 125
图版 29 山门后檐掉落构件 126
图版 30 山门后檐掉落构件（耍头） 126
图版 31 山门三椽栿 126
图版 32 山门版门 126
图版 33 山门版门崇祯题记 126
图版 34 府底玉皇庙院内环境 126
图版 35 府底玉皇庙大殿正立面（南立面） 127
图版 36 府底玉皇庙大殿东立面 127
图版 37 府底玉皇庙大殿北立面 128
图版 38 大殿台基细部 128
图版 39 大殿台基兽头 128
图版 40 大殿西侧坍塌台基 129
图版 41 大殿西侧台基失位兽头 129
图版 42 大殿台基、垂脊残件 129
图版 43 大殿 1 号柱础 129
图版 44 大殿 2 号柱础 129
图版 45 大殿 3 号柱础 129
图版 46 大殿 4 号柱础 130
图版 47 大殿前檐普拍枋 130
图版 48 普拍枋与柱交接 130
图版 49 大殿 1 号斗栱 130
图版 50 大殿 1 号斗栱正立面 130
图版 51 大殿 1 号斗栱侧立面 130
图版 52 大殿 1 号斗栱后尾 131
图版 53 大殿 1 号斗栱耍头 131
图版 54 大殿 1 号斗栱泥道栱、素枋 131
图版 55 大殿 2 号斗栱 131
图版 56 大殿 2 号斗栱侧立面 131
图版 57 大殿 2 号斗栱泥道栱、令栱 131
图版 58 大殿 2 号斗栱泥道榫口 132
图版 59 大殿 2 号斗栱令栱 132
图版 60 大殿 2 号斗栱令栱栱眼 132
图版 61 大殿 2 号斗栱第一跳后尾 132
图版 62 大殿 2 号斗栱耍头 132
图版 63 大殿 2 号斗栱耍头后尾榫口 132
图版 64 大殿 2 号斗栱上部檐槫交接 133
图版 65 大殿 3 号斗栱侧立面 133
图版 66 大殿 3 号斗栱泥道栱 133
图版 67 大殿 3 号斗栱令栱 133
图版 68 大殿 3 号斗栱耍头后尾榫口 133
图版 69 大殿 4 号斗栱正立面 133
图版 70 大殿 4 号斗栱侧立面 134
图版 71 大殿 4 号斗栱后尾 134
图版 72 大殿 4 号斗栱泥道栱背立面 134
图版 73 大殿第二缝梁架乳栿与四椽栿交接关系 134
图版 74 大殿第二缝梁架后部 134
图版 75 大殿第二缝梁架平梁 134
图版 76 大殿第二缝梁架丁华抹颏 135
图版 77 大殿第二缝四椽栿后尾 135
图版 78 大殿第二缝梁架下平槫节点 135
图版 79 大殿梁架后檐下平槫 135
图版 80 大殿第二缝梁架前檐上平槫节点 135
图版 81 大殿第二缝梁架后檐上平槫节点 135
图版 82 大殿第二、三缝梁架前部 136
图版 83 大殿第二、三缝梁架后部 136
图版 84 大殿第三缝梁架前部 137
图版 85 大殿第三缝梁架前檐下平槫襻间 137

图版 86 大殿第三缝梁架乳栿榫口 137
图版 87 大殿第三缝梁架乳栿四椽栿交接 137
图版 88 大殿第三缝梁架后部 137
图版 89 大殿第三缝梁架后檐上下平槫之间 137
图版 90 大殿第三缝梁架后檐下平槫 138
图版 91 大殿第三缝梁架前檐上平槫节点 138
图版 92 大殿第三缝梁架四椽栿后尾 138
图版 93 大殿第三缝梁架后檐上平槫 138
图版 94 大殿第三缝梁架平梁榫口 138
图版 95 大殿第四缝梁架前部 138
图版 96 大殿第四缝梁架前檐下平槫襻间 139
图版 97 椽子与望板 139
图版 98 大殿西次间门窗 139
图版 99 大殿障日版 139
图版 100 大殿东墙砌砖 139
图版 101 大殿前檐东西侧龙纹瓦当 140
图版 102 大殿前檐兽面瓦当 140
图版 103 大殿前檐凸起兽面瓦当 140
图版 104 大殿西山墙上部彩画 140
图版 105 大殿第二缝梁架四椽栿彩画 141
图版 106 大殿第二缝梁架平梁彩画 141
图版 107 大殿第三缝梁架四椽栿彩画 142
图版 108 大殿第三缝梁架平梁彩画 142
图版 109 大殿东山墙 143
图版 110 大殿东山墙上部彩画 143
图版 111 大殿题记 144
图版 112 大殿屋面残损 145
图版 113 大殿前廊东侧光绪重修碑上截 145
图版 114 大殿前廊东侧光绪重修碑下截 145
图版 115 东侧墀子 146
图版 116 墀子排水 146
图版 117 西楼立面 146
图版 118 西楼灶台 146
图版 119 西楼梁架 146
图版 120 西楼题记 147
图版 121 东楼立面 148
图版 122 东楼一层 148
图版 123 东楼梁架 148
图版 124 西厢房南部立面 148
图版 125 西厢房南部早期槛墙 148
图版 126 西厢房柱础 148
图版 127 西厢房南部立面 149
图版 128 西厢房梁架 149
图版 129 西厢房北墙乾隆九年碑 149
图版 130 西厢房北墙 149
图版 131 西厢房北部加建 149
图版 132 东厢房正立面 150
图版 133 东厢房北部室内 150
图版 134 东厢房梁架 150
图版 135 大殿东山墙祭祀神明 150
图版 136 西耳房西立面 150
图版 137 西耳房梁架 150
图版 138 东耳房观东院 151
图版 139 东院南侧外立面 151
图版 140 东院东立面 151
图版 141 东院北侧房 151
图版 142 东院北侧房梁架 151
图版 143 东院东侧房与南侧房 151
图版 144 东院南侧房 152
图版 145 东院南侧房东部室内 152
图版 146 东院南侧房东部梁架 152
图版 147 东院南侧房西部梁架 152
图版 148 东院南侧房梁架题记 153
图版 149 附属文物：门枕石 154

图版 150 测量门枕石 154
图版 151 门枕石位置 154
图版 152 附属文物：滴水 155
图版 153 附属文物：瓦当 155
图版 154 滴水瓦当位置 155
图版 155 现场工作合影 156
图版 156 《重修玉皇庙关帝庙创建戏房骡屋碑记》中的助缘村社分布 157
测图 01 府底村总平面图 160
测图 02 府底玉皇庙总平面图 161
测图 03 府底玉皇庙西院东立面图 162
测图 04 府底玉皇庙总北立面图 163
测图 05 府底玉皇庙西院横剖面图 164
测图 06 府底玉皇庙西院纵剖面图 165
测图 07 府底玉皇庙山门及东西朵楼一层平面图 166
测图 08 府底玉皇庙山门及东西朵楼二层平面图 167
测图 09 府底玉皇庙山门及东西朵楼南立面图 168
测图 10 府底玉皇庙山门及东西朵楼北立面图 169
测图 11 府底玉皇庙山门及东西朵楼 1—1 剖面图 170
测图 12 府底玉皇庙山门及东西朵楼 2—2 剖面图 171
测图 13 府底玉皇庙东楼平面图 172
测图 14 府底玉皇庙东楼立面图 173
测图 15 府底玉皇庙东楼 1—1 剖面图 174
测图 16 府底玉皇庙西楼平面图 175
测图 17 府底玉皇庙西楼立面图 176
测图 18 府底玉皇庙西楼 1—1 剖面图 177
测图 19 府底玉皇庙东厢房平面图 178
测图 20 府底玉皇庙东厢房立面图 179
测图 21 府底玉皇庙东厢房 1—1 剖面图 180
测图 22 府底玉皇庙西厢房平面图 181
测图 23 府底玉皇庙西厢房立面图 182
测图 24 府底玉皇庙西厢房 1—1 剖面图 183
测图 25 府底玉皇庙西耳房平面图 184
测图 26 府底玉皇庙西耳房立面图 185
测图 27 府底玉皇庙西耳房 1—1 剖面图 186
测图 28 府底玉皇庙东院门房剖面图 187
测图 29 府底玉皇庙大殿平面图 188
测图 30 府底玉皇庙大殿仰俯视图 189
测图 31 府底玉皇庙大殿正立面图 190
测图 32 府底玉皇庙大殿东立面图 191
测图 33 府底玉皇庙大殿 1—1 剖面图 192
测图 34 府底玉皇庙大殿 2—2 剖面图 193
测图 35 府底玉皇庙大殿 3—3 剖面图 194
测图 36 府底玉皇庙大殿 4—4 剖面图 195
测图 37 府底玉皇庙大殿 5—5 剖面图 196
测图 38 府底玉皇庙大殿 6—6 剖面图 197
测图 39 府底玉皇庙山门前檐西侧第一朵斗栱大样图 198
测图 40 府底玉皇庙山门前檐西侧第二朵斗栱大样图 198
测图 41 府底玉皇庙山门前檐西侧第三朵斗栱大样图 199
测图 42 府底玉皇庙山门前檐西侧第四朵斗栱大样图 199
测图 43 府底玉皇庙山门木门大样图 200
测图 44 府底玉皇庙墀子大样图 201
测图 45 府底玉皇庙大殿台基大样图 202
测图 46 府底玉皇庙大殿 1 号柱础大

样图 202
测图 47 府底玉皇庙大殿正脊大样图 203
测图 48 府底玉皇庙大殿垂脊大样图 204
测图 49 府底玉皇庙大殿瓦件大样图 204
测图 50 府底玉皇庙大殿前檐西侧第一朵斗栱大样图 205
测图 51 府底玉皇庙大殿前檐西侧第一朵斗栱分件图 206
测图 52 府底玉皇庙大殿西侧第一缝梁架下平槫下节点大样及分件图 208
测图 53 府底玉皇庙大殿前檐西侧第二朵斗栱大样图 209
测图 54 府底玉皇庙大殿前檐西侧第二朵斗栱分件图 210
测图 55 府底玉皇庙大殿西侧第二缝梁架下平槫下节点大样图 212
测图 56 府底玉皇庙大殿西侧第二缝梁架下平槫下节点分件图 插页
测图 57 府底玉皇庙大殿西侧第二缝大梁梁底彩画大样图 213
测图 58 府底玉皇庙大殿西侧第二缝梁架脊槫下节点大样图 214
测图 59 府底玉皇庙大殿西侧第二缝梁架脊槫下节点分件图 插页
测图 60 府底玉皇庙大殿前檐西侧第三朵斗栱大样图 215
测图 61 府底玉皇庙大殿前檐西侧第三朵斗栱分件图 216
测图 62 府底玉皇庙大殿西侧第三缝梁架下平槫下节点大样图 218
测图 63 府底玉皇庙大殿西侧第三缝梁架下平槫下节点分件图 插页
测图 64 府底玉皇庙大殿西侧第三缝大梁梁底彩画大样图 219
测图 65 府底玉皇庙大殿西侧第三缝梁架脊槫下节点大样图 220
测图 66 府底玉皇庙大殿西侧第三缝梁架脊槫下节点分件图 插页
测图 67 府底玉皇庙大殿前檐西侧第四朵斗栱大样图 221
测图 68 府底玉皇庙大殿前檐西侧第四朵斗栱分件图 222
测图 69 府底玉皇庙大殿西侧第四缝梁架下平槫下节点大样及分件图 224
复原图 01 府底玉皇庙大殿平面复原图 225
复原图 02 府底玉皇庙大殿正立面复原图 226
复原图 03 府底玉皇庙大殿 1—1 剖面复原图 227
复原图 04 府底玉皇庙大殿 2—2 剖面复原图 228
复原图 05 府底玉皇庙山门平面复原图 229
复原图 06 府底玉皇庙山门正立面复原图 230
复原图 07 府底玉皇庙山门 1—1 剖面复原图 231
复原图 08 府底玉皇庙山门 2—2 剖面复原图 232
切片 01 府底玉皇庙总平面三维扫描点云切片 233
切片 02 府底玉皇庙北立面三维扫描点云切片 234
切片 03 府底玉皇庙西院纵剖面三维扫描点云切片 234
切片 04 府底玉皇庙山门平面三维扫描点云切片 235

切片 05 府底玉皇庙山门及其东西朵楼南立面三维扫描点云切片 236
切片 06 府底玉皇庙山门及其东西朵楼北立面三维扫描点云切片 236
切片 07 府底玉皇庙西楼东立面三维扫描点云切片 237
切片 08 府底玉皇庙东楼西立面三维扫描点云切片 238
切片 09 府底玉皇庙西厢房东立面三维扫描点云切片 239
切片 10 府底玉皇庙大殿平面三维扫描点云切片 240
切片 11 府底玉皇庙南立面三维扫描点云切片 241
切片 12 府底玉皇庙大殿东立面三维扫描点云切片 241
切片 13 府底玉皇庙大殿第二缝梁架剖面三维扫描点云切片 242
切片 14 府底玉皇庙大殿第三缝梁架三维扫描点云切片 242
切片 15 府底玉皇庙大殿纵剖面三维扫描点云切片 243
切片 16 府底玉皇庙东院平面三维扫描点云切片 243
切片 17 府底玉皇庙东院南门房横剖面三维扫描点云切片 244
正射影像 01 府底村全貌 245
正射影像 02 院落北立面 246
正射影像 03 院落墀子南立面 246
正射影像 04 墀子兽头南立面大样 246
正射影像 05 墀子兽头西立面大样 246
正射影像 06 西楼、西厢房东立面 247
正射影像 07 东楼、东厢房西立面 248
正射影像 08 大殿南立面 249
正射影像 09 大殿台基南立面 250
正射影像 10 大殿 3 号柱础 250
正射影像 11 大殿 2 号斗栱南立面 251
正射影像 12 大殿第二缝梁架乳栿 251
正射影像 13 大殿第二缝梁架平梁 252
正射影像 14 大殿 3 号斗栱西立面 252
正射影像 15 大殿第三缝梁架前檐下平槫襻间 253
正射影像 16 大殿第三缝梁架平梁 253
正射影像 17 大殿 4 号斗栱南立面 254
正射影像 18 大殿 4 号斗栱西立面 254
正射影像 19 大殿第二缝梁架四椽栿彩画 255
正射影像 20 大殿第三缝梁架四椽栿彩画 255
正射影像 21 大殿正脊北立面 255
碑刻 01 261
碑刻 02 262
碑刻 03 263
碑刻 04 264
碑刻 05 265
碑刻 06 266
碑刻 07 267
附图-0 调查周边村落寺庙建筑分布 278
附图-1 建南文庙大殿外观 280
附图-2 建南文庙大殿前檐斗栱 280
附图-3 建南文庙大殿后檐斗栱 281
附图-4 建南文庙大殿室内梁架 281
附图-5 建南智积寺山门外观 282
附图-6 建南智积寺正殿外观 282
附图-7 建南智积寺正殿前檐斗栱 282
附图-8 建南智积寺正殿后檐 282
附图-9 建南智积寺正殿后檐斗栱细部 283
附图-10 建南智积寺正殿室内梁架 283

附图-11 建南智积寺藏经阁外观 283
附图-12 建北文庙大殿外观 284
附图-13 建北文庙大殿前檐斗栱 284
附图-14 建北文庙大殿后檐斗栱 285
附图-15 建北文庙大殿室内梁架 285
附图-16 建北奶奶庙外观 285
附图-17 建北关帝庙正殿外观 285
附图-18 建北关帝庙正殿前檐柱头科 286
附图-19 建北关帝庙正殿前部梁架 286
附图-20 神农炎帝药王庙外观 287
附图-21 神农炎帝药王庙室内梁架 287
附图-22 白衣阁外观 287
附图-23 白衣阁室内梁架 287
附图-24 建北三官庙三官殿外观 288
附图-25 建北三官庙真武殿外观 288
附图-26 建北三官庙真武殿前檐斗栱 289
附图-27 建北三官庙真武殿西次间隐刻翼形栱 289
附图-28 建北三官庙真武殿梁架前部 289
附图-29 建北三官庙真武殿梁架后部 289
附图-30 东庙玉皇庙山门外观 290
附图-31 东庙玉皇庙山门斗栱 290
附图-32 苏村唐王庙山门外观 291
附图-33 苏村唐王庙山门前檐斗栱 291
附图-34 苏村唐王庙山门后檐斗栱 291
附图-35 苏村唐王庙正殿外观 291
附图-36 苏村唐王庙正殿前檐斗栱 292
附图-37 苏村唐王庙正殿室内梁架 292
附图-38 苏庄玉皇庙大殿外观 293
附图-39 苏庄玉皇庙正殿前檐斗栱 293
附图-40 苏庄玉皇庙明间东侧柱头科 293
附图-41 苏庄三教堂正殿外观 293
附图-42 郭庄关帝庙正殿 295
附图-43 西头二仙庙正殿外观 296
附图-44 西头二仙庙前檐明间东侧柱头铺作 296
附图-45 西头二仙庙前檐东次间东侧柱头铺作 296
附图-46 西头二仙庙室内梁架 296
附图-47 东头玉皇阁外观 297
附图-48 东头玉皇阁二层抱头梁 297
附图-49 西尧玉皇庙大殿斗栱 298
附图-50 东尧关帝庙正殿外观 299
附图-51 东尧关帝庙正殿室内梁架 299
附图-52 东尧玉皇庙院内 299
附图-53 东尧玉皇庙正殿外观 300
附图-54 东尧玉皇庙正殿前檐斗栱 300
附图-55 宝应寺大殿正立面 300
附图-56 宝应寺大殿柱础 301
附图-57 宝应寺大殿角柱柱头铺作 301
附图-58 宝应寺大殿次间柱头铺作 301
附图-59 宝应寺大殿明间柱头铺作 301
附图-60 宝应寺大殿翼形栱 301
附图-61 宝应寺大殿前檐劄牵 302
附图-62 宝应寺大殿大额 302
附图-63 宝应寺大殿梁架 302
附图-64 宝应寺大殿脊槫题记细部 1 303
附图-65 宝应寺大殿脊槫题记细部 2 303
附图-66 李家河祖师庙山门外观 305
附图-67 李家河祖师庙前檐斗栱 305
附图-68 李家河祖师庙后檐斗栱 305
附图-69 李家河祖师庙山门梁架 305
附图-70 李家河祖师庙正殿外观 305
附图-71 李家河祖师庙正殿柱头科 305
附图-72 李家河祖师庙正殿梁架 306
附图-73 李家河祖师庙正殿内帐龛 306
附图-74 九江宫正殿外观 306
附图-75 九江宫正殿前檐斗栱 307

附图-76 九江宫正殿室内梁架 307
附图-77 西沟玉皇庙正殿外观 307
附图-78 西沟玉皇庙正殿前檐斗栱 308
附图-79 西沟玉皇庙正殿内部梁架 308
附图-80 西沟观音阁外观 308
附图-81 西沟观音阁正殿前檐斗栱 309
附图-82 西沟观音阁正殿室内梁架 309
附图-83 吴家三教堂正殿 309
附图-84 吴家三教堂正殿前檐柱头科 310
附图-85 吴家三教堂正殿室内梁架 310
附图-86 何家三教堂院落内 310
附图-87 苟家降王宫中殿外观 311
附图-88 苟家降王宫后殿外观 311
附图-89 北社海潮庵正殿外观 312
附图-90 北社聚神宫正殿外观 313
附图-91 北社聚神宫正殿前檐斗栱 313
附图-92 北社玉皇庙正殿外观 313
附图-93 北社玉皇庙正殿室内梁架前部 313
附图-94 北社奶奶庙正殿外观 314
附图-95 荒窝观音阁正殿外观 314
附图-96 荒窝三教堂正殿外观 315
附表-1 府底玉皇庙测绘成果统计 159
附表-2 调查周边村落寺庙名录 279

后　记

本报告的现场工作，主要结合2019年北京大学考古文博学院文物建筑专业的测绘实习进行，指导老师有徐怡涛、张剑葳、彭明浩，参与实习的本科生有刘云聪、侯柯宇、张梦蕊、周钰、王可达、付诗怡、张旭、魏雨淙、蒲萍，研究生有杨佳帆、高勇、铁莹，山西省古建筑与彩塑壁画保护研究院的冯燕、张国花、段恩泽、张雅婕、宋阳一同参加了测绘与调查，参加测绘的还有于淑芳、李祥。现场工作后，学生利用暑期时间完成了测图初稿的绘制和基础资料的整理工作。此后，刘云聪、侯柯宇继续留校攻读博士研究生，他们利用课余时间，编写了报告的文字内容，重新统一改绘测图，并补充大量复原图纸。当时调查存在部分差漏，他们也重回现场进行了校核，并对周边村落中的部分建筑进行了复查和补充。

本研究的相关成果于2021年报山西省文物局结项通过。2022年得学院支持，纳入“北京大学考古学丛书”2023年度计划。我们又对报告体例进行了大幅调整，彭明浩、张剑葳主持编著，刘云聪、侯柯宇分工增写修改，形成最终的成果。感谢山西省文物局程书林副局长，山西省古建筑与彩塑壁画保护研究院任毅敏先生、刘宝兰女士、路易先生，高平市人民政府李琳副市长对本研究的大力支持与帮助。缪丹女士对文稿的编订、排版、校对付出了大量心力，在此一并致谢！

期待本书的出版能为今后持续性的研究性修缮工程与考古工作提供一定的参考。

错漏之处敬请方家不吝指正！

北京大学考古学丛书

（2022）

◈ 旧石器时代考古研究
王幼平　著

◈ 史前文化与社会的探索
赵辉　著

◈ 史前区域经济与文化
张弛　著

◈ 多维视野的考古求索
李水城　著

◈ 夏商周文化与田野考古
刘绪　著

◈ 礼与礼器
中国古代礼器研究论集
张辛　著

◈ 行走在汉唐之间
齐东方　著

◈ 汉唐陶瓷考古初学集
杨哲峰　著

◈ 墓葬中的礼与俗
沈睿文　著

◈ 科技考古与文物保护
原思训自选集
原思训　著

◈ 文物保护技术：理论、教学与实践
周双林　著

上海古籍出版社

北京大学考古学丛书

（2023）

◈ 史前考古与玉器、玉文化研究
赵朝洪　著
（即将出版）

◈ 周秦汉考古研究
赵化成　著

◈ 历史时期考古研究
杨哲峰　著

◈ 分合
北朝至唐代墓葬文化的演变
倪润安　著
（即将出版）

◈ 山西高平古寨花石柱庙建筑考古研究
徐怡涛、王子寒、周珂帆、赵小雯、田雨森等　编著

◈ 山西高平府底玉皇庙建筑考古研究
彭明浩、张剑葳、刘云聪、侯柯宇　编著

◈ 何谓良材
山西南部早期建筑大木作选材与加工
彭明浩　著

上海古籍出版社

图书在版编目(CIP)数据

山西高平府底玉皇庙建筑考古研究 / 北京大学考古文博学院，山西古建筑与彩塑壁画保护研究院编；彭明浩等编著. -- 上海：上海古籍出版社，2024. 9.
(北京大学考古学丛书).
-- ISBN 978-7-5732-1286-3
Ⅰ. K878. 64
中国国家版本馆 CIP 数据核字第 2024LG2787 号

责任编辑 缪 丹
封面设计 黄 琛
技术编辑 耿莹祎

北京大学考古学丛书
山西高平府底玉皇庙建筑考古研究
北京大学考古文博学院
山西省古建筑与彩塑壁画保护研究院 编
彭明浩 张剑葳 刘云聪 侯柯宇 编著
上海古籍出版社出版发行
(上海市闵行区号景路 159 弄 1-5 号 A 座 5F 邮政编码 201101)
(1) 网址：www.guji.com.cn
(2) E-mail：guji1@guji.com.cn
(3) 易文网网址：www.ewen.co
上海丽佳制版印刷有限公司印刷
开本 710×1000 1/16 印张 21.25 插页 5 字数 329,000
2024 年 9 月第 1 版 2024 年 9 月第 1 次印刷
ISBN 978-7-5732-1286-3
K · 3673 定价：128.00 元
如有质量问题，请与承印公司联系